Sprache
und
Literatur 89

110025
31.12.'74

D1332817

23 0936165 6

Manfred Durzak

Zwischen Symbolismus und Expressionismus: Stefan George

Verlag W. Kohlhammer
Stuttgart Berlin Köln Mainz

für NIKE und MALTE
die beide so geduldig waren

Alle Rechte vorbehalten
© 1974 Verlag W. Kohlhammer GmbH
Stuttgart Berlin Köln Mainz
Verlagsort: Stuttgart
Gesamtherstellung: W. Kohlhammer GmbH
Grafischer Großbetrieb Stuttgart
Printed in Germany
ISBN 3-17-001995-3

Inhalt

Hinweis zur Zitation im Hauptteil und in den Anmerkungen

Alle Literatur, auf die sich die Ausführungen im Hauptteil beziehen, ist in den Anmerkungen belegt. Das Namenregister am Schluß erfaßt auch die Anmerkungen. Auf ein Literaturverzeichnis konnte verzichtet werden, da sich die Literaturhinweise so leicht erschließen lassen.

Innerhalb eines Kapitels häufiger zitierte Titel werden in der Regel nur das erste Mal bibliographisch vollständig und im weiteren Verlauf in Abkürzung zitiert.

Um die Zitierweise zu vereinfachen und zugleich den Anmerkungsteil zu begrenzen, wird zum Teil auch unter Angabe der Seitenzahl im fortlaufenden Text des Hauptteils direkt zitiert, soweit sich die Titel jeweils ohne Schwierigkeiten aus dem Zusammenhang ergeben.

I. Autonomes Gedicht und politische Verkündigung im Werk Stefan Georges

Stefan Georges Wirkung ist — wer wollte es bezweifeln — »am Nullpunkt der Öffentlichkeit«[1] angelangt. Die Rezeptionsrituale, die der George-Kreis für einige Jahrzehnte als Auslegung der »heiligen Bücher« in Berichten, aufgezeichneten Gesprächen, Kommentaren, Erinnerungsbänden bis in die jüngste Gegenwart hinein zelebrierte,[2] tragen zum aktuellen Gespräch zwischen Literatur und Öffentlichkeit nichts mehr bei. Sie bleiben beschränkt auf einen geschlossenen Zirkel, der sich zu einer mythischen Vorstellung von Dichtung bekennt, die im Kontext der Gegenwart anachronistische Züge trägt. Georges Glaube an die Kraft seiner Sprache hat offensichtlich getrogen. Das Postulat im »Stern des Bundes«[3]:

> »Hemmt uns! untilgbar ist das wort das blüht.
> Hört uns! nehmt an! trotz eurer gunst: es blüht —
> Übt an uns mord und reicher blüht was blüht!« (I,387)

scheint widerlegt, desgleichen die Prophetie, die sich am Ende des »Liedes« im »Neuen Reich« findet:

> »Nur kinder horchten seinem lied
> und sassen oft zur seit . .
> Sie sangen's als er lang schon tot
> Bis in die spätste zeit.« (I,462)

Georges Wort blüht gewissermaßen nur noch künstlich in einem Gewächshaus der Sprache, in — um es konkret zu sagen — den Drucken der »Stefan George Stiftung« oder den Heften der Zeitschrift »Castrum Peregrini«. Sein Lied ist für die Gegenwart verstummt. Widerlegt scheinen damit zugleich die Forderungen, die der späte George von seiner Dichtung her an seine Zeit gerichtet hat und die er im »Stern des Bundes« in den Versen zusammenfaßt:

> »Das neue wort von dir verkündet
> Das neue volk von dir erweckt.« (I,385)

In der Retrospektive werden die Phänomene überschaubarer. In Georges Fall scheint die Situation eindeutig.
Das kunstvoll errichtete Monument seiner sieben Gedichtbände ist zusammengebrochen. Man rettet mit geschmäcklerischer Willkür das eine

oder andere Gedicht aus den Trümmern. Was von George bleibt, steht gewissermaßen in den Museen der Poesie, in den Anthologien. Ein halbes Dutzend Gedichte, ein Dutzend im Höchstfall, zumeist aus dem »Jahr der Seele«: »Komm in den totgesagten park und schau:« (I,121), »Der hügel wo wir wandeln liegt im schatten« (I,162). Ausgewogene, Sprache gewordene Bildeindrücke einer stilisierten herbstlichen und abendlichen Landschaft, die ihre endzeitliche Stunde ungeschehen machen möchte und aus der die Einsicht in die Vergeblichkeit eines solchen Versuches spricht. Es sind also nur Konsequenzen zu ziehen. Die Situation selbst scheint nicht revidierbar. Herbert Heckmanns[4] 1968 über George gefälltes Urteil — um nur eines unter vielen zu nennen — wird augenscheinlich bestätigt: »... sein Name und sein Werk ist ... ohne jegliche Resonanz in der gegenwärtigen Literatur ... Dichterische Impulse gingen von Stefan George nicht aus« (5,9). Dieses Urteil kommt einer Verurteilung gleich, die sich auf Georges im Schatten des französischen Symbolismus und in Gegenbewegung zum deutschen Naturalismus entstandenes frühes, sprachpuristische Züge tragendes Werk ebenso erstreckt wie auf die programmatische Poesie seines mittleren und späten Werks, das von der Mythologie des George-Kreises schwer abzulösen ist und in der kritischen und utopischen Ausrichtung an der Zeitwirklichkeit politische Untertöne besitzt.

Aber trifft ein solches Urteil zu? Zumindest zwei Lyriker der Gegenwart haben sich nachdrücklich zu George bekannt und die Ausstrahlung seiner Dichtung auf ihr Werk hervorgehoben: »Paul Celan hat im Gespräch des öfteren betont, daß seine frühen Gedichte sehr viel Georges ›Hängenden Gärten‹ verdanken«.[5] Noch charakteristischer ist die Äußerung von Helmut Heißenbüttel,[6] daß er an Gedichten Georges erfahren habe, was Sprache in der Lyrik zu leisten vermag. Die Konstellation, die sich solcherart zwischen George, Celan und Heißenbüttel herstellt, wirkt zufällig. Am ehesten leuchtet noch eine Beziehung zwischen der symbolistisch verrätselten Lyrik des frühen George und der hermetischen, um einige zentrale Bilder kreisenden Poesie Celans ein. Die sprachkonstruktivistischen Texte Heißenbüttels haben jedoch offenbar mit der Tradition, an der Georges und Celans Verse noch teilhaben, völlig gebrochen.

Es ist aufschlußreich, daß Weinrich[7] gerade Celan und Heißenbüttel als Beispiele einer »linguistischen Poesie« (119) in Deutschland erwähnt, also Lyriker, die die Wendung von den Aussagekonventionen der Sprache zu ihrem Zeichencharakter, von der Semantik zur Semiotik, vollzogen haben, allerdings im Vergleich zur französischen Lyrik erst, so Weinrich, »mit der Verspätung zweier Generationen« (116). Diese Chronologie, deren zeitlicher Fixpunkt in Deutschland in etwa Benns Marburger Vortrag »Probleme der Lyrik« von 1951 darstellt, ist allerdings zu korrigieren. Sie ist zurückzudatieren.

Der Anschluß an die »linguistische« Reflexion in den Gedichten Baudelaires oder Mallarmés vollzog sich schon wesentlich früher in Deutschland, nämlich in den frühen Gedichten Stefan Georges. Georges frühe Poesie ist auch unter diesem besonderen Aspekt das Bindeglied zwischen der sich auf die Sprache als zentrales Thema konzentrierenden Lyrik eines Celan und Heißenbüttel und der Metasprache der französischen Symbolisten. So, wie sich bei Celan von Gedichtband zu Gedichtband eine Konzentration seiner Lyrik auf wenige zentrale Bilder feststellen läßt und eine solcherart entstehende Sprache der Sprache bis an die Grenzen des Verstummens vordringt, lassen auch die in Heißenbüttels Texten durchgespielten Sprachmodelle Sprachreflexion als eigentliches Thema erkennen. Wenn Heißenbüttels Bekenntnis, »daß Literatur nicht aus Vorstellungen, Bildern, Empfindungen, Meinungen, Thesen ... besteht, sondern aus Sprache ...«[8] auf Mallarmé zurückdeutet,[9] so ist mit gleicher Berechtigung auf George zu verweisen, der in den »Merksprüchen« der »Blätter für die Kunst« bekannte:

»In der dichtung — wie in aller kunst-betätigung — ist jeder der noch von der sucht ergriffen ist etwas ›sagen‹ etwas ›wirken‹ zu wollen nicht einmal wert in den vorhof der kunst einzutreten ... Den wert der dichtung entscheidet nicht der sinn (sonst wäre sie etwa weisheit gelahrtheit) sondern die form ...« (I,530)

Die Konzentration auf die Sprache als eigentliches Thema der Lyrik setzt bereits bei George ein. Auf diesem Hintergrund ist es keineswegs zufällig, daß Celan und Heißenbüttel auf die Nähe zu George deuten. Ja, diese Nähe erweist sich als rückwirkende Bestätigung jener hellsichtigen Voraussage Vollmoellers, der Georges Dichtung als Grammatik und Lesebuch der kommenden Dichter[10] bezeichnet hat. Vollmoellers Formel umschreibt im Grunde jene »linguistische« Reflexion, die offenbar auch für einen Autor wie Heißenbüttel wichtig an George ist.

Das autonome Gedicht des jungen George, das in den »Hymnen«, im »Agabal«, im »Jahr der Seele« begegnet, hat die Sprache von ihren konventionellen Aussagefunktionen befreit, die Mittel-Zweck-Bestimmungen aufgehoben, innerhalb derer Sprache als ästhetisches Vehikel von intersubjektiven Erkenntnissen, Erfahrungen, Erlebnissen und Gefühlen dient. Indem Sprache und Dichtung als Themen selbst ins Zentrum treten und das Gedicht sich aus einem Bedeutungssystem in ein Zeichensystem verwandelt, gehen zugleich jene vorher sprachlich vermittelten Zusammenhänge verloren, die im konventionellen Gedicht das subjektive Moment zum Reflex objektiver Gegebenheiten machen. Das »prodesse aut delectare« ist diskreditiert. Eine Wirklichkeit, deren Sinn sich zu entziehen beginnt, läßt die Unmittelbarkeit der Realitätserfahrung im Gedicht zum Problem werden. Wo die tradierten Sinnbezüge zerfallen, bleibt die Sprache selbst als einziger Sinn. Indem

Dichtung und Sprache sich als Sinn setzen, werden sie im Gedicht zugleich als Problem erfahren. Die Reflexion der Sprache im Gedicht wird zum Versuch einer neuen Sinnbegründung und erweist sich zugleich auf dem Hintergrund der Tradition als Protest.

Unter diesem besonderen Aspekt besitzt das autonome Gedicht auch eine gesellschaftliche Dimension. Isolation und Einsamkeit sind Komplementärphänomene dieser Konzentration auf die Sprache. Der Versuch, einen Sinn nicht jenseits der Sprache, sondern die Sprache selbst als Sinn zu sehen, bezeugt auf der andern Seite zugleich den Verlust des traditionellen Sinnhorizonts, der das Gedicht umschloß. Auf diesem Hintergrund wirkt es nicht überraschend, daß von Lukács über Benjamin bis hin zu Adorno die frühen Gedichte Georges in ihrem gesellschaftlichen Gehalt als lyrische Abbreviaturen des Entfremdungsphänomens in der modernen Gesellschaft gedeutet wurden.[11] Nicht in den dekorativen Sprachgesten eines Geibel und der falschen Unmittelbarkeit eines Falke war die geschichtliche Stunde Sprache geworden, sondern in der gefährdeten Ausschließlichkeit von frühen George-Gedichten.

Dieser gesellschaftliche Gehalt läßt sich, wenn man den Begriff sehr weit faßt, als politisch bezeichnen. Nur in diesem sehr allgemeinen Sinn besitzt das autonome Gedicht des jungen George eine politische Implikation. Weit entfernt von jeder affirmativen Setzung wird die Dichtung, die sich selbst meditiert, gleichzeitig als problematisch erfahren. Das tritt am Ende der »Pilgerfahrten« etwa in dem Gedicht »Die Spange« hervor:

> »Ich wollte sie aus kühlem eisen
> Und wie ein glatter fester streif ·
> Doch war im schacht auf allen gleisen
> So kein metall zum gusse reif.
>
> Nun aber soll sie also sein:
> Wie eine grosse fremde dolde
> Geformt aus feuerrotem golde
> Und reichem blitzendem gestein.« (I,40)

Das Kunstobjekt, dessen Entstehung reflektiert wird, steht für die Kunst selbst, deren historische Situation darin thematisiert wird, daß ihre bisherige Unmittelbarkeit unmöglich geworden ist. Die ursprünglich intendierte Einfachheit läßt sich nicht mehr verwirklichen. Die einander gegenübergestellten Bilder »glatter fester streif« und »grosse fremde dolde« verdeutlichen den Kontrast. Die bildliche Verfremdung wird als notwendig erfahren. Die Elemente der Denaturiertheit, die das Gedicht versammelt, weisen auf die denaturierte Wirklichkeit zurück. Auffällig ist, wie hier in metaphorischer Verkürzung alle Bildmaterialien versammelt sind, »eisen«, »metall«, »schacht«, »feuerrotes gold«, »blitzendes gestein«, aus denen sich die Welt Algabals zusammensetzt, bis hin zu dem bemerkenswerten Bild der künstlich erschaffenen Blume, der »grossen fremden dolde«, die direkt auf Algabals Garten vorausdeutet:

> »Wie zeug ich dich aber im heiligtume
> ...
> Dunkle grosse schwarze blume?« (I,47)

Auch hier ist die Blume eine bildliche Abbreviatur für eine sich selbst reflektierende Sprache: »die Blume als Meta-Phänomen«,[12] Sprache, die ihre Absolutsetzung als gefährdet, als künstlich begreift.
Der folgende Vers aus dem »Verwunschenen Garten« im »Siebenten Ring«:
»Wer von der heimlichen sprache der blumen wohl weiss« (I,301)
faßt in einer Formel zusammen, wofür die Blume in Georges Gedichten steht: die »heimliche sprache der blumen« *ist* die Sprache. Hier stellen sich Zusammenhänge her, die über »Die blasse blume mit dem kranken herzen« (I,129) im »Jahr der Seele«, wo die bereits in Algabals »grosser schwarzer blume« evozierte Problematik nochmals aufgenommen wird, bis zu der sich selbst bewußt werdenden Sprache reicht, die im »Vorspiel« zum »Teppich des Lebens« die Begegnung mit dem Engel im Blumengleichnis verdichtet:

> »Entgegen trug er dem versenkten sinn
> Der reichsten blumen last und nicht geringer
> Als mandelblüten waren seine finger
> Und rosen · rosen waren um sein kinn.« (I,172)

Auf diese — bildlich gesprochen — Vermenschlichung der Blumen deuten schon die Verse am Ende des »Jahrs der Seele« voraus:

> »Da taucht aus grünen wogenkämmen
> Ein wort · ein rosenes gesicht:« (I,141)

Das Problembewußtsein der Sprache, das hier aufgehoben zu sein scheint, wird dann erneut in den »Liedern« des »Siebenten Ringes« als gefährdet gezeigt:

> »Auf dass für unser fährdevolles wallen
> Einmal uns lohnt des reichsten glückes kost:
> Uns nah am abgrund azurn und kristallen
> Die wunderblume sprosst.« (I,318)

Und selbst noch in der programmatischen Formel des »Stern des Bundes«:
»das wort das blüht« (I,387)
läßt sich diese Identität von Sprache und Blume erkennen. Die Parallelen dazu[13] bei Baudelaire und Mallarmé sind ebenso offenkundig wie zu den Blumen-Evokationen Benns oder der »Niemandsrose« Paul Celans.

Das autonome Gedicht Georges läßt sich, an dieser Reflexion der Sprache gemessen, so definieren, daß die Sprache, die sich im Gedicht ihres Sinns innezuwerden versucht, sich als gefährdet oder gefestigt begreift und nicht aus der Identität mit Bild und Form gelöst werden kann. Das ist im wesentlichen die Situation von Georges Frühwerk bis zum »Jahr der Seele«. Die Entwicklung Georges, die sich in der Aufeinanderfolge seiner Gedichtbände spiegelt, hebt diese Absolutheit schrittweise auf. Die Änderungen, die sich dabei abzeichnen, lassen sich als politisch bedingt charakterisieren. Das Wort »politisch« nimmt jedoch eine Doppelbedeutung an. Es ist einmal auf die Entstehung des George-Kreises zugeordnet, der sich allmählich aus dem geschlossenen Zirkel von Mitarbeitern an den »Blättern für die Kunst« formt, die ab Ende 1892 erscheinen. Im »Vorspiel« zum »Teppich des Lebens«, wo der Engel verkündet:

> »Das schöne Leben sendet mich an dich
> Als boten:« (I,172)

wird die Dichtung zum ersten Mal mediatisiert und auf eine bestimmte Lebenshaltung, die dem Kreis in dieser Phase zugrundeliegt, bezogen. Politisch meint also hier im weitesten Sinn »Kreis-Politik«.
Die Folge ist, daß der Dichtung eine bestimmte Lehre für eine auserwählte Gemeinschaft übergeordnet wird. So heißt es im Gedicht »Teppich« über »Die lösung . . . über die ihr sannet!«:

> »Sie ist nach willen nicht: ist nicht für jede
> Gewohne stunde: ist kein schatz der gilde.
> Sie wird den vielen nie und nie durch rede
> Sie wird den seltnen selten im gebilde.« (I,190)

Politisch in dieser spezifischen Weise ist auch Georges Versuch, eine bestimmte kulturgeschichtliche Tradition in seinen Gedichten zu bezeichnen, die sein eigenes künstlerisches Bestreben in einen historischen Zusammenhang rückt. Das beginnt im »Teppich des Lebens« mit der Integration Holbeins[14] und Jean Pauls[15] und wird in den »Zeitgedichten« des »Siebenten Ringes« mit Dante, Goethe, Nietzsche, Boecklin, Friedrich II. und den französischen Dichtern fortgesetzt. Ja, Georges eigene Anfänge werden in »Manuel und Menes« (I,250) und »Algabal und der Lyder« (I,251) diesem Entwicklungsschema eingepaßt.
Auch die Metaphern von »Führer« (I,247) und »Gefolgschaft« (I,270), von »echtem königtume« (I,240) und dem

> »... blinden folgermut
> Der dient · nach ziel und eignem heil nicht fragend ·« (I,242)

durchziehen nun als im Kern restaurative Bild-Formeln, die den Kreis politisch deuten, leitmotivisch seine Lyrik. In den gleichen Zusammenhang gehört die religiöse Verkündigung Maximins in »Gebeten« (I,289) und religiöser Metaphorik,[16] die Vorliebe für den Bildbereich

12

des Tempels[17] und die rituelle Liturgie des »Stern des Bundes« mit der Verkündigung der esoterischen Kreis-Lehre:

> »Ein wissen gleich für alle heisst betrug.
> Drei sind des wissens grade . . .
> . . .
> Drei sind der wisser stufen. Nur der wahn
> Meint dass er die durchspringt: geburt und leib.
> Die andre gleichen zwangs ist schaun und fassen.
> Die lezte kennt nur wen der gott beschlief.« (I,387)

Das Gedicht ist zum »heiligen Text« geworden. Es verkündet ein Programm. Es ist, aus der Distanz betrachtet, ein Dokument von Ideologie.

Erst in den Gedichten des »Neuen Reiches« nimmt der Begriff »politisch« über die auf den Kreis beschränkte Bedeutung hinaus einen neuen Sinn an. Er meint nun das, was traditionell impliziert ist: Reflexion der Zeitgeschichte im Gedicht, Versuch des Dichters, sein Wort im Angesicht der Wirklichkeit — und das meint konkret den Ersten Weltkrieg — zu begründen und zu verteidigen. Erst hier wird, nun auf der Ebene der Reflexion, wieder jenes gesellschaftliche Bewußtsein manifest, das aus Georges frühen Gedichten indirekt spricht. George will sich als »Seher« (I,411) seiner Zeit und seines Volkes — so in dem langen Gedicht »Der Krieg« — rechtfertigen und versteigt sich zu dem ungeheuerlichen Anspruch der Frage:

> »Was ist IHM mord von hunderttausenden
> Vorm mord am leben selbst?« (I,411)

Schon in der »Toten Stadt« im »Siebenten Ring« wird angesichts der »menge« (die) tages feilscht und abends tollt« (I,243) verkündet: »Euch all trifft tod. Schon eure zahl ist frevel.« (I,244)
Und im »Stern des Bundes« heißt es:

> »Zehntausend muss die heilige seuche raffen
> Zehntausende der heilige krieg.« (I,361)

Die Voraussage des Dichters war inzwischen eingetroffen. Sie wird nun gewissermaßen im Rückblick von George bestätigt, indem er mit einer hybriden Ausschließlichkeit eine Kausalität konstruiert, die jenseits aller realen politischen Motivationen hinter der Zerstörung erscheine, nämlich der Verrat an jener Idee des schönen Lebens, die das Credo seiner Dichtung und seines Kreises ist. Der Trost, den er findet:

> »... Manch ohr
> Verstand schon meinen preis auf stoff und stamm ·
> Auf kern und keim ..
> . . .
> ... Land dem viel verheissung
> Noch innewohnt — das drum nicht untergeht!
> Die jugend ruft die Götter ..« (I,414)

erweist sich im Rückblick als einzige Überschätzung seiner geschichtlichen Rolle.

Georges utopische Vision ist vergessen. In dem Maße, in dem er seine späte Dichtung zum Vehikel dieser Vision gemacht hat, ist sie selbst der Zeit verfallen. Indem er die Autonomie der Sprache preisgab, sie mediatisierte, sie in den Dienst seiner Kreis-Lehre und seiner konservativen Utopie zwang, stellten sich die großen hohlen Worte und die ideologisch infizierten Formeln von selbst ein. So wird beispielsweise die Anrufung der Zukunft in dem Gedicht »Der Dichter in Zeiten der Wirren« nun von der Geschichte widerlegt:

> »Ein jung geschlecht das wieder mensch und ding
> Mit echten maassen misst · . . .
> . . .
> Das aus geweihtem träumen tun und dulden
> Den einzigen der hilft den Mann gebiert . .
> Der sprengt die ketten fegt auf trümmerstätten
> Die ordnung · geisselt die verlaufnen heim
> Ins ewige recht wo grosses wiederum gross ist
> Herr wiederum herr · zucht wiederum zucht · er heftet
> Das wahre sinnbild auf das völkische banner« (I,418)

Der Beschwörungston, die tautologischen Leerformeln und das ideologisch verfängliche Vokabular ziehen den propagandistischen Mißbrauch gleichsam von sich aus an, auch wenn die Absicht, die dahinter steht, das Gegenteil meint.

Georges frühe Lyrik ist monologisch. Sein Gedicht ist autonom und dennoch Reflex seiner gesellschaftlichen Lage. Mit den Gedichten etwa vom »Teppich des Lebens« an tritt seine Lyrik in den Dialog mit der Öffentlichkeit ein. Freilich meint Öffentlichkeit nur einen Ersatz der realen: die künstlich geschaffene Öffentlichkeit des Kreises, die Adressat seiner Gedichte ist und die eine allmählich nach außen dringende Rezeption seiner Verse sorgfältig kanalisiert. Neben die Sprache tritt die Lehre, anfänglich das Postulat des schönen Lebens, später der mythologische Apparat der Kreis-Liturgie und ganz zuletzt der richterliche Anspruch der Zeitgeschichte gegenüber. In dem Maße, in dem George seine Dichtung mediatisiert, integriert er kulturgeschichtliche Traditionen und auch sprachliche Konventionen, was bereits im Hinweis auf eine Reihe von abgeleiteten Motiv- und Bildkomplexen betont wurde. Mit dem Anwachsen der didaktischen Intention seiner Dichtung tritt zugleich jene Form seiner Lyrik immer mehr in den Hintergrund, die noch Benn[18] als Georges Idealform beschrieb: das einfache, kreuzweise gereimte, jambische dreistrophige Gedicht, das vor allem im »Jahr der Seele« dominiert. Diese — wie sich vereinfachend sagen ließe — Liedform beginnt, so im »Siebenten Ring«, langen, spröder gefügten, reimlosen Gedichten zu weichen und verhärtet sich dann im »Stern des Bundes« zur rituellen Verkündigung zumeist einstrophiger, vierzehn- oder zehnzeiliger Gedichte, deren liturgischer Charakter die Sprachform zum Teil auf das einfachste Reihungsprinzip reduziert:

> »Ich bin der Eine und bin Beide
> Ich bin der zeuger bin der schooss« (I,359)

Oder:

> »Gottes pfad ist uns geweitet
> Gottes land ist uns bestimmt
> Gottes krieg ist uns entzündet
> Gottes kranz ist uns erkannt.« (I,394)

Die liturgische Beschwörung wird mit dem Preis der sprachlichen Monotonie erkauft.

In den Gedichten des »Neuen Reiches« wird diese sprachliche Verformelung wieder gebrochen, einmal in reflektierenden langzeiligen Gedichten wie »Der Krieg«, »Der Dichter in Zeiten der Wirren« und zum andern in der Rollenlyrik der Vers-Dialoge »Der Gehenkte«, »Gespräch des Herrn mit dem römischen Hauptmann«, »Der Mensch und der Drud« und »Der Brand des Tempels«. Hier kündigt sich möglicherweise ein neues Sprachbewußtsein an, das die Reflexion nicht mehr in die geschlossene Form eines Gedichtes zu zwängen vermag, sondern sie szenisch auflöst.

Aber es ist höchst charakteristisch, daß George sowohl im »Siebenten Ring« als auch im »Neuen Reich« immer wieder zur Liedform zurückkehrt. Fern aller didaktischen Verkündigung und utopischen Entwürfe schafft sich das Bewußtsein seiner tatsächlichen Lage in solchen Gedichten Ausdruck:

> »Ihr tratet zu dem herde
> Wo alle glut verstarb ·
> Licht war nur an der erde
> Vom monde leichenfarb.
>
> . . .
>
> Seht was mit trostgebärde
> Der mond euch rät:
> Tretet weg vom herde ·
> Es ist worden spät.« (I,165)

Diese Verse aus dem »Jahr der Seele«, die am Anfang von Georges Weg stehen, werden in einem der Lieder aus dem »Neuen Reich« wieder aufgenommen, das nun im Rückblick auf den zurückgelegten Weg Georges didaktische Prophetie zurücknimmt:

> »Horch was die dumpfe erde spricht:
> Du frei wie vogel oder fisch —
> Worin du hängst · das weisst du nicht.

Vielleicht entdeckt ein spätrer mund:
Du sassest mit an unsrem tisch
Du zehrtest mit von unsrem pfund.

Dir kam ein schön und neu gesicht
Doch zeit ward alt · heut lebt kein mann
Ob er je kommt das weisst du nicht

Der dies gesicht noch sehen kann.« (I,463)[19]

Der Doppelsinn von »gesicht«, das menschliches Gesicht und Vision zugleich meint und so unauffällig Georges utopische Hoffnung auf die Jugend thematisiert, ist ohne beschwörerisches Pathos. Der Blick auf die Vergangenheit und Zukunft, verdeutlicht durch das zweimal erwähnte »das weisst du nicht«, zu Anfang und am Ende, trägt der geschichtlichen Stunde Rechnung. Er ist ohne didaktischen Überzeugungszwang. Die Vergänglichkeit der eigenen Vision wird reflektiert. Es bleibt wie am Anfang die Einsicht in die Geschichtlichkeit:

»Und auch was übrig blieb von grünem leben
Verwinde leicht im herbstlichen gesicht.« (I,121)

und die Hoffnung ohne Gewißheit am Ende:

»Du schlank und rein wie eine flamme
Du wie der morgen zart und licht« (I,469)

Abend, Herbst definieren den geschichtlichen Standort. Die Hoffnung auf einen Neubeginn wird sich ihrer Vergeblichkeit bewußt.
So zutreffend es sein mag, Georges Weg von dem autonomen Gedicht des Frühwerks zur politischen Verkündigung im Spätwerk mit dem Satz zu umreißen: »Wohl mag man den frühen ästhetischen George real nennen und schlecht ästhetisch den späten realen ...«,[20] so sind dennoch auch im Spätwerk Georges immer wieder realistische Durchbrüche im eigentlichen Sinn zu verzeichnen, die zur Zeichenhaftigkeit der Sprache zurückkehren, ihre Autonomie wiederherstellen und für ihre Geschichtlichkeit nicht blind sind.

II. Anrufung der Muse. Die künstlerische Ausgangsposition Stefan Georges

1. Poetische Schreibübungen

George hat seine vor 1890 entstandenen Dichtungen selbst als vorläufige Jugendwerke angesehen und datiert erst mit der Veröffentlichung der »Hymnen« den Beginn seines eigentlichen Werks. Aber dennoch hat er 1901 eine »Auswahl erster Verse« unter dem Titel »Fibel« herausgegeben und diese Sammlung, dann um einige Stück vermehrt, auch 1927 als ersten Band an den Anfang seiner achtzehnbändigen Gesamtausgabe gestellt, die von 1927 an erschien. Läßt sich die Erstausgabe dieser Auswahl von Jugendversen vom Vorwort und von der Widmung an die Eltern her als Geste konventioneller Pietät verstehen, so liegen der Entscheidung, mit dieser Auswahl in der Gesamtausgabe seinen dichterischen Beginn zu dokumentieren, doch auch künstlerische Überlegungen zugrunde.

Hatte es in der »Vorrede der ersten Ausgabe«[1] geheißen: »Wir die dichter aber erkennen uns in diesen zarten erstlingen wieder und möchten sie unter unsere besondere obhut nehmen ... wir sehen in ihnen die ungestalten puppen aus denen später die falter leuchtender gesänge fliegen ...« (7), so wird die hier postulierte Entwicklungsgesetzlichkeit, die diesen frühen Versen als Vorstufen späterer Gedichte innewohnt, nun auch faktisch betont, indem sie äußerlich den Beginn der Gesamtausgabe markieren. Damit wird diesen frühen Gedichten im Kontext des Gesamtwerks eine immerhin wichtige Bedeutung zugesprochen.

Es erhebt sich im Rückblick die Frage, ob sich hier bereits bei George Symptome einer Stilisierung zeigen, die seine Entwicklung auf einen Grundriß hin vereinfacht, der ein Gesetz kontinuierlicher Entfaltung und Steigerung sichtbar macht. Oder anders formuliert: es ist zu fragen, ob die implizierte ästhetische Wertung, die sich aus der Tatsache erschließen läßt, daß George die »Fibel« bewußt an den Anfang seiner Gesamtausgabe stellte, der Überprüfung standhält. Daß George selbst eine solche Möglichkeit nicht ausgeschlossen hat, bezeugt jener Satz, der am Beginn der »Vorrede der ersten Ausgabe« steht: »Denn seine freunde und verehrer die den druck betreibend auf eine schöne offen-

barung warteten werden vielleicht mit einer enttäuschung be-
lohnt . . .« (5/6).

Die Möglichkeit, daß die Jugendverse die künstlerische Erwartung
nicht erfüllen, wird hier antizipiert. Ja, das tritt noch gesteigert in
dem Hinweis darauf hervor, daß George gleichsam vorgibt, sich nur
aus Gefälligkeit »seinen freunden und verehrern« gegenüber zum
Druck dieser Juvenalia entschlossen zu haben. Das scheint freilich
allem zu widersprechen, was über die Stellung Georges in seinem
Kreis in zahlreichen dokumentarischen Zeugnissen überliefert wurde.
George, ohne dessen Plazet keine wissenschaftliche und dichterische
Veröffentlichung erscheinen durfte, der selbst eigenwillig verändernd
eingriff, wenn es ihm ratsam schien, hat sicherlich nicht gegen sein bes-
seres Wissen der Veröffentlichung seiner Jugendverse zugestimmt. Die
rhetorische Kaschierung, auf die der Satz der »Vorrede« aufmerksam
macht, ist denn auch eher als Symptom der Unsicherheit gegenüber der
Geltung der Jugendgedichte zu werten, ist sicherlich unbeabsichtigter
Ausdruck des Unbehagens an der eigenen Stilisierung.

Aber gleichgültig, wie es um den Rang dieser Jugendwerke bestellt
sein mag, George hat in der »Fibel« dichterische Dokumente hinterlassen, die seine künstlerische Ausgangsposition, in ihrem möglichen
Reichtum und in ihrer faktischen Dürftigkeit, demonstrieren. Er hat
damit zugleich die Möglichkeit geboten, den künstlerischen Fortschritt,
der sich in der Gewinnung eines eigenen unverwechselbaren Tons in
den Gedichten der »Hymnen« zeigt, zu analysieren. Im Übergang von
der »Fibel« zu den »Hymnen« liegt also die Möglichkeit beschlossen,
jene sich im Künstlerischen vollziehende Veränderung auf ihre Voraussetzungen und Folgen hin zu untersuchen.

Die Frage nach Georges künstlerischer Ausgangsposition läßt sich dabei angesichts des Übergangs von den Gedichten der »Fibel« zu den
Versen der »Hymnen« auf zweifache Weise präzisieren. Es ist möglich, einmal die historischen Bedingungen, die auf Georges Frühwerk
vor allem formal einwirkten, festzustellen und damit zugleich die Tra-
ditionsgebundenheit und mangelnde dichterische Originalität nachzuweisen. Es ist zum andern ebenso möglich, die Negation aller dieser
Momente und damit die Bedingungen seines Durchbruchs zur eigenen
Dichtung am Beispiel der »Hymnen« aufzudecken.

George hat versucht, die Gedicht-Auswahl der »Fibel«, die ja eigentlich nach dem von ihm abgelehnten Zufallsprinzip einer Anthologie
zustande gekommen ist, bereits äußerlich der streng durchgeformten
Architektonik seiner späteren Gedichtbücher anzugleichen. Das bei
ihm häufig vertretene Prinzip der Dreiteilung ist auch in der »Fibel«
auf zwei Ebenen wirksam. So ist der gesamte Band in drei Abteilun-
gen aufgegliedert: in die eigentliche »Fibel« und die beiden Zyklen
»Von einer Reise« und »Zeichnungen in Grau und Legenden«. Der

erste Teil ist wiederum in drei Teile gegliedert: einen ersten und zweiten Teil und den Teil der frühen »Übertragungen«.

Aber das ist eine recht äußerlich bleibende Strukturierung, die lediglich dadurch eine gewisse Berechtigung erhält, daß die drei Hauptteile des Bandes der chronologischen Entstehung der Gedichte Rechnung tragen. Die früheste Werkschicht tritt im ersten und zweiten Teil der eigentlichen »Fibel« hervor.[2] Es handelt sich um Gedichte, die während der Darmstädter Schulzeit Georges entstanden sind. Einzelne Beispiele, so die Gedichte »Die Najade«, »Der Blumenelf«, »Die Rose« und »Ikarus«[3] waren schon in der Schülerzeitschrift des Gymnasiasten, »Rosen und Disteln«, am 20. Juni 1887 erschienen.

Die Gedichte des Zyklus »Von einer Reise« stellen den Ertrag der beiden ersten Auslandsreisen dar, die George nach Absolvierung der Reifeprüfung im März 1888 zuerst nach London unternahm, wo er bis zum Ende des Sommers 1888 blieb, und dann nach Montreux am Genfer See, wo er sich bis Frühjahr 1889 aufhielt.[4] Die »Zeichnungen in Grau und Legenden« wiederum entstanden 1889 und gehören besonders mit den Beispielen der in Georges Geheimsprache, der »lingua romana«, abgefaßten Gedichten[5] eng zu einer Sprach- und Wirklichkeitskrise, die sich damals bei George abzuzeichnen begann und die zeitweise zu einer Absage an die deutsche Sprache überhaupt tendierte.[6] In den »Zeichnungen in Grau« zeigen sich erste Auswirkungen einer dichtungsgeschichtlichen Konstellation, mit der George 1889 in Paris in Berührung kam, nämlich des Symbolismus. So hat man bei diesen Gedichten nicht zu Unrecht hervorgehoben: »Unter den neun ›Zeichnungen in Grau‹ gibt es kaum eine, der man nicht den Einfluß Baudelaires und der Symbolisten anmerkt.«[7]

Aber gerade in der offenkundigen Abhängigkeit von den französischen Vorbildern wird sichtbar, daß es sich bei George noch keineswegs um eine Verarbeitung dieser neuen dichterischen Impulse handelt, sondern überwiegend um Adaption. Die Unsicherheit in der Suche nach dem eigenen künstlerischen Weg tritt auch darin hervor, daß das gedrängte Pathos der »Legenden«, die nach den »Zeichnungen in Grau« entstanden, wieder die Abkehr von der Faszination durch die französischen Vorlagen zeigt. Auch hier sind es erst die »Hymnen«, die George die Sicherheit geben, die aus dem Gewinn einer eigenen, sich künstlerisch dokumentierenden Sprache erwächst.

2. »Warum schweigst du meine leier«?

Die dichterische Entwicklung Georges, die bereits abstrakt beschrieben wurde, soll am Beispiel einer Gegenüberstellung von zwei Gedichten konkret veranschaulicht werden. Diesen Gedichten liegt jeweils das gleiche Motiv zugrunde. Es handelt sich um die Darstellung des Vorgangs der dichterischen Inspiration. Es geht, wenn man das Motiv auf eine generelle Formel bringen will, um die Anrufung der Muse, um poetische Initiation. Die Muse erscheint auf dem Hintergrund einer sehr vielschichtigen Tradition als Verkörperung der Dichtung, als Spenderin der Inspiration und damit als Metaphorisierung jener irrationalen Größe, die im Augenblick der dichterischen Schöpfung beschlossen liegt.[8]

Im ersten Teil der »Fibel« findet sich das folgende Gedicht:

> »Warum schweigst du meine leier
> Ist verstummt dein helles klingen
> Willst auf deiner freuden feier
> Junges herz du nicht mehr singen? ..
>
> Nicht kann ich von freuden singen
> Meine freude sah ich fliehen
> Meinen plan sah ich misslingen
> All mein Glück von dannen ziehen ...
>
> Warum nun von deinen klagen
> Lässt du nicht die laute hallen? ..
> Ich versuche sie zu schlagen
> Doch sie ist mir stets entfallen.
>
> Hold nur schaut die Muse nieder
> Will ich frohen sang ihr weihen
> Doch sie lässt der klage lieder
> Mir dem jüngling nicht gedeihen.« (27)

Es handelt sich um ein Gedicht, das unwillkürlich die Erinnerung an Beispiele anakreontischer Lyrik wachruft. So findet sich etwa bei Christian Felix Weisse das Gedicht »An die Muse«,[9] dessen erste Strophe lautet:

> »Hier nimm die sanfte Leier wieder,
> O Muse, die du mir geliehn;
> Nun sing ich weiter keine Lieder,
> Die von der Jugend Freuden glühn ...«

und das mit der Strophe endet:

> »Kömmt einst der goldne Friede wieder,
> Fühl ich einst gar der Liebe Glück,
> Vielleicht wag ich dann schönre Lieder:
> Dann, Muse, gib sie mir zurück!«

Die Verdeutlichung der Dichtung im Bild der Leier, die Darstellung der Muse als Spenderin des Gesangs, die Verwendung bereits geprägten Wortmaterials, nachgestellter Genitive (»der Jugend Freuden«, »der Liebe Glück«), verblaßter Adjektivzusätze (»sanfte Leier« »goldner Friede«, »schönre Lieder«) — alles das sind Formalien, die ungeachtet des beachtlichen historischen Abstandes zwischen beiden Texten bei George wieder auftauchen. Bei ihm erscheinen die gleichen konventionellen nachgestellten Genitive: »deiner freuden feier«, »der klage lieder«, die gleichen farblosen adjektivischen Zusätze: »helles klingen«, »froher sang« oder die klischeehafte Verwendung von Adverbien: »Hold nur schaut die Muse nieder ...« Und selbst ein Vers wie dieser: »All mein glück von dannen ziehen ...« deutet auf bereits geprägtes Wortmaterial zurück, das in diesem Fall eine Nähe zum Volkslied bezeugt.

Das Gedicht gibt sich gleichsam als eine Montage von Worthülsen zu erkennen, deren Anordnung von einem konventionellen Motivschema bestimmt wird. Aber nicht nur die offenkundige Abgegriffenheit des Wortmaterials läßt dieses Gedicht zu einer künstlerisch wenig belangvollen Sprachübung werden, es ist darüber hinaus auffällig, daß George selbst die handwerklichen Seiten der hier verwendeten, relativ einfachen Form nicht ganz bewältigt. Das bezeugt bereits der erste Vers: Natürlicher und metrischer Akzent befinden sich bei dem ersten Wort dieses Verses in einem Konflikt. Die dem »warum« zukommende natürliche Betonung auf der zweiten Silbe wird vom Metrum deformiert, da im metrischen Zusammenhang des ersten Verses »warum« auf der ersten Silbe betont wird. Eine augenfällige rhythmische Dissonanz, die im ersten Vers der dritten Strophe nur annähernd ausgeschaltet wird. Bei Einhaltung der natürlichen Sprachbetonung in diesem Vers gerät auch hier der gesamte Rhythmus des Verses ins Stocken.

Die gleiche ästhetische Dissonanz erscheint im ersten Vers der zweiten Strophe. Nicht das »nicht«, das vom Metrum her den Akzent trägt, ist das für den Sinn entscheidende Wort, sondern das Modalverb »kann«. Auch hier ist also ein Konflikt zwischen der Sinnbetonung und der metrischen Betonung festzustellen. Das sind Hinweise auf formale Defekte des Gedichtes, die auf der Metaphern-Ebene ihre Parallelen haben, und zwar besonders in der dritten Strophe. Schon die bildliche Verdeutlichung des Lautenspiels in der Wendung »die laute hallen« ist von unfreiwillig komischer Wirkung, da das Verb eine Echowirkung beschreibt, die eigentlich nicht mit der intendierten Bedeutung des Lautenspiels in Übereinstimmung zu bringen ist. Dieser komische Nebeneffekt wird noch in der zweiten Hälfte dieser Strophe gesteigert.

Die Darstellung des mit seiner Laute ringenden Dichters, dessen Unfähigkeit zum Gesang dadurch verdeutlicht wird, daß ihm die Laute entfällt, trägt hier die Züge einer unfreiwilligen Parodie. Das tritt deutlich hervor, wenn man diese Metapher als Bild konkretisiert, und das zeigt sich ebenfalls auf dem Hintergrund der im Gedicht entfalteten Bedeutung. Denn die Unfähigkeit zum Lautenspiel ist ja eine Folge der wechselnden Gunst der Muse, die ihr Geschenk, nämlich die Inspiration, entzieht. Der Hinweis auf das Gewicht der den Händen zu schwer werdenden Laute stellt also eine bildliche Verselbständigung dar, die auf diese Bedeutung nicht mehr abgestimmt ist.

Das sind Momente einer bemerkenswerten ästhetischen Brüchigkeit des Gedichtes. So, wie die Verse formal konventionell zusammengestükkelt sind und ihre Einheit widersprüchlich bleibt, bewegt sich auch die Aussage auf konventionellem Terrain. Das Inspirationsgeschenk der Muse wird auf die von Freude gekennzeichnete Dichtung eingegrenzt. Die Dichtung der Klage entzieht sich ihrer Gunst.

Bei Morwitz heißt es zu diesen Versen: »Im letzten Gedicht dieser Gruppe, das zugleich den ersten Teil der ›Fibel‹ im engeren Sinne schliesst, werden grundlegende Fragen, die der Dichter sich selbst über seine Kunst stellt, mit fast schmerzender Offenheit beantwortet ...« (82) Und Morwitz fährt fort: daß der hier »bereits offenbar gewordene Sondercharakter seiner Kunst und seines Könnens« (82) auf den von Georges späteren Gedichten vorausdeutet.

Das läuft auf eine rein inhaltliche Aufwertung des Gedichtes hinaus, die nicht nur die Augen vor dem Klischeehaften des poetologischen Themas verschließt, sondern darüber hinaus die ästhetische Reduktion dieses Gedichtes völlig unterschlägt. Sicherlich sind nicht alle Gedichte Georges in der »Fibel« von der gleichen thematischen und formalen Armut gekennzeichnet, und besonders in den »Zeichnungen in Grau« deutet sich ein größeres Formbewußtsein an. Dennoch ist dieses Gedicht als Demonstration der dürftigen Ansätze, von denen George ausging, von paradigmatischer Bedeutung. Zwischen diesen Versen und den »Hymnen« liegen künstlerisch Welten.

3. »Poetische Initiation«

Anrufung der Muse, Gestaltung des Augenblicks der dichterischen Inspiration — so läßt sich auch der Motivrahmen bezeichnen, der in dem ersten Gedicht der »Hymnen« hervortritt. Schon der Titel »Weihe« variiert unverkennbar die Bedeutung der poetischen Initiation.

>»Hinaus zum strom! Wo stolz die hohen rohre
>Im linden winde ihre fahnen schwingen
>Und wehren junger wellen schmeichelchore
>Zum ufermoose kosend vorzudringen.
>
>Im rasen rastend sollst du dich betäuben
>An starkem urduft · ohne denkerstörung ·
>So dass die fremden hauche all zerstäuben
>Das auge schauend harre der erhörung.
>
>Siehst du im takt des strauches laub schon zittern
>Und auf der glatten fluten dunkelglanz
>Die dünne nebelmauer sich zersplittern?
>Hörst du das elfenlied zum elfentanz?
>
>Schon scheinen durch der zweige zackenrahmen
>Mit sternenstädten selige gefilde ·

Der zeiten flug verliert die alten namen
Und raum und dasein bleiben nur im bilde.

Nun bist du reif · nun schwebt die herrin nieder ·
Mondfarbne gazeschleier sie umschlingen ·
Halboffen ihre traumesschweren lider
Zu dir geneigt die segnung zu vollbringen:

Indem ihr mund auf deinem antlitz bebte
Und sie dich rein und so geheiligt sah
Dass sie im kuss nicht auszuweichen strebte
Dem finger stützend deiner lippe nah.«[10]

Das simple bildliche Schema von Georges vorher zitiertem Jugend-
gedicht bewegt sich innerhalb der Pole Dichter, Leier, Lied und Muse
und stellt eine abstrakte Beziehung zwischen diesen Elementen her, in
der die Anrufung der Muse lediglich ein rhetorisches Versatzstück darstellt. Die Situation trägt nirgendwo die Zeichen konkreter Bildlichkeit, sondern ist zum emblematischen Muster erstarrt: Die Muse schaut
von oben herab auf den die Laute schlagenden Dichter, der über seinen seelischen Zustand und seine Unfähigkeit, sich poetisch auszudrük-
ken, räsoniert. In der ersten »Hymne«[11] hingegen wird die dichterische Initiation nicht als rhetorisches Klischee entfaltet, sondern als
ein prozeßhafter Akt, an dessen Ende die Begegnung mit der Muse
steht.
Deutlich lassen sich in dem Gedicht drei verschiedene Phasen unterscheiden, die jeweils eine Einheit von zwei Strophen umfassen und damit eine dreistufige Gliederung des Ganzen hervortreten lassen. Die
beiden ersten Strophen stellen die Voraussetzungen der poetischen Initiation dar. Der Dichter löst sich imperativisch — was in dem Ausruf
des ersten Verses der ersten Strophe und in dem Modalverb zu Beginn
der zweiten Strophe deutlich akzentuiert wird — aus der ihn um-
gebenden Wirklichkeit heraus und wendet sich der Natur zu. Dieser in
der ersten Strophe implizierte Kontrast zwischen der den Dichter ein-
engenden empirischen Wirklichkeit und der Befreiung in der Natur
wird auch von den biographischen Momenten in der Entstehungssitua-
tion des Gedichtes her zusätzlich begründet. Wir sind durch Morwitz
darüber informiert, daß das Gedicht gewissermaßen im Herzen Ber-
lins entstand, auf einem Spaziergang Georges »entlang der Spree hinter dem Garten des Schlosses Bellevue ... (im) Vorfrühling des Jahres
1890«.[12]
In diesem hier verborgen angesprochenen Kontrast zwischen Groß-
stadt und Parklandschaft taucht gleichsam schon das Motiv des »totgesagten parks« (I,121) aus dem »Jahr der Seele« auf. Die im Zerfall
begriffene Natur, die als unwiederbringlich vergänglich in einer Randzone der Wirklichkeit abzusterben scheint, wird dort nochmals vom
Dichter in seiner Sprache wiedererschaffen und damit zu neuem Leben

erweckt. Die gleiche Verwandlung läßt sich, allerdings in der Umkehrung, in den beiden ersten Strophen der »Weihe« erkennen. Der sich den Eindrücken der Natur aufschließende Dichter beginnt im »urduft« der Landschaft seine »denkerstörung« zu überwinden. Er beginnt sich im Angesicht der Natur zu erneuern und für die Verwandlung vorzubereiten.

Im zeitgeschichtlichen Kontext des Jugendstils vollzieht George hier eine paradigmatische Wendung von der zivilisatorischen Realität der Moderne zurück in die erwünschte Ursprünglichkeit der Natur nach. Auch er versucht hier,»eine ätherische Enklave sich zu errichten vor den Angriffen und Forderungen des industriellen Zeitalters«.[13] Wenn man generell über den Jugendstil gesagt hat, er klopfe »an die Pforten des Gartens Eden, ›Urbilder‹ begehrend und Schau des ›schönen Lebens‹«,[14] so erscheint diese Vorstellung einer paradiesischen Urnatur auch hinter den ersten Versen von Georges Gedicht.

Denn das Naturbild, das George in der ersten Strophe entwirft, wird nicht nur in der zweiten Strophe als paradiesisch ursprüngliche Natur ausgedeutet, sondern es wirkt auch in seinen einzelnen Elementen unverkennbar stilisiert. Die Schilfrohre, die mit schwingenden Fahnen verglichen werden, das Rauschen der Wellen, das in dem Bild »schmeichelchor« vermenschlicht wird, »entnaturalisieren« diesen Natureindruck gewissermaßen, d. h. die Metaphern sind nicht Bestandteile einer letztlich realistischen Natur-Mimesis, sondern zielen auf bildliche Verfremdung. Eine ähnliche Funktion kommt den Epitheta bzw. Adverbien zu, die nicht Bildeindrücke zusätzlich veranschaulichen, sondern deren Bedeutung in ihrer ornamentalen Vokalqualität oder Alliterationsbindung zu liegen scheint (z. B. »stolz«, »hohen rohre«, »linden winde«, »kosend«).

Eine analoge bildliche Transparenz, die den realistischen Natureindruck ständig verfremdet und stilisiert, läßt sich in der dritten Strophe erkennen, die die zweite Phase der poetischen Initiation einleitet. Die Verwandlung, auf die sich der Dichter vorbereitet, wird in einer Verwandlung der Natur antizipiert. Die gleichsam musikalisch rhythmische Bewegung des zitternden Laubs, die über dem Wasser zersplitternde Nebelmauer stellen bildliche Äquivalente der Bewegung dar, die sich zuvor im Bewußtsein des Dichters vollzog: »... die fremden hauche all zerstäuben«. Der Nebel, der das Bewußtsein umschloß, und der Nebel, der dieses Naturbild einhüllte, beginnen sich zu teilen. Die Qualität dieser Bilder zeigt sich ebenfalls in ihrer durch die Stilisierung intendierten Übertragbarkeit auf die eigentliche Bedeutung einer Vorbereitung der Initiation.

Dieser Vorbereitungsschritt wird auch durch die prädikative Stellung des dichterischen Ichs in den beiden mittleren Strophen zum Ausdruck gebracht. Die verbale Aufforderungsgeste, die die Annäherung an die Natur in der ersten und zweiten Strophe herbeiführt, weicht nun der

Haltung der Erwartung, ausgedrückt in den Frageformen der dritten Strophe und gesteigert in der perspektivischen Veränderung, die die vierte Strophe charakterisiert. Das Naturbild wird nun vollkommen transparent und erweist sich gewissermaßen als der bildliche Rahmen (»der zweige zackenrahmen«) einer von oben hereinleuchtenden göttlichen Wirklichkeit, verdeutlicht im Blick auf die Sterne. Die beiden Verse:

> »Der zeiten flug verliert die alten namen
> Und raum und dasein bleiben nur im bilde.«

beschreiben den Moment der Epiphanie, die Aufhebung von Raum und Zeit, die Erfahrung einer umfassenden Simultaneität. Gestaltet ist hier nichts anderes als der Augenblick der dichterischen Geburt, das Ins-Leben-Treten der künstlerischen Potenz, verbildlicht in der von oben herabschwebenden schleierumflossenen Muse, die sich in der traumähnlichen Trance der Inspiration dem für die Initiation reif gewordenen Dichter nähert.

George hat hier wie auch in dem »Schleier«-Gedicht in den »Standbildern« des »Teppich des Lebens« deutlich nochmals ein Motiv aufgenommen, das im Mittelpunkt der Goetheschen »Zueignung«[15] steht. Auch dort wird ein Akt der poetischen Initiation in der Begegnung mit der Muse dargestellt. Das beiden Gedichten zugrunde liegende Situationsmuster weist große Ähnlichkeiten auf. Die Gedichte sind darüber hinaus metrisch identisch. In beiden Fällen vollzieht sich die Initiation in der Natur, beide Male teilen sich die Nebel und geben den Blick auf den Himmel frei, von dem die Muse herabschwebt. George hat jedoch eine entscheidende Änderung eingeführt. Bei Goethe heißt es:

> »Auf einmal schien die Sonne durchzudringen,
> Im Nebel ließ sich eine Klarheit sehn.«[16]

Bei Goethe vollzieht sich die Initiation in einer Morgenstunde in Harmonie mit der sich enthüllenden Schönheit der Natur:

> »Da schwebte, mit den Wolken hergetragen,
> Ein göttlich Weib vor meinen Augen hin ...« (7)

Bei George ist es hingegen die Situation des Abends. Die Epiphanie ereignet sich im Licht der Sterne und des Mondes:

> »... nun schwebt die herrin nieder ·
> Mondfarbne gazeschleier sie umschlingen · «

In beiden Gedichten ist die Muse jedoch in einen Schleier gehüllt. In der »Zueignung« heißt es:

> »Gen Himmel blickt' ich, er war hell und hehr.
> Nur sah ich sie den reinsten Schleier halten,
> Er floß um sie und schwoll in tausend Falten.
> ...

Aus Morgenduft gewebt und Sonnenklarheit,
Der Dichtung Schleier aus der Hand der Wahrheit.« (9)

George hat also die Goethesche Vorlage in entscheidenden Details modifiziert. Von beiden wird die poetische Initiation des Dichters thematisiert, und in beiden Gedichten wird die Epiphanie einer in einen
Schleier gehüllten Muse dargestellt. Aber während das Bild des
Schleiers als Symbolisierung des schönen Scheins der Dichtung bei
Goethe in Beziehung zum Sonnenlicht gesetzt wird, ist es bei George
mit dem Licht des Mondes verbunden. Die Epiphanie bei Goethe ereignet sich im Angesicht einer sich harmonisch erschließenden morgendlichen Natur, die ausdrücklich als Korrelat der poetischen Be-
fruchtung gesehen wird:

> »Wenn eure Bahn ein frischerneuter Segen
> Mit Blumen ziert, mit goldnen Früchten schmückt . . .« (9)

und den Weg des Dichters zurück ins Leben führt:
»Wir gehn vereint dem nächsten Tag entgegen!« (10)
Die Initiation bei George vollzieht sich hingegen in einer Situation der
geheimnisvollen nächtlichen Veränderung der Natur, die zum rätselhaften Kunstgebilde wird.
George hat hier keineswegs willkürlich variiert, sondern die dichterische Logik seiner Verse tritt darin hervor, daß er aus der Erfahrung
seiner geschichtlichen Stunde spricht. Die von einer göttlichen Ordnung
bestimmte Natur, in der der Mensch sich gleichsam selbst wieder-
erkannte,[17] ist für ihn zerbrochen, hat sich in jenen »totgesagten park«
verwandelt, der aus der Imagination des Dichters heraus verlebendigt
wird. Der bildliche Wechsel vom Morgen zum Abend, von der Sonne
zum Mond[18] verdeutlicht diese geschichtliche Zäsur. Die Dichtung vermag für George nicht mehr in der Natur wie in einem aufgeschlagenen
Buch zu lesen, sondern gestaltet die Natur sozusagen aus den Elementen ihres Verfalls in seiner Kunst nochmals nach.
Die gleiche geschichtliche Erfahrung spricht sich in der Darstellung der
Begegnung aus, die sich zwischen Dichter und Muse abspielt. Bei
Goethe entwickelt sich ein Dialog, an dessen Ende das Geschenk des
Schleiers an den Dichter steht. Bei George wird die Begegnung in der
mit allen Elementen eines Traums versehenen, rätselhaften Kuß-Szene
dargestellt. Die Dichtung, die sich in Goethes Situation noch als eine
Weise des Weltverstehens auffassen und rational auf ein bestehendes
Ordnungssystem der Wirklichkeit beziehen läßt, wird bei George aus
allen vorhandenen Bindungen herausgelöst, bietet sich als rätselhaftes,
verabsolutiertes Phänomen dar. Die in der Epiphanie der Muse un-
eigentlich ausgedrückte Bedeutung der Dichtung wird so dargestellt,
wie George es in einer seiner Betrachtungen über Dichtung formuliert
hat: »Das wesen der dichtung wie des traumes: dass Ich und Du · Hier

und Dort. Einst und Jezt nebeneinander bestehen und eins und dasselbe werden.« (I,531)
Und selbst noch in der an präraffaelitische Bilder erinnernden Geste des Kusses:

>»Dass sie im kuss nicht auszuweichen strebte
>Dem finger stützend deiner lippe nah.«

spricht George seine geschichtliche Situation aus. So, wie der Dichter mit der Hand nach dem Kopf der Muse greift, um ihre Lippen den seinen nahezubringen,[19] ist auch für George die Dichtung zum Problem geworden. Sie wird ihm nicht mehr so unproblematisch als Geschenk zuteil wie Goethe: Die Muse beginnt sich zu verweigern.

Im Vergleich zu dem Kontrastgedicht aus Georges »Fibel« ließe sich sicherlich auch darauf hinweisen, wie George hier nach der Schulung durch seine Baudelaire-Übertragungen[20] ein völlig neues Verhältnis zur Sprache gewonnen hat, die nun ein gedrungenes Klangvolumen auszeichnet. Das zeigt sich nicht nur in dem ausgesuchten Wortmaterial, sondern auch in den vielfältigen syntaktischen Verknappungen: durch überzeugend gebrauchten vorangestellten Genitiv, Auslassung des Artikels, durch substantivische Kontraktionen. Aber das wäre gleichsam nur ein technischer Aspekt, der eine neu gewonnene Souveränität in der sprachlichen Fügung bei George unterstreicht. Viel wichtiger ist, daß George in diesem Gedicht zugleich die historischen Bedingungen, mit denen die lyrische Produktion in seiner Gegenwart konfrontiert ist, hellsichtig ausspricht.

In der bewußten Rückbeziehung auf die Goethesche Vorlage bringt er zugleich zum Ausdruck, welche entscheidende Wendung sich inzwischen vollzogen hat. Die Natur hat sich aus einer bildlichen Offenbarung Gottes in ein Arsenal rätselhafter Chiffren verwandelt, die Poesie hat den Rückzug aus dem Leben, aus dem Tag angetreten und sich aus einem Mittel zur Deutung der Welt und des Menschen in eine eigene, sich von der realen entfernende Welt verwandelt, deren poetische Möglichkeit zu einer Form der Selbstbehauptung des isolierten und der Natur entfremdeten Menschen wird.

4. Von der Muse zu Maximin

George hat noch in einer Reihe anderer Gedichte das Thema der poetischen Initiation und der Erscheinung der Muse dargestellt. Das gilt etwa für das Eröffnungsgedicht des »Vorspiels« im »Teppich des Lebens«, wo die Muse sich zum Jugendstil-Engel, zum Androgyn,[21] gewandelt hat und dem Dichter die Botschaft des schönen Lebens in einem Blumen-Geschenk überbringt:

>»Das schöne leben sendet mich an dich
>Als boten: während er dies lächelnd sagte

> Entfielen ihm die lilien und mimosen —
> Und als ich sie zu heben mich gebückt
> Da kniet auch ER · ich badete beglückt
> Mein ganzes antlitz in den frischen rosen.« (I,172)

Der Kuß der Muse in der Weihe und der Blumen-Kuß sind deutlich aufeinander zugeordnet. Das jugendstilhafte Tabelau dieser Initiationsszene ist jedoch vordergründig. Schon im zweiten Gedicht des »Vorspiels«, das die Anrufung des Engels fortführt, wird die sich im Blumen-Geschenk problemlos mitteilende Inspiration problematisiert. Die bereits am Ende der »Weihe« angedeutete mögliche Verweigerung hat sich hier deutlich gesteigert. Der Dichter erfleht nun die Weihe von dem Engel:

> »Gib mir den grossen feierlichen hauch
> Gib jene glut mir wieder die verjünge ...« (I,172)

Das bereits in der Gebärde des Kusses bildlich verdeutlichte leise Widerstreben der Muse wird am Ende des zweiten »Vorspiel«-Gedichtes in der Gebärde des mit dem Engel ringenden Dichters[22] wieder aufgenommen und zugespitzt:

> »Ich aber bog den arm an seinen knieen
> Und aller wachen sehnsucht stimmen schrieen:
> Ich lasse nicht · du segnetest mich denn.« (I,173)

Im dritten Standbild des »Teppich des Lebens« wird das Motiv der poetischen Initiation erneut variiert. Und auch hier hat sich die Problematik verschärft. Das Geheimnis der poetischen Initiation, das schon in dem »Hymnen«-Gedicht hervorgehoben wird, erscheint hier erneut als schöpferischer Ansporn für den Dichter:

> »Wie dacht ich dich mir schön · verhüllte frau!
> Von welchem zauber dass du durch jedweden
> Betrübten tag hindurch noch an ein eden
> Den glauben wecktest hinter berg und bau!« (I,202)

Von diesem Glauben an ein Eden, den die Muse erweckt, zeugt konkret der Anfang der »Weihe« in den »Hymnen«. Aber während George dort bei dem Moment der sich rätselhaft ereignenden schöpferischen Begegnung einhält, wird in der Schlußstrophe dieses Gedichtes in der Epiphanie der Muse zugleich eine resignative Bedeutung sichtbar gemacht:

> »Da du nicht länger säumen magst so heb
> Die hülle — sie wird jezt dir nicht mehr frommen ..
> Nun sieh was du die jahre hin genommen
> Für demant-tüpfel schimmernd durchs geweb!« (I,203)

Die sich entschleiernde Muse offenbart sich nicht als ideale Verkörperung der Schönheit, sondern enthüllt nun »hinter dem Schleier aufleuchtende Tränen ..., Tränen der Qual«.[23]

Diese Einsicht in die Vergeblichkeit der eigenen Lage, ausgedrückt in der bildlichen Ambivalenz der Tränen, die wie Diamanten glänzen und Schmerz bedeuten, hat George dann allerdings vom »Siebenten Ring« an zu überspielen versucht: Die Anrufung der Muse wandelt sich zur Anrufung Maximins, so in dem »Lobgesang«,[24] der unmittelbar den »Maximin«-Gedichten im »Siebenten Ring« vorangeht. Die poetische Initiation vollzieht sich nicht mehr in der Imagination des Dichters, sondern sie ist für George in Maximin Realität geworden: »Mein traum ward fleisch...« (I,359) heißt es im »Stern des Bundes«. In Maximin, in dem sich der Jugendstil-Androgyn des Engels aus dem »Vorspiel« zum »Teppich des Lebens« und die Muse vereinen, gewinnt nun Georges hybride poetische Utopievorstellung, die sich imperatorisch aus der Zeit entfernt, Gestalt.

In dem Initiationsgedicht der »Hymnen« hat George die historische Lage seiner Poesie hellsichtig antizipiert und den ästhetischen Standort seiner frühen Dichtung anschaulich gemacht. War das Motiv der Muse im Frühwerk im emblematischen Muster der Überlieferung erstarrt, so wird es nun im Spätwerk von Georges privater Mythologie überwuchert.

III. Die kunsttheoretische Ausgangsposition Stefan Georges. Zur Wirkung Edgar Allan Poes

1. Die Poe-Rezeption im französischen Symbolismus

Der in der Eröffnungsnummer der »Blätter für die Kunst«[1] verkündete Merkspruch Stefan Georges: »Wir halten es für einen vorteil dass wir nicht mit lehrsätzen beginnen sondern mit werken die unser wollen behellen und an denen man später die regeln ableite ...« (I/1,1) wurde von der bisherigen George-Forschung häufig allzu wörtlich verstanden. Ein Dichter, der dem positivistischen Geist seiner Epoche so betont den Kampf ansagte, indem er ein Kunstideal aufstellte, das »alles staatliche und gesellschaftliche« (I/1,1) als profan ausschied, schien dem Bereich der Reflexion generell die Gültigkeit abzusprechen und sich ins Reich der Mythen und Bilder zurückzuziehen.

Das hat zu der Konsequenz geführt, das reflexive Element in Georges Dichtung und dichterischem Selbstverständnis zu unterschätzen. Untersuchungen der poetologischen Position Georges sind in der reichhaltigen George-Literatur in der Tat eher rar.[2] Das ist ein erstaunliches Phänomen, da das künstlerische Forum Georges und seines Kreises, die Zeitschrift »Blätter für die Kunst«, keineswegs nur der Veröffentlichung von Gedichten diente, sondern auch in den sogenannten Merksprüchen Georges und den poetologischen Aufsätzen von C. A. Klein, Gérardy, Hofmannsthal, Klages, Wolfskehl und vielen anderen der Reflexion über Dichtung eine wichtige Stimme verlieh.

Dieses befremdende Bild tritt noch verstärkt hervor, wenn man den Blick auf Georges Anfänge lenkt. Eine umfangreiche Forschung[3] hat nachzuweisen versucht, daß das Frankreich-Erlebnis des jungen George, seine Vertiefung in die Lyrik Baudelaires und Mallarmés und seine persönliche Begegnung mit dem letzteren sein dichterisches Initialerlebnis waren. Die Festigung von Georges künstlerischem Selbstbewußtsein sei ohne die Berührung mit dem französischen Symbolismus ebenso undenkbar gewesen wie die Schaffung seiner ersten ernst zu nehmenden dichterischen Arbeiten, die durchweg vom Geiste der französischen Dichtung durchtränkt seien. Die Bedeutung von Georges Frankreich-Erlebnis soll hier keineswegs in Frage gestellt, sondern lediglich differenziert werden.

Den Nachhall dieses Erlebnisses hat man bisher in erster Linie an

Georges Dichtung verfolgt, indem man Motivkomplexe, Bilder, Sprachwendungen in seinen Gedichten auf französische Vorbilder zurückführte und eine Abhängigkeit Georges festzustellen glaubte. Das ist im Einzelfall sicherlich berechtigt, und niemand bezweifelt, daß Gedichte wie Baudelaires »Rêve parisien« oder Mallarmés »Hérodiade« besonders im Frühwerk Georges, im »Algabal«-Zyklus etwa, ihr deutliches Echo gefunden haben.[4] Böschenstein[5] hat jüngst sogar den Beweis zu führen gesucht, daß das Echo der symbolistischen Dichtung bis in Georges Spätwerk fortgewirkt habe und so z. B. das berühmte Schlußlied aus dem »Neuen Reich«, »Du schlank und rein wie eine flamme«, in Vielé-Griffins Gedicht »Vous si claire et si blonde et si femme« sein Vorbild habe.[6]

Aber es wäre wohl ebenso verfehlt, diese gelegentlichen Entsprechungen zu verallgemeinern und dogmatisch die These vom monolithischen Einfluß des französischen Symbolismus auf Georges Werk zu verkünden, wie diesen Einfluß auf direkte Motiv- und Bildanklänge im Bereich der Dichtung zu beschränken. George selbst hat diese Möglichkeit der direkten sprachkünstlerischen Beeinflussung als gering eingeschätzt[7] und C. A. Klein, den Freund und Mitherausgeber der ersten »Blätter«-Folgen, bereits im zweiten Band der ersten »Blätter«-Folge gegenüber Albert Saint-Paul, der George bereits 1891 nur als Schüler der französischen Symbolisten, besonders Baudelaires, Verlaines und Mallarmés, gelten lassen wollte,[8] ausführen lassen: »man redet besser von einem zusammentreffen der geister auf demselben weg als von einem nachgehen«.[9] — George hat darüber hinaus selbst die Möglichkeit einer etwaigen Beeinflussung differenziert. 1904 äußerte er zwar auf die Frage, ob die französischen Symbolisten auf ihn eingewirkt hätten: »Ja — Mallarmé und Verlaine sehr viel ...«, fügte aber sofort zur Erläuterung hinzu: »Mallarmé und Verlaine, auch Villiers de l'Isle-Adam, haben ihn nicht in der Sprache beeinflusst, wohl aber auf das tiefste in der Gebärde des Lebens, die dann in ihm wieder Kunst geworden sei«.[10]

Die Einstellung des Dichters zur Wirklichkeit, das Bekenntnis zur Reinheit des Dichterberufes, wie es Mallarmé in seinem Schüler-Kreis in der Rue de Rome vorlebte, Georges dichterisches Selbstverständnis also, sind zweifelsohne dem französischen Vorbild verpflichtet. Aber diese Beeinflussungsschicht ist bisher ebenso selten beachtet worden, wie auch die dritte, zu Anfang berührte Einflußebene, die die Frage nach kunsttheoretischen Analogien und Übernahmen betrifft, kaum berücksichtigt wurde.

Dieses Versäumnis ist um so überraschender, als in der Entwicklung des französischen Symbolismus selbst die Modellsituation enthalten ist, die dem gesamten Fragenkomplex der Beeinflussung Georges durch die Symbolisten die Richtung weisen könnte. Gemeint ist die überragende Rolle, die Edgar Allan Poe als inspirierendes Vorbild und anerkannter

Meister von Baudelaire, über Mallarmé bis hin zu Valéry in der Entwicklung des französischen Symbolismus gespielt hat.[11] Ohne Frage hat sich diese drei Generationen und damit chronologisch zugleich die gesamte Periode des französischen Symbolismus umspannende Bewunderung auch auf die Dichtung Poes erstreckt, und sowohl Baudelaire als auch Mallarmé haben sich mit erstaunlicher Anteilnahme der Übersetzung von Poes Werk gewidmet, überzeugt von der überragenden künstlerischen Qualität dieses Werks.[12]

Allerdings ist es nicht in erster Linie die sich im dichterischen Werk dokumentierende Abhängigkeit, in der sich Poes Einfluß auf die französischen Symbolisten manifestiert. Aus diesem Grunde fällt auch die von der angelsächsischen Literaturkritik häufig hervorgehobene Tatsache nicht so sehr ins Gewicht, daß die französischen Dichter in Poes Werk eine künstlerische Vollkommenheit verwirklicht fanden, die der in Poes Sprache Heimische vergeblich sucht. Das hat von Ivor Winters[13] bis hin zu Aldous Huxley[14] zu dem kritischen Urteil geführt: »We who are speakers of English — we can only say, with all due respect, that Baudelaire, Mallarmé and Valéry are wrong and that Poe is not one of our major writers... The substance of Poe is refined; it is his form that is vulgar« (13).

Aber dieses Urteil ist einzuschränken, da Poes überragender Eindruck auf die französischen Dichter in erster Linie von seiner Kunsttheorie und nicht von seinen Dichtungen ausging. Edmund Wilson hat zu Recht betont: »What made Poe particularly acceptable to the French, however, was what had distinguished him from most of the other Romantics of the English-speaking countries: his interest in aesthetic theory.«[15] Es ist bezeichnend, daß Yeats, der sich ebenfalls Poes Dichtung gegenüber distanziert verhält, dennoch geäußert hat: »I admire a few lyrics of his extremely and a few pages of his prose, chiefly in his critical essays, which are sometimes profound. The rest of him seems to me vulgar and commonplace ...«[16] Es sind aber gerade diese auch von Yeats anerkannten kritischen Essays, die zum Kristallisationspunkt der kunsttheoretischen Reflexion im französischen Symbolismus wurden.

Die Faszination dieser Kunsttheorie Poes für die französischen Dichter lag wohl vor allem in der Vereinigung von rationalem Kalkül und autonom gesetzter Dichtung, von Verstandeshelle und Magie der Sprache. Die noch für die Dichtung der Romantik grundsätzlich geltende Feindlichkeit von sprachlicher Evokation und rationaler Kontrolle schien in Poes kunsttheoretischer Position überwunden zu sein. Poe, der die didaktische Lyrik der viktorianischen Epoche ablehnte und mit seiner Autonomieerklärung des Gedichts offensichtlich auf Postulate der vorangegangenen Romantik zurückging,[17] spielte jedoch nicht erneut Ratio gegen Emotion aus, sondern vereinte beides zu einer Synthese, die das Eigenrecht der Dichtung nachdrücklich vertrat.

Ohne Frage sahen die französischen Dichter, an der Schwelle des modernen technischen Zeitalters mit künstlerischen Bestrebungen konfrontiert, die wie im Naturalismus die Dichtung zeitweise zu verwissenschaftlichen drohten und das Eigenrecht der Kunst dem scheinbar wichtigeren gesellschaftlichen Zweck unterordneten, in Poes poetologischen Reflexionen ein Instrument gegen diese Entwicklung. Poe wies ihnen den Weg, an der Verabsolutierung der Dichtung festzuhalten, ohne reaktionär zu sein, indem sie nämlich Dichtung nicht aus dem Widerspruch zum Geist rationaler Wissenschaftlichkeit schufen, sondern das rationale Kalkül in den Entstehungsprozeß der Dichtung als entscheidendes Element mithineinnahmen.

Diese Wirkung Poes geht fast ausschließlich von zwei Essays aus, »The Philosophy of Composition«, 1846 entstanden, und der zwei Jahre später geschriebenen Arbeit »The Poetic Principle«.[18] Von einem gewissen Interesse ist auch der 1848 entstandene umfangreiche Essay »The Rationale of Verse«, der Hinweise zu einer Vortragsart von Gedichten gibt, die, wie noch zu zeigen sein wird, sehr stark Stefan Georges eigener Vorstellung entspricht.

Es soll hier nicht versucht werden, der Wirkung von Poes Kunsttheorie auf die französischen Symbolisten nachzugehen. Daß diese Wirkung überwältigend war, bezeugen sowohl Mallarmé als auch Baudelaire, der »The Philosophy of Composition« übersetzte und in seinem 1856 geschriebenen Essay über Poe die wichtigen Aspekte von »The Poetic Principle« referiert und deutet. Baudelaire hat interessanterweise diesen zweiten Essay nicht übertragen, aber er verwendet in seinem 1859 geschriebenen Aufsatz über Gautier die entscheidenden Gedanken von »The Poetic Principle« mit einer Unbefangenheit, als ob es sich um eine eigene Arbeit handele. Die Intensität, mit der Baudelaire also gerade von diesem Essay beeindruckt war, kann nicht überzeugender dokumentiert werden.[19]

Diese überragende Geltung, die Poe für die französischen Dichter besaß, wird George bereits 1889 während seines ersten Paris-Aufenthaltes nicht entgangen sein, und es darf mit großer Sicherheit angenommen werden, daß er Poes kritisches Credo entweder in der Übertragung Baudelaires oder im Original[20] gelesen hat. Daß auch bei ihm der Eindruck groß gewesen sein muß, deutet die Tatsache an, daß seine damals begonnene Übertragung von Baudelaires »Fleurs du Mal« geradezu nach dem Modell der Übertragung Poes durch die Franzosen zustande kam. Was Baudelaire und Mallarmé für Poe im französischen Sprachraum geleistet hatten, wollte er für die Franzosen, besonders Baudelaire, in der deutschen Sprache verwirklichen. Boehringer berichtet: »Zu Übertragung der ›Fleurs du Mal‹ soll er sich entschlossen haben, als er von Mallarmés Übertragung von Dichtungen Edgar Poes gehört habe.«[21] Daß George niemals explizit auf Poe hingewiesen hat — sein Name wird nur ein einziges Mal in den

»Blättern für die Kunst« erwähnt[22] —, ist wohl wie im Falle von Baudelaires Gedicht »Rêve parisien«, das Algabals »Unterreich« zweifelsohne beeinflußt hat, aber von George nie übersetzt wurde, eine Gebärde der Verhüllung, die indirekt die Intensität der Beeinflussung bezeugt. Daß sich das bis in Einzelheiten nachweisen läßt, soll im folgenden gezeigt werden. Darüber hinaus hat einer der engsten Vertrauten Georges, Ernst Morwitz, der in einem umfangreichen Kommentarwerk zur Dichtung Georges sehr viel an Informationen vom Autor selbst mitgeteilt hat, bekannt: »Der Dichter kannte sowohl Poes Gedichte als auch seine Kunsttheorien ...«[23]

2. Poes Poetik

Es ist auffällig, daß die Kernbegriffe der symbolistischen Kunsttheorie, der Begriff der »correspondance«, der geheimnisvollen Wechselbeziehung, die sich im ästhetischen Material vor allem als Synästhesie manifestiert, und der Begriff des Symbols selbst keineswegs in Poes Kunsttheorie vorgezeichnet sind. Während der erste auf das Programmgedicht des Symbolismus, Baudelaires Sonett »Correspondances«, zurückgeht, hat erst das 1886 im »Figaro littéraire« veröffentlichte symbolistische Manifest von Jean Moréas den Begriff des Symbols zu der entscheidenden Kategorie erhoben, die dann zur Namensgebung dieser künstlerischen Bewegung mitbeigetragen hat.

Auch bei George spielt der Begriff der »correspondance« kaum eine Rolle, und es wird zu zeigen sein, daß seine Vorstellung des Symbols kaum von Moréas Überlegungen abgeleitet ist, sondern eher Voraussetzungen entspricht, die in Poes poetologischem Standort angelegt sind. Welleks Formulierung: »Poe's concept of poetry is thus in no way symbolist ...« mag übertrieben scheinen, aber sein Hinweis: »Poe restates the idea of the autonomy of art so sharply that he comes near the full doctrine of ›art for art's sake‹ ...«[24] verdeutlicht, daß das, was als l'art pour l'art-Position Georges stets für seine Abhängigkeit von den französischen Symbolisten zu sprechen schien, sich ebenso überzeugend auf Poe selbst zurückführen läßt.

Wie sieht Poes Ästhetik des Gedichtes im einzelnen aus? Welche Züge dieser Kunsttheorie scheinen auch für George folgenreich gewesen zu sein? Poe entwirft in »The Philosophy of Composition« eine detaillierte Entstehungsgeschichte seines Gedichtes »The Raven« mit dem Ziel: ›It is my design to render it manifest that no one point in its composition is referable either to accident or intuition, that the work proceeded, step by step, to its completion with the precision and rigid consequence of a mathematical problem.«[25]

Wenn das hier auch nicht ohne eine gewisse Selbststilisierung formuliert wird, da »The Raven« z. B. in fünfzehn verschiedenen Fassungen vorliegt, wird dennoch mit diesem Satz eine entscheidende Änderung signalisiert: An die Stelle von Intuition und Gefühlsüberschwang in der Phase der Gedichtentstehung tritt das ästhetische Kalkül. Den unmittelbaren Anstoß aus der Wirklichkeit, der am Beginn des Entstehungsprozesses steht, als »irrelevant to the poem per se« (290) bezeichnend, unterscheidet Poe im Prozeß der Entstehung drei verschiedene, rational kontrollierbare Phasen. Auf der ersten Stufe wird der äußere Umfang des Gedichtes festgelegt. Poe läßt generell nur das kurze Gedicht gelten und begründet sein Postulat folgendermaßen: »A poem is such, only inasmuch as it intensely excites, by elevating, the soul; and all intense excitements are, through a physical necessity, brief« (291). Die Erregung eines besonderen Seelenzustandes als Wirkung des Gedichtes wird hier nur in ihrem äußerlichsten Aspekt bezeichnet, nämlich gleichsam als Ausdruck eines körperlichen Ekstasezustandes, der nur kurze Zeit währt. Aber die Wirkung des Gedichtes ist damit zweifelsohne nicht erschöpft.

Die zweite Phase betrifft die Wahl des autonomen Wirklichkeitsbereiches, der dem Gedicht zugeordnet ist. Er tritt für Poe in der Schönheit hervor: »Beauty which is the atmosphere and the essence of the poem ... is the sole legitimate province of the poem.« (293 u. 292) Es ist wichtig, daß Poe Schönheit in ihrer Wirkung nicht nur als äußerlichen Effekt beschreibt,[26] sondern als mit Inhaltlichem identische Form, als Qualität hervorhebt, die sich dann am sichtbarsten bezeugt, wenn der durch die Schönheit erregte Seelenzustand sich zur »contemplation of the beautiful« (292) steigert. Mit Kontemplation der Schönheit ist bei Poe augenscheinlich ein Erkenntnisvorgang gemeint, der zwar in diesem besonderen Erregungszustand der Seele gipfelt, aber keineswegs »elevation of intellect or of heart« (292) ausschließt, sondern lediglich dem ersteren untergeordnet sieht. Er führt dazu aus: »The object, truth, or the satisfaction of the intellect, and the object, passion, or the excitement of the heart ... are attainable to a certain extent in poetry ... Passion, or even truth, ... may serve in elucidation, or aid the general effect ...« (293)

Poes Absage an die didaktische Funktion der Poesie ist also keineswegs mit einer generellen Abkehr von Wahrheit und Leidenschaft gleichzusetzen, sondern stellt vielmehr ein neues Beziehungsverhältnis zwischen diesen Elementen her. Wahrheit ist nicht mehr das Ziel des Gedichtes wie in der didaktischen Poesie, sondern ist als ein Wirkungsaspekt der umfassenderen Wirkung der Schönheit untergeordnet. Nicht Ausmerzung der Wahrheit, sondern »proper subservience to the predominant aim« (293) lautet Poes Lösung. Wenn Ivor Winters glaubt, Poe vorwerfen zu müssen: »Poe appears never to have grasped the simple and traditional distinction between matter (truth) and manner (beauty) ...«[27] so zielt sein Angriff ins Leere. Während Poe versucht, die Form als eigentlichen Inhalt der Dichtung in der Schönheit zu begründen und als Wirkung der Schönheit nicht nur äußere Faszination, sondern im Moment der Kontemplation auch einen besonderen Erkenntniszustand beschreibt, bleibt Winters bei einer dualistischen Aufspaltung des Gedichts in Form und Inhalt stehen.

Poe entwirft hier Ansätze zu einer kunsttheoretischen Position, die er dann in »The Poetic Principle« weiter ausgebaut hat und die an Wichtigkeit sicherlich die weiteren Überlegungen in »The Philosophy of Composition«, so die Analyse der dritten Phase der Gedichtentstehung, überragen. Das Ziel auf dieser dritten Stufe besteht für Poe darin, die Tonart des Gedichtes zu bestimmen, in der sich die Schönheit am vollkommensten zu manifestieren vermag: »This tone is one of sadness ... Melancholy is thus the most legitimate of all poetical tones« (294). Er geht noch einen Schritt weiter, indem er zugleich das Thema bestimmt, das der Trauer am angemessensten sei: »the death of a beautiful woman« (297).

Es ist überraschend, daß die Wirkung der Schönheit, die Poe gelegentlich allgemein mit dem Begriff der Freude[28] bezeichnet, hier mit dem Thema des Todes und dem Gefühl der Trauer verbunden wird. Es wäre leicht, das als logische Inkonsequenz auszulegen, aber es ist ebenso möglich, das im Kontext von weitergeführten Gedankengängen in »The Poetic Principle« als sinnvoll zu erweisen. Die Wirkung der Schönheit wird dort über Freude und Trauer hinaus als »an immortal instinct, deep within the spirit of man« (173) bezeichnet, »a wild effort to reach the beauty above. Inspired by an ecstatic prescience of the glories beyond the grave, we struggle ... to attain a portion of that loveliness whose very elements, perhaps, appertain to eternity alone« (174).

Das bedeutet: die Kontemplation der Schönheit im Gedicht wird als Erkenntnisvorgang gleichsam zu einer metaphysischen Tätigkeit. Die sich im Gedicht manifestierende Schönheit ist Ausdruck einer Wirklichkeit, die die empirische übersteigt. Das Gedicht wird zum Versuch eines Brückenschlags, ohne daß der trennende Graben je völlig überbrückt werden kann. Die Situation, die Poe mit dem Thema vom Tode einer schönen Frau umschreibt, erweist sich auf diesem Hintergrund geradezu als Modellsituation der Aufgabe, die er der Dichtung gestellt sieht. So, wie dort die Sehnsucht und Trauer einem Wesen gilt, das durch den Tod einer übergeordneten Wirklichkeit angehört, ist die Schönheit im Gedicht stets auf eine Wirklichkeit zugeordnet, die jenseits der empirischen liegt. Sehnsucht nach dieser Wirklichkeit und Trauer, sie nie vollkommen erreichen zu können, sind also konsequenterweise stets mit der Wirklichkeitsgestaltung im Gedicht, mit der Schönheit, verbunden. Es zeigt sich also bereits hier, daß die Schönheit als Form des Gedichtes nicht nur deshalb zugleich sein Inhalt ist, weil sie den autonomen Wirklichkeitsbereich des Gedichtes darstellt, sondern weil sie ebenso auf eine übergeordnete Wirklichkeit zugeordnet ist.

Der Entstehungsprozeß des Gedichtes wird im Schlußteil von »The Philosophy of Composition« noch weiter differenziert, indem Poe vor allem auf formal-sprachliche Aspekte eingeht. Er beschreibt die Funktion des Refrains in »The Raven« und besonders die Rolle, die das Wort »nevermore« als Kernwort des Gedichtes spielt: »This word ›Nevermore‹ should involve the utmost conceivable amount of sorrow and despair« (298). Er versucht weiterhin, seinen Anspruch zu begründen, Originalität im Versbau seines Gedichtes verwirklicht zu haben. Aber gerade hier handelt es sich um Ausführungen, bei denen das Resultat weit hinter der Absicht zurückbleibt. T. S. Eliot hat in diesem Zusammenhang nicht zu Unrecht geäußert: »Imperfections in ›The Raven‹ may serve to explain why ›The Philosophy of Composition‹ has not been taken so seriously in England or America as in France.«[29]

Was Poe hier in der retrospektiven Entstehungsanalyse seines Gedichtes nicht ohne nachträgliche Stilisierung entwickelt, hat er zwei Jahre später in seinem Vortrag »The Poetic Principle« erneut aufgegriffen und systematisiert. Die Ästhetik des modernen Gedichtes, die von Poe über Baudelaire, Mallarmé bis hin zu George und Gottfried Benn reicht, das Gedicht als »poem simply for the poem's sake, ... the poem per se« (171), wird hier beispielhaft entworfen. Die Autonomie des Gedichtes wird nochmals gegen alle didaktischen Zweckbestimmungen verkündet. Und so, wie Poe das Postulat der Gedichtkürze aus »The Philosophy of Composition« erneut aufgreift,[30] wird wiederum als einzige legitime Wirkung des Gedichtes der Zustand der Erregung und Erhebung gesehen.[31]

Aber während sich im vorangegangenen Essay die Überlegung auf das künstlerische Werk konzentriert, tritt jetzt das dichterische Ich in den Mittelpunkt. Das menschliche Bewußtsein in die drei Bereiche »the pure intellect, taste, and the moral sense« (172) aufgliedernd, offensichtlich in Anlehnung an Kant,[32] erkennt Poe im Geschmack die Kraft, die zwischen intellektuellem und moralischem Vermögen, Kantisch ausgedrückt, zwischen reiner und praktischer Vernunft vermittelt und, ebenfalls in Entsprechung zu Kant, der ästhetischen Sphäre, der Schönheit, zugeordnet ist. Wenn er ausführt: »Taste informs us of the beautiful ...« (173), so ist damit allerdings, wie bereits erwähnt, nicht Schönheit im vordergründigen Sinn gemeint, sondern Schönheit erscheint hier als Platonische Idee, in der sich die eigentliche Wirklichkeit ankündet: »It is no mere appreciation of the beauty before us, but a wild effort to reach the beauty above.« (174) Die Wirkung der Schönheit ist nicht ein »excess of pleasure« (174), sondern der Versuch, »to grasp now wholly, here on earth, at once and forever, those divine and rapturous joys« (174). Das Geschmacksvermögen ist damit für

Poe keineswegs eine äußerliche Kategorie, sondern ein »immortal instinct« (173), der die Zeitenthobenheit des Menschen bezeugt: »It is at once a consequence and an indication of his perennial existence« (173).

Was in »The Philosophy of Composition« erst angedeutet wurde, wird nun mit aller Entschiedenheit formuliert. Konsequenterweise wird die Gestaltungsaufgabe der Dichtung nicht mehr allein in der Erschaffung von Schönheit als solcher gesehen, sondern in »the creation of supernal beauty« (175). Diese Vorstellung der Schönheit, die in Verneinung rationaler und moralischer Nutzerwägungen für die autonome Stellung des Gedichtes so entscheidend ist, hebt als Platonische Idee der Schönheit zugleich die Trennung von Moral und Ratio auf, da auf dem Platonischen Gedankenhintergrund die Idee des Schönen mit der des Guten und Wahren identisch ist. Es zeigt sich also, daß die zu Anfang des Essays so kategorisch verkündete Ästhetik des absoluten Gedichtes der Dichtung hier wieder eine Erkenntnisaufgabe zuschreibt, die gewissermaßen metaphysisches Ausmaß hat. In der ausschließlichen Konzentration auf die absolutgesetzte Wirklichkeit des Gedichtes, die Schönheit, soll zugleich die geschichtliche Realität übersprungen und das Tor zur eigentlichen Wirklichkeit aufgestoßen werden.[33]

Während Poe in »The Philosophy of Composition« nur allgemein über den Versbau und vor allem den Refrain als formale Elemente einer Verwirklichung von Schönheit in seinem eigenen Gedicht »The Raven« spricht, bringt er nun als ästhetisches Mittel einer sprachlichen Verwirklichung von Schönheit einen neuen wichtigen Begriff ins Spiel: Rhythmus. Rhythmus ist für ihn das Element, in dem sich die Schönheit in der Sprache verwirklicht. Seine Definition der Dichtung lautet nun »the rhythmical creation of beauty« (175). Rhythmische Verlebendigung der Schönheit im Gedicht stellt gewissermaßen im Kunstwerk selbst das Korrelat des seelischen Erregungszustandes dar, in dem sich die Wirkung der Schönheit auf das Subjekt zeigt. Im Vorgang der »contemplation of the beautiful« (176) greifen beide Seiten ineinander. Während die Verkündigung des ästhetischen Kalküls, der rational kontrollierbaren Gedichtentstehung, sich als Kernpunkt von »The Philosophy of Composition« erweist, ist es über das Postulat des absoluten Gedichtes hinaus die Begründung einer besonderen Erkenntnisweise des Gedichtes, die im Mittelpunkt von »The Poetic Principle« steht. Dies stellt, wörtlich genommen, das dichterische Prinzip dar, das Poe im Titel dieses Essays signalisiert: »The human aspiration of supernal beauty, the manifestation of the principle is always found in an elevating excitement of the soul, quite independent of that passion which is the intoxication of the heart, or of that of truth which is the satisfaction of the reason.« (194) Die Absolutheit, die Poe dem Gedicht zuschreibt, bedeutet also nicht wie in einem vordergründig verstandenen l'art pour l'art die Autonomie einer Form, die sich als Selbstzweck setzt, sondern wird zugleich inhaltlich gerechtfertigt, indem sie auf eine Absolutheit verweist, die sich jenseits der empirischen Wirklichkeit konstituiert: auf die Absolutheit des Ideals, der Platonischen Wirklichkeit.

Poes ausführlichster dichtungstheoretischer Essay, »The Rationale of Verse«, ist in diesem Zusammenhang nur in einem seiner Aspekte wichtig. Es handelt sich um eine mit vielen technischen Einzelheiten gewappnete Untersuchung von metrischen Formen englischer Verse. Im Vergleich mit der antiken Metrik versucht Poe, metrische Besonderheiten des englischen Verses herauszuarbeiten, ohne jedoch offensichtlich den elementaren Unterschied zwischen der quantitativen Metrik des antiken und der qualitativen des germanischen Verses zu berücksichtigen.[34] Poe plädiert für eine monotone, jeden Versfuß gleichmäßig betonende Vertragsart, die dem Vortrag einer Litanei angenähert ist und eine suggestive Wirkung haben soll[35]: »The scansion and the reading flow should go hand-in-hand. The former must agree with the latter ... It will be found that the scansion exactly conveys the rhythm.« (251) Diese rhythmische Verlebendigung des Gedichtes wird also hier durch eine Darlegung der Vortragsart ergänzt. Die rationale Kontrolle, die Poe am Vorgang der Gedichtentstehung maßgeblich beteiligt sieht, wird hier am vollendeten Gedicht durch die Begründung einer besonderen Vortragsart zum Handwerklichen hin erweitert.

3. Analogien zu George

Wie sehr Georges eigene kunsttheoretischen Ansichten an Poe anklingen, verdeutlicht bereits eine Formulierung wie die folgende aus dem zweiten Band der zweiten »Blätter«-Folge:

»Die älteren dichter schufen der mehrzahl nach ihre werke oder wollten sie wenigstens angesehen haben als stütze einer meinung: einer weltanschauung — wir sehen in jedem ereignis jedem zeitalter nur ein mittel künstlerischer erregung. auch die freisten der freien konnten ohne den sittlichen deckmantel nicht auskommen der uns ganz wertlos geworden ist. Drittens die kürze — rein ellenmässig — die kürze.« (II/2,34)

Poes Postulat des absoluten Gedichtes, die Zurückweisung jeder moralischen und lehrhaften Absicht als dichtungsfremd, ja selbst seine wiederholt verkündete Forderung der Gedichtkürze finden in diesem Merkspruch ihre Entsprechung. Scheint nicht darüber hinaus der Begriff der »künstlerischen erregung«, mit dem George die einzig ernst zu nehmende Wirkung des Gedichtes beschreibt, direkt von Poes Begriff des »elevating excitement« abgeleitet zu sein? Die Verbindung dieses Begriffes mit dem Postulat der Gedichtkürze scheint zugleich auf den Kontext hinzuweisen, in dem beides bei Poe steht. Die Kürze des Gedichtes wird ja, wie erwähnt, durch die natürliche Begrenzung jedes

Erregungszustandes bedingt. George hat diese Begründung Poes zwar nicht übernommen, aber durch den sehr ähnlichen Kontext scheint er sie zu implizieren. Dieser Begriff der künstlerischen Erregung taucht keineswegs nur vereinzelt bei George auf, sondern wird z. B. auch in einem Merkspruch in der ersten Nummer der vierten »Blätter«-Folge erneut modifiziert, wenn als »geistige wirkung ... des grossen kunstwerks ... das begeisternde feuer« (IV/1,3) genannt wird. Ja, Georges Formulierung: »Kunstverständnis ist nur da zu finden wo ein kunstwerk als gebilde (rhythmisch) ergreift und ergriffen wird...« (IV/1,3) dürfte unmittelbar Poes berühmt gewordene Definition der Dichtung als »rhythmical creation of beauty« paraphrasieren.

Wie für Poe ist es auch für George die Schönheit, in der die eigene, autonome Wirklichkeitssphäre der Dichtung hervortritt. Gedanken wie die folgenden aus dem fünften Band der zweiten »Blätter«-Folge könnten unmittelbar von Poe übernommen sein: »Man machte die schönheit zum sklaven vermeintlich noch höherer werte. man glaubte vom kunstwerk veredelnde wirkung verlangen zu müssen und unterschob dem künstler erzieherische absichten« (II/5,137—138). So, wie George die »erzeugung einer hochgeistigen stimmung« (IV/5,144) — eine erneute Variation von Poes Begriff »elevating excitement« — als einzig legitime Wirkung der Kunst gelten läßt, wird auch die Schönheit als Wirklichkeitsbereich der Dichtung von allen unterordnenden Zwecksetzungen befreit und findet ihren Zweck in sich selbst. »Die schönheit die schönheit die schönheit« (II/4,113), wie es in rhetorischer Steigerung am Ende eines poetologischen Aufsatzes im vierten Band der zweiten »Blätter«-Folge heißt, ist das einzige Gestaltungsziel, das George wie Poe in den Mittelpunkt der Dichtung rücken. Daß Schönheit auch bei ihm nicht nur in formaler Äußerlichkeit aufgeht, verdeutlicht Georges Hinweis: »Schönheit ist nicht am anfang und nicht am ende· sie ist höhepunkt« (I,531).

Diese hier aufgewiesenen Analogien werden ergänzt durch die Betonung des rational kontrollierbaren Schaffensprozesses, den sowohl Poe als auch George, der bereits in den ersten Merksprüchen der »Blätter für die Kunst« eine »neue mache« (I/1,1) postulierte, als zentral ansehen. Poes Analyse der Gedichtentstehung als einer stufenweise voranschreitenden, gleichsam mathematischen Operation scheint über jener Aussage zu stehen, die Morwitz, einer der engsten Vertrauten des Dichters, über den Schaffensvorgang bei George mitteilt:

»Für ihn war das Bemühen, ein architektonisch gegliedertes Werk zu schaffen, ein Zeichen echter Kunst, die ebensoviel Arbeit wie Inspiration, ebensoviel Denken und Können wie Intuition erfordere, wie er oft sagte. Er behauptete, dass die Inspiration, die den Grundrhythmus und Inhalt eines Gedichtes bestimme, eine Sache des Geistes sei und sich nicht künstlich hervorrufen lasse, dass aber Aufbau und Vollendung des Gedichts vom Können, Geschmack und Verstand des Dichters abhingen und erst durch bewusste, zähe Arbeit die endgültige Gestalt erhalten könnten. Er selbst sann lange über jede Zeile eines Gedichtes schweigsam und konzentriert nach, nachdem er das, was er den Grundvers nannte, gefunden hatte, und begann mit der Niederschrift erst dann, wenn schon das Ganze in ihm Form gewonnen hatte.«[36]

Die Hochschätzung des dichterischen Handwerks bei George ordnet ihn also einer poetologischen Tradition zu, die in Poe einen ihrer bedeutendsten Vertreter hat. Es ist zugleich über die generelle Analogie hinaus bemerkenswert, daß das, was George mit dem »Grundrythmus« oder »Grundvers« als Keimzentrum eines Gedichtes bezeichnet, in eine ähnliche Richtung deutet wie Poes Beschreibung der Rolle, die das Wort »nevermore« in der Entstehungsgeschichte von »The Raven« gespielt hat. Auch für ihn war dieses Wort sozusagen der »Grundvers«, das Keimzentrum, aus dem sich die Form des Gedichtes, von rationaler Kontrolle begleitet, stufenweise entfaltete.

Um den Bereich der formal-handwerklichen Analogien abzuschließen, ist schließlich zu bemerken, daß auch Poes in »The Rationale of Verse« begründete Vortragsart stark an Georges eigene Vortragsweise anklingt, auch wenn es sich hier fraglos um eine unbewußt zustande gekommene Parallele handeln wird. Der einer Art von Singsang angenäherte gleichmäßige Gedichtvortrag, auf den Poe hingewiesen hat, scheint dem »rhythmischen lesen«[37] zu entsprechen, das George als Vortrag für seine eigenen Gedichte verlangte. Daran läßt Boehringers Bericht keinen Zweifel: »Sein scheinbar, eintöniges Lesen hielt die Mitte zwischen Sprechen und Gesang; es war ein Intonieren, das die Besonderheiten der Dichtung — Rhythmus, Zaesur, Klang und Reim — zu ihrem Recht kommen liess.«[38]

Alle diese Analogien lassen sich, vielleicht mit Ausnahme der zuletzt genannten, prinzipiell auch zwischen George und den französischen Symbolisten aufzeigen, wenn man von den offensichtlich wörtlichen Anklängen an Poe bei George einmal absieht. Daß es aber dennoch sinnvoll ist, die Herkunft zentraler poetologischer Maximen Georges von Poe und nicht unmittelbar von Baudelaire oder Mallarmé abzuleiten, verdeutlicht der wichtigste Punkt von Poes Gedichtästhetik: die Erkenntnisfunktion der im Gedicht gestalteten Schönheit als Durchbruch zu einer idealen, Platonischen Wirklichkeit. Bereits Moréas' symbolistisches Manifest deutet eine kaum überbrückbare Kluft zwischen der Dichtung und dem Reich der Ideen an. Das dichterische Bild, das Symbol, sei zwar auf die Idee zugeordnet, ohne daß jedoch die Idee als solche jemals im dichterischen Bild manifest würde: »Car le caractère essentiel de l'art symbolique consiste à ne jamais aller jusqu'à la concentration de l'Idée en soi.«[39]

Diese Kluft zwischen Idee und Erscheinungswelt gilt ebenso für Baudelaire und erst recht für Mallarmé. Was Hugo Friedrich bei Baudelaire als »leere Idealität«[40] und bei Mallarmé als »Mystik des

Nichts« (118) bezeichnet hat, verdeutlicht diesen »Riß zwischen Sprache und Idealität« (130), der sich bereits bei Moréas angedeutet hat. Während sich für Poe die inhaltliche Seite der dichterischen Schönheit in ihrer Teilhabe an einer idealen Schönheit erweist, wird diese Identität von Form und Inhalt schon bei Baudelaire und ganz besonders dann bei Mallarmé zweifelhaft, für den die Schönheit letztlich mit dem Nichts identisch ist. Was Mallarmé zu Ende führt, beginnt bei Baudelaire, der die Platonische Vorstellung der Schönheit bereits in Frage stellt. Schönheit wird bei ihm durch die Dissonanz, ja selbst durch das Häßliche ersetzt, die ihm Wege zum dichterischen Geheimnis werden.

In bemerkenswertem Gegensatz zu den Symbolisten hält George nicht nur an der Vorstellung der Schönheit als autonomem Wirklichkeitsbereich der Dichtung fest und distanziert sich so etwa von den »abschreckenden und widrigen bildern« (II,233) der Baudelaireschen Dichtung, sondern impliziert offensichtlich auch die gleiche Platonische Bedeutung der Schönheit wie Poe. Wenn George in seiner Lobrede auf Mallarmé das »geheimnis« von Mallarmés Dichtung als Bestätigung des »glaubens . . . an jenes schöne eden das allein ewig ist . . .« (I,508) deutet, so ist das eine sehr Platonische, an Poe anklingende Interpretation, die Mallarmés eigener Sicht keineswegs entspricht.

Was für Mallarmé um das Nichts als leeres Zentrum kreist, ist für Poe ein Hinweis auf die Ewigkeit, ist dem Menschen »an indication of his perennial existence« (173). Das entspricht der Deutung Mallarmés durch George. Ja, diese Platonische Erkenntnisleistung der Dichtung wird in den »Blättern für die Kunst« programmatisch formuliert: »Dass das kunstwerk — in worten tönen farben — verständlich zu uns redet, eine spiegelung unseres erlebens zu sein scheint, das widerlegt nicht sein dasein in der wahrheit. Jedes ding kann nur insoweit erkannt werden als es dem erkennenden wesenverwandt ist.« (IV/3,85)

Es ist die Platonische Identität von Subjekt und Objekt, die hier die Erkenntnisaufgabe der Dichtung begründet. So, wie für Poe die Schönheit des Gedichtes auf eine übergeordnete ideale Schönheit hin durchsichtig wird, stellt sie auch für George »das strahlende geheimnis der dinge (dar) . . . das die andern in seinem tieferen wesen widerspiegelt und das sich durch seine vollkommenere form am meisten der unbedingten einheit, dem höchsten traum nähert . . .« (II/4,112) Es ergibt sich also das erstaunliche Phänomen, daß George, der die Bedeutung Poes äußerlich mit Schweigen übergeht, in einem entscheidenden Punkt seiner kunsttheoretischen Anschauung sehr viel stärker auf Poes Ästhetik des Gedichtes aufbaut als die französischen Symbolisten, die Poe öffentlich als ihren Lehrmeister deklarierten.

Freilich sind es nicht Poes poetologische Überlegungen allein, die für die Entwicklung von Georges Kunstanschauung wichtig wurden. Die

Auseinandersetzung mit den Kunstprinzipien des Naturalismus etwa, die in den »Blättern für die Kunst« einen beachtlichen Raum einnimmt, ist ebenfalls von Bedeutung gewesen.[41] Aber sichtbar geworden ist vielleicht, daß der große Eindruck, den die französischen Symbolisten auf George gemacht haben, zwar im direkten Umgang mit dem dichterischen Wort mitunter nachgewirkt haben mag, aber weniger im Bereich der kunsttheoretischen Reflexion. Daß George hier der theoretischen Position Poes sehr viel näher zu stehen scheint, ist nur äußerlich überraschend, aber im Grunde entwicklungsgeschichtlich konsequent. Der Genealogie, die T. S. Eliot mit seinen Worten andeutet: »Baudelaire admired Poe, Mallarmé admired Poe and Baudelaire, Valéry admired Poe and Baudelaire and Mallarmé ...«[42] könnte Georges Name als weiteres Glied eingefügt werden, wobei auch für ihn Poe der Ausgangspunkt bleibt. Wenn Eliot zugleich über das Verhältnis der französischen Dichter zu Poe äußert: »Poe's theory about poetry, rather than his poems, that meant most to them ...« (IV), so ist das eine Aussage, die erst recht für George gilt.

Poes Einfluß auf George stellt zudem nicht nur eine singuläre Episode in der Geschichte der neueren deutschen Lyrik dar, sondern läßt sich z. B. auch bei Gottfried Benn erkennen. Benn, der sich in seiner »Rede auf Stefan George« zu Georges »neuem Formgefühl«[43] bekannte und Georges zentrale Kunstmaximen an entscheidender Stelle zitiert,[44] hat in seinem Vortrag »Probleme der Lyrik« eine Ästhetik des Gedichtes entwickelt, die von dem berühmt gewordenen Satz eröffnet wird: »Ein Gedicht entsteht überhaupt sehr selten — ein Gedicht wird gemacht.« (1059) Ein Satz, der in der Tat Poes »The Philosophy of Composition« entnommen sein könnte. Benn hat denn auch nicht nur in den »Problemen der Lyrik« auf die »interessanten Erörterungen Poes« (1073) hingewiesen, sondern auch in seinem »Vortrag in Knokke« unmittelbar bekannt, daß ihm Poes poetologische Essays wichtig waren. Indem er die Personalunion von Lyriker und Essayisten als charakteristisch für »Valéry, Mallarmé, Eliot, früher Poe« (1109) betont, äußert er, indirekt den Titel von »The Philosophy of Composition« zitierend: »Sie geben geradezu eine Philosophie der Komposition und eine Systematik des Schöpferischen« (1109). Bedenkt man, daß Gottfried Benns Ästhetik »fünfundzwanzig Jahre nach ihrer Entstehung in Deutschland zur herrschenden Lehre ... geworden ist,«[45] so scheinen die kunsttheoretischen Nachwirkungen Poes im deutschen Sprachraum eine ähnliche Bedeutung anzunehmen wie im französischen. Das Paradoxe ist daran, daß George, den selbst Hugo Friedrich als »Erben und Höhepunkt eines vielhundertjährigen Stils«[46] der Vergangenheit zurechnet, damit einem Entwicklungszusammenhang eingeordnet ist, der ihm mehr Anteil an der Geschichte der modernen deutschen Lyrik zubilligt, als die gegenwärtige Einschätzung seines Werks es wahrhaben will.

IV. Poetik im Gedicht. Stefan Georges Theorie der Lyrik

1. Schwierigkeiten der Einordnung

Für die Eingeweihten des Kreises war und ist er der Initiator einer neuen Klassik des lyrischen Gedichtes, die die epigonalen lyrischen Gefälligkeiten oder experimentierenden Irrwege des nachgoetheschen Jahrhunderts ungeschehen machte. Einer seiner engsten Schüler hat denn auch durchaus beispielhaft Georges »geschichtliche Aufgabe in der Wiedergeburt der deutschen Sprache und des Dichtertums«[1] gesehen. George hat in dieser Sicht dem lyrischen Sprechen eine neue Höhenlage und zugleich Monumentalität verliehen, die eine Gattung, die man am ehesten auf private Gefühlsschwelgerei und seelenvollen Ausdruck reduzierte, nochmals zum Kernstück literarischen Schaffens machte.

Sieht man von den wenigen Prosaskizzen in dem Band »Tage und Taten«, dem frühen dramatischen »Manuel«-Fragment[2] und den zum großen Teil von George stammenden »Merksprüchen«[3] in den »Blättern für die Kunst«[4] ab, so war George mit einer Ausschließlichkeit Lyriker, die ihn unter den deutschsprachigen Autoren seiner Generation und in der ersten Hälfte dieses Jahrhunderts eine Sonderstellung zubilligt. Aufbauend auf dem »Jahrhundert Goethes«[5] — so auch der Titel einer Anthologie, in der er zusammen mit dem Freund und Schüler Wolfskehl das lyrische Erbe der Klassik einbrachte —, das er als Traditionsvoraussetzung für sich selbst anerkannte, sah er seine Aufgabe in einer »Erneuerung der deutschen Dichtersprache«.[6]

Für Georges progressiv auftretenden Zeitgenossen, den Naturalisten Arno Holz, freilich, dessen kunsttheoretischer Essay »Die Kunst, ihr Wesen und ihre Gesetze« nach seinem Zeugnis für die Naturalisten »das Grunddokument dieser Gruppe, ihre Magna Charta«[7] gewesen war, stellt Georges Dichtung »eine Regression, eine entwicklungsgeschichtlich interessante Rückbildung alter Kunstformen dar ...«[8] Und noch in einer weitverbreiteten lyriktheoretischen Abhandlung der letzten Jahre wird George neben anderen aus der Diskussion der Lyrik von der Mitte des 19. Jahrhunderts bis zur Mitte des 20. Jahrhunderts ausgeklammert, da in seinem Werk ein tradierter lyrischer Stil der Vergangenheit nochmals zum Ausdruck gelange.[9]

Freilich hat man unter anderen Aspekten ebenso Georges Anteil an der Modernität proklamiert. Das geschah auf dem Hintergrund seiner kunsttheoretischen Maximen, die er in den Merksprüchen der »Blätter für die Kunst« formuliert hat, und angesichts seiner literarischen Lehrjahre, die er in Frankreich verbrachte und die ihn in der Nachbarschaft der französischen Symbolisten zeigen, deren Werk er zum Teil kongenial übersetzt hat. So hat man denn gesagt, George habe »den Symbolismus nach Deutschland verpflanzt und dadurch eine neue Epoche deutscher Lyrik eingeleitet«.[10]

In den letzten Jahren, in denen sich eine neu einsetzende Rezeption des Jugendstils abzeichnete, hat darüber hinaus noch eine andere Sicht an Bedeutung gewonnen. Ausgehend von Georges zeitweiliger enger Verbundenheit mit dem Graphiker und Maler Melchior Lechter, der die graphische Gestaltung vieler George-Veröffentlichungen betreute, hat man, zugleich mit dem Blick auf die florale Metaphorik vieler George-Gedichte, ihre ornamentale Zweidimensionalität, ihre vegetativ-metaphorische Verwobenheit und die Atelier-Künstlichkeit ihrer Naturbilder, verstärkt dafür plädiert, Georges Gedichte aus dem Stilkontext des Jugendstils heraus zu verstehen.[11]

Unabhängig von der jeweils implizierten Wertung lassen sich im methodischen Ansatz dieser Einordnungsversuche Georges wichtige Differenzen erkennen. Die Sicht Georges als eines Erneuerers des lyrischen Stils und Inaugurators einer neuen Klassik des Gedichtes kommt aus der Innenperspektive des Kreises zustande, der Georges künstlerische Entwicklung auf den von ihm selbst in seiner Spätzeit vorgezeichneten Bahnen deutet. Der Selbstanspruch des Autors bestimmt die Exegese seiner Anhänger.

Die Ablehnung der Georgeschen Lyrik als eines Phänomens von künstlerischer Regression hingegen ist bei Arno Holz nicht aus dem zeitgeschichtlichen Kontext eines wissenschaftlichen Monismus[12] zu lösen, der, von der Progression des naturwissenschaftlichen Denkens am Ende des 19. Jahrhunderts überwältigt, eine Verwissenschaftlichung auch der sprachlichen Leistung anstrebt. Die Holzsche Universalformel $K = N - X$, nämlich die Kunst strebe danach, die Natur zu erreichen unter Berücksichtigung der Subjektivität des Künstlers und seiner spezifischen künstlerischen Produktionsbedingungen, versucht, auch das lyrische Schaffen »wissenschaftlich« zu erklären und zugleich auf die Wirklichkeit zu beziehen. Und selbst noch bei Brecht, der George ebenfalls den Vorwurf der regressiven Tendenz macht[13] und der ihm ein Beispiel für die mit Heine beginnende Aufspaltung der Lyrik in eine völlig pontifikale und eine völlig profane Linie ist, wird sein Urteil von der Holz intentional verwandten Voraussetzung bestimmt, inwieweit sich in Georges Gedichten die gesellschaftliche Wirklichkeit seiner Schaffenssituation niedergeschlagen[14] habe. Der über Baudelaire geäußerte Satz Brechts: »Er drückt in keiner Weise seine

Epoche aus, nicht einmal zehn Jahre. Er wird nicht lange verstanden werden, schon heute sind zu viele Erläuterungen nötig.«[15] trifft aus seiner Sicht ebenso auf George zu. Denn für Brecht gilt: »Alle großen Gedichte haben den Wert von Dokumenten. In ihnen ist die Sprechweise des Verfassers enthalten, eines wichtigen Menschen.«[16]

Sowohl dem Urteil bei Holz als auch bei Brecht über George geht eine grundsätzliche Entscheidung voraus, nämlich die über die Funktion der Lyrik in der gesellschaftlichen Realität. Der trotz aller Modifikationen für Holz und Brecht entscheidenden Wirklichkeitsorientierung der lyrischen Produktion widerspricht in der Tat der in der ersten Folge der »Blätter für die Kunst« stehende programmatische Satz: »Der name dieser veröffentlichung sagt schon zum teil was sie soll: der kunst besonders der dichtung und dem schrifttum dienen, alles staatliche und gesellschaftliche ausscheidend.« (I/1,1)

Die These wiederum, durch Georges Werk sei die Einbürgerung des Symbolismus in Deutschland vollzogen worden, verdankt ihre Plausibilität weitgehend den biographischen Momenten, die unübersehbar in Georges erster Entwicklungsphase zutage treten: seine Paris-Aufenthalte, sein Kontakt zu den französischen Symbolisten seiner Epoche, vor allem Mallarmé, sein Durchbruch zu einer eigenen Sprache in seinen Baudelaire-Übersetzungen, und nicht zuletzt die fragmentarischen kunsttheoretischen Reflexionen, die in Form von Merksprüchen die zwölf Folgen der »Blätter für die Kunst« durchziehen.

Auf einem solchen Hintergrund läßt sich allerdings eine Poetik des symbolistischen Gedichtes rekonstruieren, die deutlich strukturelle Analogien zu dem aufweist, was Hugo Friedrich beispielsweise als Charakteristika des modernen Gedichtes erarbeitet hat. Ein Georgescher Merkspruch wie der folgende steht in einem weitverzweigten poetologischen Kontext:

»Das Gedicht ist zum höchsten geistigen genusse da. eine zweck-dichtung giebt es so wenig wie ein zweck-gemälde oder ein zweck-tonstück. Gedicht ist nicht wiedergabe eines gedankens sondern einer stimmung. zum ersteren genügt das gewöhnliche wort zum zweiten bedürfen wir noch auswahl klang maass und reim.« (II/2,34)

In der Nachbarschaft solcher Sätze steht auch Hofmannsthals Bekenntnis,

»... daß das Material der Poesie die Worte sind, daß ein Gedicht ein gewichtsloses Gewebe aus Worten ist, die durch ihre Anordnung, ihren Klang und ihren Inhalt ... einen genau umschriebenen, traumhaft deutlichen, flüchtigen Seelenzustand hervorrufen, den wir Stimmung nennen ... Die Worte sind alles ... Es führt von der Poesie kein direkter Weg ins Leben, aus dem Leben keiner in die Poesie.«[17]

Diese Linie führt weiter bis hin zu Gottfried Benns maßgeblichem Marburger Vortrag »Probleme der Lyrik«, den man »eine ›ars

poetica‹ der Jahrhundertmitte«[18] genannt hat und der bis Anfang der
sechziger Jahre in Deutschland ein wichtiger Orientierungspunkt lyrischer Selbstreflexion blieb. Benn hat in seinem Vortrag nicht nur den
Hofmannsthal-Satz von der Trennung zwischen Poesie und Leben zu-
stimmend zitiert,[19] sondern auch am Beispiel eines George-Gedichtes
aus dem »Jahr der Seele« die ihm vorschwebende Lyrik analysiert.

Hier stellt sich durchaus die Plausibilität eines lyriktheoretischen Zusammenhangs her, der von der Theorie Poes über die französischen
Symbolisten bis hin zu Pound, Eliot und Benn reicht und in dem
George vielleicht für die literarische Situation Deutschlands das wichtigste Glied darstellt. Die Beziehung der Lyrik auf die Wirklichkeit,
für Holz und auf andere Weise auch für Brecht grundlegend, wird im
Kontext des symbolistischen Gedichtes, das sich als monologisches rei-
nes Gebilde aus Worten begreift, strikt in Frage gestellt.

Der Versuch hingegen, Georges Werk aus dem sich im Rückblick erschließenden Zusammenhang des Jugendstils abzuleiten, hat einen
phänomenologischen Ausgangspunkt und ermittelt unter völliger Auslassung der theoretischen Selbstbefragung des Lyrikers Strukturanalo-
gien zu Phänomen, die vor allem im Rahmen der bildenden Künste als
jugendstilhaft bestimmt werden. Es geht darum, in der Retrospektive
eine ästhetische Zeitgenossenschaft des Lyrikers zu beweisen, die sich
seinen Versuchen einer Selbstbestimmung weitgehend entzog und im
Falle Georges weder von den Merksprüchen der »Blätter für die
Kunst« eine Unterstützung erfährt noch von der durch ihn gesteuerten
Rezeption seiner Kunst innerhalb seines Kreises.

Wenn man über den Schlußvers des »Templer«-Gedichtes aus dem
»Siebenten Ring«:
»Den leib vergottet und den gott verleibt.« (I,256)
geäußert hat: »Eine Formulierung, die über dem gesamten Jugendstil
stehen könnte ...«,[20] so wird dieser Vers aus dem Kontext isoliert
und affirmativ auf einen Zusammenhang bezogen, der sich kaum vom
»Templer«-Gedicht und schon gar nicht von der Reflexion Georges her
begründen läßt. Methodisch bleibt lediglich die Möglichkeit offen, in-
duktiv eine Symptomatologie des Jugendstils an Gedichten Georges
zusammenzustellen und ihr eine in anderem Zusammenhang gewonnene Theorie[21] gleichsam von außen her aufzupfropfen.

Diese methodische Vorüberlegung läßt im Vergleich der verschiedenen
Ansatzpunkte sichtbar werden, daß es weder sinnvoll ist, die für den
Kreis charakteristische Sicht einer folgerichtigen Entfaltung von Georges entelechialer Entwicklungsgesetzlichkeit zu übernehmen,[22] noch ihn
auf dem Hintergrund einer puristischen Verneinung der Wirklichkeit
in seiner Dichtung zur dekorativen Randfigur der lyrischen Szene zu
Beginn dieses Jahrhunderts zu erklären oder gar auf das im nachhin-
ein gedeutete Stilmuster des Jugendstils, mit dem sich Georges Schaffen sicherlich berührt, zu beschränken. Sowohl auf dem Hintergrund

eines weitverzweigten kunsttheoretischen Zusammenhangs, der von Poe[23] über Baudelaire, Mallarmé, Valéry[24] bis hin zu Pound, Eliot[25] und Blok und Belyi[26] reicht, als auch angesichts von Georges spezifischer Rezeption, die durch Benn nochmals nachhaltig aktiviert wurde, läßt sich George in der Theorie am ehesten als ein Lyriker des symbolistischen Gedichtes definieren. Die in den Merksprüchen der »Blätter für die Kunst« kristallisierte eigene theoretische Selbstbestimmung umreißt zugleich seinen spezifischen Standort innerhalb dieser symbolistischen Topographie erstaunlich präzis.

Georges Position innerhalb eines solchen kunsttheoretischen Koordinatensystems ist schon verschiedentlich beschrieben worden.[27] Die Ausführungen im folgenden versuchen, einen anderen methodischen Zugang zu gewinnen: Sie gehen von einer Poetik aus, die sich unmittelbar im Gedicht objektiviert.[28] Man hat zu Recht »die linguistische Reflexion als wesentliches Ingredienz dieser modernen Lyrik«[29] bezeichnet und damit nicht nur gemeint, daß sich von Poe bis hin zu Heißenbüttel die Konzentration auf die Sprache als das wichtigste kunsttheoretische Problem dieser Lyrik darstellt. »Linguistische Reflexion« bezeichnet vielmehr auch den Sachverhalt, daß das Gedicht sich zunehmend selbst zum Gegenstand der Gestaltung wählt, daß die Sprache, mit anderen Worten, ins thematische Zentrum tritt, daß der Lyriker den Sinn seines künstlerischen Tuns im Gedicht reflektiert. Während noch bei Novalis oder Poe die theoretische Einsicht der künstlerischen Einsicht im Gedicht weit voraus ist, bildet sich allmählich »jenes Zusammentreffen von Dichtung und ranggleicher Reflexion über Dichtung, das ebenfalls ein wesentliches Symptom der Modernität ist«.[30]

Das läßt sich mit Einschränkungen auch auf George beziehen. Aber George hat nicht nur im zweiten Buch des »Stern des Bundes« geschrieben:

»Wer höchstes lebte braucht die deutung nicht« (I,391)

oder verkündet:

»Unhebbar ist der lebensbilder sinn:« (I,392)

sondern er hat schon in der ersten Folge der »Blätter für die Kunst« programmatisch verkündet: »Wir halten es für einen vorteil dass wir nicht mit lehrsätzen beginnen sondern mit werken ... an denen man später die regeln ableite.« (I/1,1) Und so soll denn auch im folgenden der Reflexionszusammenhang, der Georges Theorie der Lyrik freigibt, nicht aus theoretischen Dokumenten, Briefen, Gesprächsäußerungen oder den Merksprüchen der »Blätter für die Kunst« gewonnen werden, sondern unmittelbar aus der poetischen Reflexion im Gedicht. Poetologische und poetische Reflexion werden unter diesem Aspekt miteinander identisch. Am Beispiel einiger sich selbst reflektierender Gedichte, die zugleich entscheidende Entwicklungsstadien von Georges künstlerischem Weg markieren, soll sein theoretischer Standort dargestellt werden.

2. Themen der poetischen Selbstbestimmung

Auch bei einer solchen Poetik im Gedicht sind verschiedene Ebenen zu unterscheiden, die sich zum Teil erst allmählich im Zuge von Georges Entwicklung herausgebildet haben. Die sich selbst zum Thema werdende lyrische Gestaltung konzentriert sich bis hin zum »Jahr der Seele« primär auf eine Selbstbesinnung und Selbstbehauptung des lyrischen Sagens gegen die Widerstände, die in Georges gesellschaftlicher Situation und in der Konvention der lyrischen Sprache in seiner Gegenwart wurzeln. Die Definition dessen, was ein Gedicht zu sein vermag, wird auf uneigentliche Weise, gleichsam verschlüsselt, im Gedicht analysiert. Die Tatsache, daß es sich hier um eine Reflexionsanstrengung handelt, in der das lyrische Wort sich selbst thematisiert, also Form und Inhalt auf vollkommene Weise intentional identisch werden, gibt sich nur indirekt zu erkennen.

Erst mit dem »Teppich des Lebens« tritt das sich selbst zum Thema werdende lyrische Schaffen deutlicher hervor. In Parallele zum sich gleichzeitig konstituierenden George-Kreis, der die gesellschaftliche Isolation, die für die Ausgangsphase Georges ausschlaggebend ist, durch den Ersatz einer sich formierenden ästhetischen Gemeinschaft aufhebt, tritt nun eine neue Dimension in dieser »poetischen Poetik« hervor: nämlich der Wirkungsaspekt, die Rezeption von Georges Lyrik. Es bildet sich nun allmählich jene anthropologische Komponente heraus, die die in der Schönheit des Gedichtes verwirklichte Form auf die Haltung eines schönen Lebens bezieht und dem Gedicht eine wichtige Mittlerrolle in dieser Beziehung zuweist. Neben die dichterische Selbstbestimmung tritt also die im Gedicht reflektierte Wirkung des lyrischen Sprechens.

Das Komplementärphänomen zu dieser Erweiterung ist die Rückbeziehung auf die Person des Dichters. George beginnt nicht nur die mögliche Wirkung seiner Dichtung auf andere zu reflektieren, sondern er akzentuiert zugleich einen Zusammenhang zwischen seiner individuellen Haltung und seinem Gedicht. Mit anderen Worten: George beginnt sich als Dichter poetisch zu stilisieren. So wird in den »Zeitgedichten« des »Siebenten Ringes« seine dichterische Entwicklung nun nach dem Modell dieser gewonnenen Definition von seiner Aufgabe und Sendung rückblickend gedeutet. Charakteristischerweise ist dann in den später entstandenen Gedichten, vor allem im »Neuen Reich«, die monumentale Figur des Dichter-Sehers, der im Widerstreit mit seiner Zeit gezeigt wird, für George wichtiger geworden als die im Gedicht vorgetragene Reflexion der Aufgaben des dichterischen Worts.

Auch diese Reflexion läßt sich in nicht wenigen Texten noch finden, allerdings zumeist bezogen auf die Rolle des Sehers, der sich seiner Zeit richterlich überzuordnen versucht, oder bezogen auf die utopische Konfiguration eines neuen Adels und einer neuen Jugend, in der sich, von Maximin verkörpert, die erwünschte Verleiblichung seines Wortes vollzieht.

Wenn man so will, beginnt sich vom »Teppich des Lebens« an eine charakteristische Richtung in Georges poetologischer Reflexion abzuzeichnen: Aus der Reflexion des dichterischen Wortes erwachsen die Umrisse einer poetischen Mythologie, die nicht nur die Wirkung seiner Dichtung und seiner Person monumental erhöht, sondern zugleich eine politische Utopie unvermittelt an die Gesellschaft seiner Zeit heranträgt. Was sich hier in Ansätzen in Georges Gedichten erkennen läßt und vom Theoretischen her auch fragmentarisch in den »Blättern für die Kunst« formuliert wurde, hat dann in der sogenannten orthodoxen Kreis-Literatur seinen nachhaltigsten und widersprüchlichsten Ausdruck gefunden. Wolters' monumentale Geschichte des George-Kreises ist das maßgebliche Zeugnis dafür.[31]

Die Überlegungen im folgenden beabsichtigen nicht, das Fundament von Georges Mythologie in seiner Dichtung bloßzulegen. Die anthropologischen Sinnbezüge, in die der mittlere und späte George seine Dichtung eingeordnet hat, bleiben hier großenteils unberücksichtigt. Es geht in erster Linie darum, in poetologischen Schlüsselgedichten Georges seine künstlerische Selbstreflexion zu analysieren. Es wird versucht aufzuzeigen, welche charakteristischen Stationen sich dabei ergeben und wie diese Stationen im poetologischen Kontext von Georges Epoche verankert sind. Die Reflexion des dichterischen Wortes ist dabei vor der Reflexion der Rolle des Dichters zentral.

3. Kunst als Artefakt

George hat im ersten »Zeitgedicht« des 1907 veröffentlichten »Siebenten Ringes« die Anfangsphase seines dichterischen Weges rückblickend gedeutet und den Zeitgenossen vorgeworfen, für das blind gewesen zu sein, »was in dünnem schleier schlief«. (I,227). Poetologisch ist dieser Vers nicht nur deshalb wichtig, weil er sich auf Georges eigene Dichtung bezieht, sondern auch, weil er im indirekten Zitat einen Zusammenhang sichtbar macht, der auf das Gedicht »Der Schleier« in den »Standbildern« des »Teppich des Lebens« zurückweist und darüber hinaus weiter auf den Goetheschen Vers aus der »Zueignung«:
»Der Dichtung Schleier aus der Hand der Wahrheit.«
In beiden Fällen ist der Schleier ein Bild für das sich im schönen Schein offenbarende Wesen, für die beseelte Konkretheit, die durchgeistigte Form der Dichtung. Aber abgesehen von diesem poetologischen Kontext, der sich herstellt und der noch genauer darzustellen sein wird, drückt George in diesem Vers des »Siebenten Ringes« zugleich eine bestimmte Rezeption seiner frühen Lyrik aus. Die eigentliche Bedeutung dessen, was sich, formal verfremdet, in seiner frühen Lyrik darbot,

wurde nicht erkannt. Die irisierende Vieldeutigkeit des Schleiers wurde zur dekorativen Formgebärde verabsolutiert. Daß George hier nicht rückblickend stilisiert, verdeutlicht das am Ende der »Pilgerfahrten« stehende Gedicht »Die Spange«,[32] das den ästhetischen Stellenwert seiner frühen Lyrik, insbesondere des »Algabal«-Zyklus, reflektiert:

> »Ich wollte sie aus kühlem eisen
> Und wie ein glatter fester streif ·
> Doch war im schacht auf allen gleisen
> So kein metall zum gusse reif.
>
> Nun aber soll sie also sein:
> Wie eine grosse fremde dolde
> Geformt aus feuerrotem golde
> Und reichem blitzendem gestein.« (I,40)

Das Gedicht ist eine Verdeutlichung jenes Prinzips der »mache«, wie George es nennt,[33] das von Poe bis hin zu Benn[34] in der Arbeit am Wortmaterial, in der die Sprache durchdringenden Technik das eigentlich Schöpferische entdeckt. Das sich in einem als sinnvoll empfundenen Wirklichkeitszusammenhang seiner selbst bewußt werdende Ich, das im Aussprechen der Welt sich selbst begreift und diese Einheitserfahrung euphorisch in Bildern einer wiedererkennbaren Welt artikuliert,[35] unterscheidet sich grundsätzlich von dem schöpferischen Ich dieses Gedichtes. Es geht hier nicht um wiedererkennbare Wirklichkeit, sondern um eine neu zu erzeugende. Die Kunst wird in einem Artefakt veranschaulicht. Die Bilder, die in diesem Gedicht auftauchen, entstammen einem technischen Bereich. Der realistische Rahmen, dem sie sich einordnen, ist der Vorgang des Metallschmelzens. Es geht also, bildlich gesprochen, um eine Umschmelzung von Wirklichkeit, um die Überführung ihrer Elemente in einen neuen Zustand.
Zugleich ist dieses Gedicht eine antizipierende Reflexion des »Algabal«-Zyklus. Läßt sich nämlich der technische Bildrahmen der einzelnen Metaphern zum einen auf die Haltung des Sprachkonstrukteurs, der der Dichter ist, beziehen, so umschließt er zum anderen in metaphorischer Verkürzung die entscheidenden Elemente, aus denen die Welt Algabals besteht: Edelsteine, Mineralien, Metalle verschiedenster Art. Ferner wird das Motiv des »unterreichs« aus dem »Algabal« im Bild des »schachts« evoziert.
Der Kern der poetologischen Reflexion in diesem Gedicht kommt darin zum Ausdruck, wie George den geschichtsphilosophischen Ort seiner frühen Lyrik bestimmt. Die ihm vorschwebende Einfachheit der Gestaltung, der glatte feste Streif aus kühlem Eisen, entzieht sich ihm. Was ihm die Situation nahelegt, ist statt der Einfachheit der Form eine Ausgesuchtheit der Form, verdeutlicht im Bild der großen fremden Dolde, die aus Gold besteht und mit Edelsteinen verziert ist. Die große fremde Dolde, als eine der poetologischen Zentralmetaphern

Georges, der großen schwarzen Blume Algabals und der azurnen und kristallenen Wunderblume[36] im »Siebenten Ring« verwandt, bezieht sich auf das poetologische Bild des Schleiers, der das Eigentliche verhüllt.

Was George hier im bildlichen Kontrast von Spange und Dolde betont, ist in den »Blättern für die Kunst« als Kritik am nachgoetheschen Epigonentum und an der Geibel-Schule, in deren Bann noch der junge Arno Holz geriet, theoretisch ausgedrückt worden. So heißt es etwa: »Mit ernst und heiligkeit der kunst nahen: das war dem ganzen vorausgehenden dichtergeschlecht unbekannt. keiner der ›Epigonen‹ — so wenig der hochgeborene Schack wie der bescheidene bürgerliche reimer — ist frei von der abstossenden behäbigkeit bravheit ...« (III/2,33)

Noch aufschlußreicher ist der Merkspruch, der die Leistung der Präraffaeliten anerkennt: »Praerafaeliten und ähnliche: das gewollte hervortreten lassen gewisser wesentlicher eigentümlichkeiten für beschauer die das genaue sehen verlernt und für die man schon sehr stark auftragen muss um bemerkt zu werden.« (III/2,34) Hier gibt sich die Intention zu erkennen, die auch das Gedicht »Die Spange« bestimmt. In der literarischen Situation des ausgehenden 19. Jahrhunderts, in der von Autoren wie Platen und Rückert[37] bis hin zu Geibel die formalen Errungenschaften der Klassik zu virtuos gehandhabten Versatzstücken degenerierten, die zu Klischees heruntergekommene Gefühle transportierten, sah George sich vor die Notwendigkeit gestellt, in einer rigorosen Konzentration auf die Sprache, in einer distanzierenden Verfremdung durch die Form eine neue Geltung des lyrischen Wortes zu akzentuieren.

Freilich hat er in dem zentralen Gedicht des »Algabal«-Zyklus, Algabals Garten, schon bald danach die Gefahr dieser rigorosen formalen Verfremdung erkannt, nämlich die Künstlichkeit der Form, ausgedrückt in der Sterilität von Algabals künstlichem, unter der Erde aus kostbaren Mineralien errichtetem Garten. Algabals Sorge:

> »Wie zeug ich dich aber im heiligtume ...
> Dunkle große schwarze blume?« (I,47)

ist zugleich das Eingeständnis der immanenten Gefährdung, die mit dieser Haltung verbunden ist, nämlich die das zu vergessen, was der Schleier verbirgt, die Oberfläche, die Verfremdung der Form, für das Eigentliche zu setzen.

4. Rückkehr in die Wirklichkeit

George hat den im Vorangegangenen herausgearbeiteten Sachverhalt, der die Problematik seines frühen poetologischen Standortes beleuchtet, nochmals, stärker reflektierend, in einem Gedicht aus dem »Jahr der Seele« dargestellt:

> »Des sehers wort ist wenigen gemeinsam:
> Schon als die ersten kühnen wünsche kamen
> In einem seltnen reiche ernst und einsam
> Erfand er für die dinge eigne namen —
>
> DIE hier erdonnerten von ungeheuern
> Befehlen oder lispelten wie bitten ·
> DIE wie paktolen in rubinenfeuern
> Und bald wie linde frühlingsbäche glitten ·
>
> An deren kraft und klang er sich ergezte ·
> Sie waren wenn er sich im höchsten schwunge
> Der welt entfliehend unter träume sezte
> Des tempels saitenspiel und heilge zunge.
>
> Nur sie – und nicht der sanften lehre lallen ·
> Das mütterliche — hat er sich erlesen
> Als er im rausch von mai und nachtigallen
> Sann über erster sehnsucht fabelwesen ·
>
> Als er zum lenker seiner lebensfrühe
> Im beten rief ob die verheissung löge ..
> Erflehend dass aus zagen busens mühe
> Das denkbild sich zur sonne heben möge.« (I,137)

Dieses Gedicht tritt in Parallele zum ersten »Zeitgedicht« aus dem »Siebenten Ring«, wo George ebenfalls rückblickend seinen dichterischen Ausgangspunkt beschreibt. Darauf deutet nicht nur die Tatsache hin, daß George bereits beginnt sich in dem mythischen Muster des Dichter-Sehers selbst zu deuten, was im »Siebenten Ring« und danach noch sehr viel stärker hervortritt. Vielmehr wird diese Parallelität auch durch die didaktische Zuordnung des lyrischen Wortes betont.

Während er in den Gedichten »Die Spange« und Algabals Garten seinen Standort indirekt reflektiert, wird hier gleichsam die eigentliche Bedeutung, auf die sich die uneigentlichen Bilder beziehen, in die Gestaltung des Gedichtes mithineingenommen. Die Poesie wird lehrhaft, sie verliert an Spannung, sie wird vom Dichter eindeutig gemacht. Das läßt sich als ästhetische Reduktion ansehen. Hinzu kommt, daß die biographische Rückkopplung zwischen Gedicht und Person des Dichters viel enger geworden ist. Der Vers:

»Erfand er für die dinge eigne namen —«

ist so eine kaum verhüllte Anspielung auf die verschiedenen, in die Frühzeit Georges fallenden Versuche, sich eine eigene Sprache zu erschaffen.[38] In der Schlußstrophe des Gedichtes »Ursprünge« im »Siebenten Ring« hat er den gleichen Sachverhalt nochmals in den Versen ausgedrückt:

> »In einem sange den keiner erfasste
> Waren wir heischer und herrscher vom All.« (I,295)

Ja, dieses Gedicht klingt in zwei Versen aus, die ein Zitat aus einer dieser künstlichen Sprachen enthalten.[39] Die Erzeugung einer Welt, die nur in der Sprache besteht, einer Sprach-Welt also im buchstäblichen Sinn, wird in dem Gedicht aus dem »Jahr der Seele« nochmals auf die frühen Gedichtwerke Georges bezogen. Die Metaphorisierung der Namen, die er den Dingen gab, in den Bildern der zweiten Strophe weist vor allem auf den »Algabal«-Zyklus zurück. Die Spannung, die zum einen abstrakt zwischen Befehl und Bitte und zum andern bildlich zwischen dem roten Wasser des Paktolusflusses (der in der mythischen Vorlage die Dinge, die Krösus hineintauchte, zu Gold werden ließ[40]) und dem Wasser des Frühlingsbaches aufgezeigt wird, verdeutlicht die Potenz, die dieser Sprache und der in ihr erschaffenen Welt innewohnt. Aber auch hier wird im Rückblick erneut der Zweifel Algabals wiederholt. Der flehende Wunsch, daß sich das Denkbild zur Sonne heben möge, variiert die Sorge Algabals, ob ihm die Erzeugung der großen schwarzen Blume, d. h. ob ihm die Rückkehr von der anorganischen Künstlichkeit seiner Welt ins Leben gelingen wird.

Was George hier räsonierend im Gedicht darstellt und in Bildern akzentuiert, die er gleichsam im Gedicht selbst deutet, hat er überzeugender in einigen Gedichten aus dem »Jahr der Seele« direkt ausgedrückt. In der Tat zeichnet sich auch poetologisch vom »Algabal« zum »Jahr der Seele« ein wichtiger Schritt ab, mit dem George seine dichterische Position zugleich neu bestimmt. Ein auf mythologische Muster zurückgreifendes Gedicht wie »Der Herr der Insel«[41] stellt auf diesem Hintergrund die Zwischenstufe dar. Die Trennung zwischen Sprach-Welt und wirklicher Welt ist hier im Bild des für die Dichtung stehenden einsamen Vogels zur Aporie verhärtet. Die reiche Insel, deren Elemente nochmals auf die Welt Algabals zurückdeuten, ist eine Welt verabsolutierter reiner Natur, in der der Mensch und die Geschichte keinen Platz haben:

> »So habe er seit urbeginn gelebt ·
> Gescheiterte nur hätten ihn erblickt.« (I,69)

Der Einbruch des Menschen zieht das Ende des geheimnisvollen Vogels, der auf Baudelaires Albatros-Gedicht[42] zurückweist, nach sich:

> »Verbreitet habe er die grossen schwingen
> Verscheidend in gedämpften schmerzeslauten.« (I,70)

Die hier bildlich dargestellte Aporie zwischen einem Bereich der reinen Natur, die der Poesie entspricht, und der geschichtlichen Welt, die die Poesie und Natur zerstört, scheint die resignative Antwort auf die Frage Algabals nach einer Rückkehr ins Leben, nach einer Überwindung der ihm drohenden Sterilität. Aber schon im »Jahr der Seele« sieht George die Antwort anders. Die Wendung tritt nicht nur darin hervor, daß nun dem unterirdischen Garten Algabals der vom Menschen geformte natürliche Garten, der Park, entspricht, sondern sie wird in zwei der bewegendsten Gedichte Georges unmittelbar dargestellt.

Das Einleitungsgedicht im »Jahr der Seele«, von Gottfried Benn »eines der schönsten Herbst- und Gartengedichte unseres Zeitalters«[43] genannt, ist zugleich ein poetologisches Gedicht:

> »Komm in den totgesagten park und schau:
> Der schimmer ferner lächelnder gestade ·
> Der reinen wolken unverhofftes blau
> Erhellt die weiher und die bunten pfade.
>
> Dort nimm das tiefe gelb · das weiche grau
> Von birken und von buchs · der wind ist lau ·
> Die späten rosen welkten noch nicht ganz ·
> Erlese küsse sie und flicht den kranz.
>
> Vergiss auch diese lezten astern nicht ·
> Den purpur um die ranken wilder reben ·
> Und auch was übrig blieb von grünem leben
> Verwinde leicht im herbstlichen gesicht.« (I,121)

Erwies sich die künstliche Natur Algabals als eine vergebliche Hoffnung und die paradiesische Urnatur in »Herr der Insel« als eine rückgewandte und damit ebenfalls vergebliche Utopie, so tritt nun im Bild des totgesagten Parks die Natur, wie George sie in seiner geschichtlichen Situation vorfindet, in ihre Rechte ein. Es ist ein Herbstgedicht auch im geschichtsphilosophischen Sinn. Die Natur trägt bereits die Zeichen der Zerstörung. Industrialisierung und Verstädterung haben sie in eine Randzone gedrängt, eine Natur, die bereits totgesagt ist. Die Haltung des romantischen Dichters, für den die Natur ein aufgeschlagenes Buch Gottes ist, in deren Lettern und Bildern er sich selbst erkennt, ist für George unmöglich geworden. Die Natur läßt sich als Bild einer harmonischen Wirklichkeitsganzheit nicht mehr besingen. So, wie Algabal seinen Garten aus anorganischen Elementen erschuf, nimmt der Dichter hier die noch verbliebenen Elemente auf und erzeugt die Natur als sein Gebilde aus diesen Elementen nochmals neu. Die Natur, die er hier entstehen läßt, besteht gleichsam nur in seiner Sprache. Bezeichnend dafür ist die Tatsache, daß er sein Natur-Bild nicht aus konkreten Einzelheiten der noch vorhandenen Natur zusammensetzt, sondern gleichsam aus ihren Elementarbestandteilen, die er durch Abstraktion gewinnt. Er entwirft in der ersten Strophe nicht eigentlich eine Szenerie, in der ein Weiher, bunte Pfade und die Ufer eines fernen Meeres hervortreten, sondern er verdeutlicht die Belebung des totgesagten Parks durch die bildliche Konzentration auf das Licht, das als »schimmer« vom Meer herüberleuchtet und das als »blau« von den Wolken über diese Szenerie fällt. In ähnlicher Weise werden im folgenden nicht Bäume und Blumen als weitere Bestandteile einer realistischen Szenerie aufgeführt, sondern jeweils ihre Farbwerte der bildlichen Transparenz des Lichtes hinzugefügt. Der Dichter ist er-

schaffend am Werk. Das drücken nicht nur die Imperative aus, die alle
Strophen durchziehen, sondern auch das Bild des Kranzes, der geflochten wird und gleichsam das metaphorisch zusammenfaßt, was in den
beiden ersten Strophen direkt dargestellt wird: die Erschaffung eines
Artefakts, das zugleich noch ein Naturprodukt ist. Diese Vermenschlichung der Natur als ein vom Menschen nur in der Sprache erschaffener Bereich tritt noch stärker in dem Schlußbild des Gedichtes hervor.
Der Vers:
»Verwinde leicht im herbstlichen gesicht.«
variiert nicht nur »und flicht den kranz«, sondern deutet auch die Beseelung dieses Naturganzen, das neu entstanden ist, als Schöpfung des
Menschen.
Diese Rückkehr in eine geschichtlich reflektierte Wirklichkeit und damit in eine Sprache, die die Künstlichkeit überwunden hat, ist von
George in einem anderen Gedicht des »Jahrs der Seele« unmittelbar
thematisiert worden. Das Gedicht trägt den Titel »Rückkehr«:

> »Ich fahre heim auf reichem kahne ·
> Das ziel erwacht im abendrot ·
> Vom maste weht die weisse fahne ·
> Wir übereilen manches boot.
>
> Die alten ufer und gebäude
> Die alten glocken neu mir sind ·
> Mit der verheissung neuer freude
> Bereden mich die winde lind.
>
> Da taucht aus grünen wogenkämmen
> Ein wort · ein rosenes gesicht:
> Du wohntest lang bei fremden stämmen.
> Doch unsre liebe starb dir nicht.
>
> Du fuhrest aus im morgengrauen
> Und als ob einen tag nur fern
> Begrüssen dich die wellenfrauen
> Die ufer und der erste stern.« (I,141)

Morwitz macht auf den biographischen Hintergrund dieses Gedichtes
aufmerksam: die abendliche Heimkehr Georges nach Bingen auf einem
Rheinschiff, das vom Norden den Rhein herunterfährt.[44] Das ist nur
die äußere Ebene des Gedichtes, entscheidender ist die andere, die poetologische. In einfachen klaren Bildern wird die sich nun vollziehende
Rückkehr Georges in die Wirklichkeit ausgedrückt, von der er sich entfremdete und die er nun
»Mit der verheissung neuer freude«
in seiner Sprache neu entdeckt. Die neue Erfahrung der Wirklichkeit
ist mit einer Neuentdeckung der Sprache identisch. Die Vision dieser
Sprache und der Dialog, der sich im Anschluß daran zwischen Dichter
und Sprache entwickelt, sind der entscheidende Gewinn. Die beiden
rätselhaft einfachen Verse:

> »Da taucht aus grünen wogenkämmen
> Ein wort · ein rosenes gesicht:«

stellen nicht nur einen der geglücktesten dichterischen Funde Georges
dar, sondern weisen zugleich auf den poetologischen Kontext am Ende
des Einleitungsgedichtes aus dem »Jahr der Seele« zurück. Die Verbindung wird äußerlich im Bild des Gesichtes hergestellt. So, wie die in
der Sprache des Dichters erschaffene neue spätzeitliche Natur zur
Schöpfung des Menschen wird, drückt George auch hier in der Identität von Sprache, Natur und Mensch im Vers

»Ein wort · ein rosenes gesicht:«

den gleichen Zusammenhang aus. Das in der Sprache entstehende
Artefakt ist als ein vom Menschen geschaffenes Gebilde sowohl eine
Spiegelung des Menschen wie eine Spiegelung der Welt, die aus ihren
im Zerfall begriffenen Elementen nochmals erschaffen wird. Die Wirklichkeit und die Sprache nehmen den entfremdeten Dichter wieder auf.
George hat nicht von ungefähr in dieser Phase einige seiner vollkommensten Gedichte geschrieben. Die sich im Kontext seiner Poetik prä-
sentierende, neu erreichte Harmonie zwischen Wirklichkeit, Sprache
und Mensch ist die Voraussetzung dafür.

5. Umrisse einer poetischen Mythologie

Mit der Botschaft des Engels im »Vorspiel« zum »Teppich des
Lebens«:

»Das schöne leben sendet mich an dich« (I,172)

wird diese poetologische Schlüssigkeit wieder aufgegeben. In Analogie
zum sich entwickelnden George-Kreis ordnet George seine Dichtung
nun in didaktische Bezüge ein. Das vollkommene Gedicht meint nicht
mehr allein sich selbst, es wird bezogen auf eine Haltung, die sich im
Menschlichen ausprägt. Die Poetik Georges öffnet sich dem Anspruch
seiner sich nun allmählich herausbildenden poetischen Mythologie.
Diese neue Ebene in Georges dichtungstheoretischer Reflexion zeigt
sich bereits im sechzehnten Gedicht des »Vorspiels«:

> »Dem markt und ufer gelte dein besuch
> Der starken und der schlanken sehne schnellen
> Der menge stürmen jauchzen lied und spruch
> Der nackten glieder gleiten in den wellen.
>
> Zu neuer form und farbe wird gedeihn
> Der streit von mensch mit mensch und tier und erde
> Der knaben sprung der mädchen ringelreihn
> Und gang und tanz und zierliche geberde.
>
> Doch ist wo du um tiefste schätze freist
> Der freunde nächtiger raum · schon schweigt geplauder
> Da hebt ein ton und eine miene kreist
> Und schüttelt mit der offenbarung schauder.

Da steigt das mächtige wort — ein grosses heil —
Ein stern der auf verborgenen furchen glimmert
Das wort von neuer lust und pein: ein pfeil
Der in die seele bricht und zuckt und flimmert.« (I,182)

In der didaktischen Direktheit sind diese Verse dem Gedicht »Des sehers wort« aus dem »Jahr der Seele« verwandt. Das »wort«, das im
Gedicht »Rückkehr« in dem von großer Eindruckskraft zeugenden
Bild des »rosenen gesichtes« veranschaulicht wurde, hat sich zum
»mächtigen wort« gewandelt, das mit Abstrakta (»heil«, »lust und
pein«) und einer Reihe von Bildern fast allegorisch ausgedeutet wird.
Wichtiger ist jedoch die Wendung, die George inzwischen vollzogen
hat und von der dieses Gedicht zeugt.
Es geht nicht mehr primär darum, eine alle Zeichen einer Spätzeit tragende Natur und Wirklichkeit in der Sprache neu zu erschaffen, sondern es geht um die Wirkung dieser vom Dichter gestalteten Sprache
auf die Menschen. Während die erste Strophe das Leben der Menschen
in den beiden entscheidenden Situationen der praktischen Tätigkeit
(»markt«) und der Freizeit (Baden im Fluß) präsentiert, wird in der
zweiten in didaktischer Prophetie die Verwandlung antizipiert, die
sich im Zusammenleben der Menschen ergibt, wenn die »offenbarung«
des dichterischen Wortes sie erreicht. Es handelt sich um eine religiöse
Züge tragende Verwandlung.
Das Eingangsgedicht aus dem »Teppich des Lebens« schließt hier unmittelbar an. Die zweite Strophe des »Vorspiel«-Gedichtes wird von
dem »Teppich«-Gedicht ebenso unmittelbar aufgenommen, wie auch
die Offenbarung als Wirkung des dichterischen Wortes erneut betont
wird:

»Hier schlingen menschen mit gewächsen tieren
Sich fremd zum bund umrahmt von seidner franze
Und blaue sicheln weisse sterne zieren
Und queren sie in dem erstarrten tanze.

Und kahle linien ziehn in reich-gestickten
Und teil um teil ist wirr und gegenwendig
Und keiner ahnt das rätsel der verstrickten ..
Da eines abends wird das werk lebendig.

Da regen schauernd sich die toten äste
Die wesen eng von strich und kreis umspannet
Und treten klar vor die geknüpften quäste
Die lösung bringend über die ihr sannet!

Sie ist nach willen nicht: ist nicht für jede
Gewohne stunde: ist kein schatz der gilde.
Sie wird den vielen nie und nie durch rede
Sie wird den seltnen selten im gebilde.« (I,190)

Man hat dieses Gedicht häufig in Beziehung zum Jugendstil gesetzt und die Momente der verschlungenen Bewegung, des Ornamen-

talen und des Zweidimensionalen hervorgehoben.[45] Wichtiger ist jedoch der kontextuelle Zusammenhang, der sich hier zwischen den poetologischen Gedichten Georges herstellt. Der Teppich ist auf ähnliche Weise ein Artefakt, das auf eine gleichsam technische Entstehung zurückblickt, wie die Spange und in gewisser Weise der Schleier. Der Aspekt der technischen »mache« wird jeweils hervorgehoben. Heißt es noch im »Vorspiel«-Gedicht antizipierend:

> »Zu neuer form und farbe wird gedeihn
> Der streit von mensch mit mensch und tier und erde«

so wird hier im Artefakt des Teppichs gleichsam diese neue Form und Farbe dargestellt. Das Bild des Teppichs tritt als Artefakt zugleich in Beziehung zu Algabals Garten, der ja hier in diesem Gedicht in einzelnen Metaphern variiert wird (»die toten äste«). Aber erkannte George dort noch die Künstlichkeit des Artefaktes als Bedrohung seiner Wirkung, ausgedrückt in Algabals Sorge um die Erzeugung der großen schwarzen Blume, so erweist sich das hier im Artefakt verfremdete Leben nun als das eigentliche Leben. Die Offenbarung, von der bereits das »Vorspiel«-Gedicht spricht, wird hier erneut betont. Auch hier ereignet sie sich auf rätselhafte, irrationale Weise. Zugleich zeichnet sich im Unterschied zu dem »Vorspiel«-Gedicht, wo sich die Wirkung der neuen Form potentiell auf alle Menschen erstreckt, eine für den späten George charakteristische Einengung der Wirkung ab. Die Menge der vielen wird von dieser Wirkung ausgeschlossen:
»Sie wird den seltnen selten im gebilde.«
Über diesem Vers liegt deutlich der Schatten des George-Kreises. Der elitäre Akzent in Georges poetischer Mythologie beginnt sich bemerkbar zu machen. Die auf durchaus rationale Weise in den Bildern des Gedichtes ausgedrückte Erkenntnis, daß sich die Bedeutung des Gedichtes einer rationalen Deutung entzieht und nur auf uneigentliche Weise, nämlich im Bild, begriffen werden kann, wird in sich widersprüchlich akzentuiert: Die sich selbst reflektierende Poesie behauptet auf rationale Weise ihre Irrationalität.
Das berührt sich in der Intention mit jenen Merksprüchen der »Blätter für die Kunst«, die George als Betrachtungen über Dichtung in seinen Prosaband »Tage und Taten« aufnahm: »Den wert einer dichtung entscheidet nicht der sinn (sonst wäre sie weisheit gelahrtheit) sondern die form ...« (I,530) Desgleichen wird das geheime Webmuster, das die Bilder des Teppichs auf eine innere Ordnung hin durchsichtig macht und also konkret das Prinzip einer umfassenden Formgliederung des Gedichtes evoziert, in der Betrachtung ausgesprochen: »Der wert einer dichtung ist auch nicht bestimmt durch einen einzelnen wenn auch noch so glücklichen fund in zeile strofe oder grösserem abschnitt ... die zusammenstellung · das verhältnis der einzelnen teile zueinander · die notwendige folge des einen aus dem andern kenn-

zeichnet erst die hohe dichtung.« (I,530) Es handelt sich jedoch um ein Ordnungsprinzip, das sich auf magische und nicht auf rationale Weise erschließt und eben bereits jene Haltung voraussetzt, die George auf der andern Seite als Wirkung seiner Dichtung erhofft.

Im siebenten »Standbild« des »Teppich des Lebens« hat George diese poetologische Reflexion fortgeführt. Das Gedicht »Der Schleier« nimmt bildlich als vom Menschen erzeugtes Artefakt nochmals die Bedeutung des Teppich-Bildes auf. Aber hier geht es nicht so sehr um die Deutung des vollendeten Kunstwerkes, sondern um die Reflexion der schöpferischen Produktivität des Dichters. Auch der Schleier bezieht sich auf die Form, die dem Dichter zur Verfügung steht, aber nicht so sehr auf die ausgeführte Form als auf das formale Vermögen des Künstlers:

> »Ich werf ihn so: und wundernd halten inne
> Die auf dem heimischen baumfeld früchte kosten . .
> Die ferne flammt und eine stadt vom osten
> Enttaucht im nu mit kuppel zelt und zinne.
>
> Einst flog er so empor: und öde schranken
> Der häuser blinkten scheinhaft durch die nässe
> Es regte sich die welt in silberblässe —
> Am vollen mittag mondlicht der gedanken!
>
> Er wogt und weht: und diese sind wie hirten
> Der ersten tale · jene mädchen gleiten
> Wie sie die einst im rausch der göttin weihten . .
> Dies paar ist wie ein schatten unter mirten.
>
> Und so gewirbelt: ziehen sie zu zehnen
> Durch dein gewohntes tor wie sonnenkinder —
> Der langen lust · des leichten glückes finder . .
> So wie mein schleier spielt wird euer sehnen!« (I,205)

Das Bild des Schleiers weist auf das dritte »Standbild« zurück, wo im Bild der »verhüllten frau« (I,203), die sich am Ende entschleiert, die Muse angerufen wird, die die Einbildungskraft des Dichters stimuliert. Ja, diese Metapher deutet noch weiter auf das Einleitungsgedicht der »Hymnen«, nämlich »Weihe«, zurück, wo, wie bereits dargelegt wurde, die dem Dichter erscheinende Muse ebenfalls im Bild des Schleiers veranschaulicht wird:

> »Nun bist du reif · nun schwebt die herrin nieder ·
> Mondfarbne gazeschleier sie umschlingen · « (I,9)

Im siebenten »Standbild« hat sich die Perspektive verändert: Die Muse ist nicht mehr das Objekt der Darstellung, sondern das Subjekt. Georges Gedicht ist darüber hinaus deutlich auf Goethes Gedicht »Zueignung« bezogen, wo es über den Schleier heißt:

> »Dem Glücklichen kann es an nichts gebrechen,
> Der dies Geschenk mit stiller Seele nimmt:

Aus Morgenduft gewebt und Sonnenklarheit,
Der Dichtung Schleier aus der Hand der Wahrheit.«[46]

Die magische Verwandlung, die durch das Werfen des Schleiers her-
vorgerufen wird, ist ebenfalls bereits bei Goethe vorgezeichnet:

»Und wenn es dir und deinen Freunden schwüle
Am Mittag wird, so wirf ihn in die Luft!
Sogleich umsäuselt Abendwindes Kühle,
Umhaucht euch Blumen-Würzgeruch und Duft.

Es schweigt das Wehen banger Erdgefühle,
Zum Wolkenbette wandelt sich die Gruft,
Besänftiget wird jede Lebenswelle,
Der Tag wird lieblich, und die Nacht wird helle.« (9)

Die gleiche Raum und Zeit überwindende Kraft wird dem Schleier bei
George zugesprochen. Ferne räumliche Visionen werden in der Dichtung anschaulich, während die vertraute Welt zugleich verfremdet
werden kann. Ursprüngliche Lebensstufen der Vergangenheit werden
ebenso vergegenwärtigt, wie am Schluß utopische Zukunftsbilder
wachgerufen werden.[47] Das läßt sich zugleich im engeren Sinn als ein
reflektierender Rückblick und Vorausblick auf Georges Dichtung auffassen. Die Vision einer mittelalterlichen, exotischen Welt, die Evokation einer urtümlichen Antike deuten auf »Die Bücher der Hirten- und
Preisgedichte der Sagen und Sänge und der Hängenden Gärten« zurück, während das Bild der »welt in silberblässe« kaum verhüllt auf
den »Algabal«-Zyklus anspielt. In der vierten Strophe wiederum wird
die Erscheinung Maximins und damit »Der Siebente Ring« antizipiert.
George hat diese simultaneitätserzeugende Kraft der Poesie auch in
einem Merkspruch akzentuiert: »Das wesen der dichtung wie des traumes: dass Ich und Du · Hier und Dort · Einst und Jezt nebeneinander bestehen und eins und dasselbe werden.« (I,531)
Auch in dem »Schleier«-Gedicht, so läßt sich sagen, zeichnet sich bereits die neue Situation Georges ab, die ihn von dem Standpunkt, den
er im »Jahr der Seele« einnahm, unterscheidet. Der Schlußvers:
»So wie mein schleier spielt wird euer sehnen«
hebt erneut die Wirkungsabsicht seiner Dichtung hervor, ihre verwandelnde Kraft für jene auserwählten Seltenen, denen die »lösung ...
selten im gebilde« zuteil wird. Die Zuordnung seiner Dichtung auf
einen zu bildenden Menschen, mit anderen Worten: auf den George-
Kreis, läßt sich hier erneut erkennen.

6. Didaktische Prophetie

Die in Georges Dichtung immer stärker werdende didaktische Zuordnung nimmt dann mit der poetischen Inthronisation Maximins bereits
religiöse Züge an:

> »Ich bin ein funke nur vom heiligen feuer
> Ich bin ein dröhnen nur der heiligen stimme.« (I,293)

Oder:

> »... In jeder ewe
> Ist nur ein gott und einer nur sein künder.« (I,338)

Im drittletzten Spruch des »Siebenten Ringes« heißt es dann bereits mit monumentalem Anspruch, der die Dichtung weit über den George-Kreis hinaus erhebt und auf eine Erneuerung des Volkes durch eine Formung der Jugend zielt:

> »Ganz wuchs empor in vaterländischer brache
> Dies werk und ging der reife zu ganz ohne
> Fernluft ... Was früher klang im tempeltone
> Deucht nun den menschen mehr in ihrer sprache.« (I,342)

Die poetische Reflexion im Gedicht verhärtet sich nun zur prophetischen Sentenz. In der elften und zwölften Folge der »Blätter für die Kunst« heißt es dann 1919: »Nur den wenigen dürfte es einleuchten dass in der dichtung eines volkes sich seine lezten schicksale enthüllen.« (XI/XII,6)

Der ursprüngliche Ausgangspunkt Georges verkehrt sich nun in sein Gegenteil. Hatte er noch in den ersten Merksprüchen ausgeführt: »In der dichtung — wie in jeder kunst-betätigung — ist jeder der noch von der sucht ergriffen ist etwas ›sagen‹ etwas ›wirken‹ zu wollen nicht einmal wert in den vorhof der kunst einzutreten.« (I,530) und die Form verabsolutiert, so wird ihm nun die Botschaft vor der Form wichtig. Der Schleier der Dichtung wird sozusagen entbehrlich, da George in Maximin das Ereignis geworden sieht, was als Sinnbild der Jugend eine Erneuerung des Volkes einleiten soll. So heißt es nun im »Stern des Bundes«:

> »Wo du erschienen bist als schleierloser
> Als herz der runde als geburt als bild
> Du geist der heiligen jugend unsres volks!« (I,353)

In einem andern Gedicht aus dem »Stern des Bundes« wird ganz analog betont:

> »Die Tat ist aufgerauscht im irdischen jubel
> Das Bild erhebt im licht sich frei und nackt.« (I,367)

Die poetologische Reflexion, soweit sie sich noch in den Gedichten aus dem »Stern des Bundes« entdecken läßt, schlägt nun eine charakteristische Wendung ein:

> »Kommt wort vor tat kommt tat vor wort? Die stadt
> Des altertumes rief den Barden vor ..
> Gebrach auch seinem arm und bein die wucht
> Sein vers ermannte das gebrochne heer
> Und er ward spender lang vermissten siegs.
> So tauscht das schicksal lächelnd stand und stoff:

Mein traum ward fleisch und sandte in den raum
Geformt aus süsser erde — festen schritts
Das kind aus hehrer lust und hehrer fron.« (I,359)

Die historische Anspielung auf den griechischen Sänger Tyrtaeus, der, obwohl lahm und selbst nicht zum Kampf fähig, die Spartaner so begeisterte, daß sie eine Schlacht gegen die Messenier gewannen,[48] wird für George zur Folie der Verwandlung, die sich für ihn selbst ereignet hat: Seine Dichtung wurde in Maximin Realität.

Georges poetologisches Programm trägt von nun an unverkennbare Züge. In »Der Dichter in Zeiten der Wirren« heißt es dazu:

»Der Sänger aber sorgt in trauer-läuften
Dass nicht das mark verfault · der keim erstickt.
Er schürt die heilige glut die über-springt
Und sich die leiber formt ·« (I,418)

Die ästhetische Reduktion, die sich in diesen späten poetologischen Versen erkennen läßt, hat mannigfache Gründe. Georges private Mythologie und abstrakte politische Hoffnung überwuchern die Sprachreflexion, die in den vorangegangenen poetologischen Gedichten dominierte. Zugleich verwandelt sich das uneigentliche Sprechen immer stärker in ein eigentliches. Hieß es noch im »Teppich des Lebens«, daß sich die Erkenntnis nur im Bilde und nicht in der rationalen Rede offenbare, so wird diese Erkenntnis nun eindeutig benannt, nämlich in der Person Maximins, der für George die Vision einer neuen Jugend verkörpert. Der Bruch zwischen Inhalt und Wort, zwischen Botschaft und Sprache, der nun die Botschaft vor der Sprache wichtig werden läßt, zeigt sich in der ästhetischen Diskrepanz des Gedichtes »Kommt wort vor tat« geradezu beispielhaft. Die historisch erinnerte Anekdote hat lediglich die Funktion eines Illustrationsbeispiels und verdeutlicht keineswegs die Reflexion, die sich in Bildern verwirklicht. Die Struktur des Gedichtes ist rhetorisch und geht in der rationalen Verkündigung auf.

Im gleichen Maße, in dem Georges Ansprüche gesteigert werden und er die Dichtung gewaltsam in die Wirklichkeit zu projizieren versucht, reduziert sich die ästhetische Integrität seiner Verse. Seine poetologischen Gedichte werden zu rhetorischen Vehikeln seiner Kreis-Lehre. Sie werden zu privaten Verlautbarungen und als ästhetische Zeugnisse sekundär. Nur noch in wenigen Gedichten der Spätzeit gelingt es George, ästhetisch jene Schranken zu überwinden, die er sich selbst in seiner Mythologie errichtet hat. Eines dieser wenigen Beispiele ist das Gedicht »Das Wort« aus dem »Neuen Reich«:

»Wunder von ferne oder traum
Bracht ich an meines landes saum

Und harrte bis die graue norn
Den namen fand in ihrem born —

Drauf konnt ichs greifen dich und stark
Nun blüht und glänzt es durch die mark . . .

Einst langt ich an nach guter fahrt
Mit einem kleinod reich und zart

Sie suchte lang und gab mir kund:
›So schläft hier nichts auf tiefem grund‹

Worauf es meiner hand entrann
Und nie mein land den schatz gewann . . .

So lernt ich traurig den verzicht:
Kein ding sei wo das wort gebricht.« (I,466—467)

Diese Verse erinnern von fern an das Gedicht »Rückkehr« aus dem »Jahr der Seele«. Von der Heimkehr des Dichters, dem sich mit der wiedergefundenen Sprache die verlassene Wirklichkeit seiner Heimat neu erschließt, handeln auch diese Verszeilen. In beiden Gedichten taucht das Wort aus dem Gestaltlosen, Zerfließenden auf: aus dem Wasser. Aber die Akzente sind deutlich anders gesetzt. In der »Rückkehr« wird eine Ursprungssituation evoziert: eine die Elemente der Natur und des Menschen vereinende Vision des Wortes scheint sich über alle Geschichte zu erheben und dem Dichter einen unbegrenzten Zugang zur Wirklichkeit zu gewährleisten. In dieser Ausgangsphase heißt es bezeichnenderweise noch:
»Erfand er für die dinge eigne namen —« (I,137)
Dieser schöpferische Anspruch wird nun endgültig preisgegeben. Denn in dem Gedicht »Das Wort« ist deutlich die den Dichter einengende Dimension der Geschichtlichkeit zu erkennen. Die gestaltlose Materie, aus der sich das Wort kristallisiert, ist einer Schicksalsmacht unterstellt, die letztlich darüber entscheidet, ob dem Dichter die neu gefundene Erfahrung wirklich zur Sprache wird. Zwei Situationen der Rückkehr werden dargestellt. Im ersten Fall beginnt das Wunder, das der Dichter heimbringt, durch die Namengebung wirklich zu werden und zu existieren. Im zweiten Fall geht ihm der Schatz wieder verloren, da das Schicksal ihm die Sprache dafür verweigert.
George verläßt hier gleichsam die Dogmatik seiner didaktischen Kreis-Poetologie, auf die in einer Reihe von Beispielen hingewiesen wurde, und reflektiert sein künstlerisches Wollen, fern von allem prophetischen Anspruch, der die existierende Wirklichkeit imperatorisch übertönt, innerhalb der geschichtlichen Bedingungen seiner Situation. Er gelangt hier, gegen Ende, zum Eingeständnis des Scheiterns.
Es liegt nahe, die beiden metaphorisch umschriebenen Situationen dieses Gedichtes auf die beiden Hälften seines Werkes zuzuordnen. Der Vers:
»Nun blüht und glänzt es durch die mark . . .«
läßt sich unmittelbar auf das Gedicht »Rückkehr« beziehen. Er steht gleichsam über dem »Jahr der Seele«, wo George die poetische Ver-

wandlung der Wirklichkeit in der Sprache am ehesten gelang, ohne daß bereits seine Dichtung in die Mythologie seines Kreises eingebettet wurde.

Die zweite Hälfte des Gedichtes nimmt hingegen nochmals die Situation im »Siebenten Ring«, im »Stern des Bundes« und im »Neuen Reich« nach dem Maximin-Erlebnis auf, als George glaubte, angesichts der konkret erfahrenen Erscheinung Maximins gewissermaßen der Sprache ledig geworden zu sein.

Der Vers aus dem »Stern des Bundes«:
»So tauscht das schicksal lächelnd stand und stoff:«,
hier gemeint als schicksalhafte Verwandlung des Wortes in die Tat, wird in »Das Wort« wieder zurückgenommen. Das Schicksal verweigert sich ihm. Seine Vision zerfällt. Das läßt sich also als ein hellsichtiges Eingeständnis des poetologischen Dilemmas lesen, in das George nach der Verkündigung Maximins, als er auf das Wort verzichten zu können glaubte, geraten ist. Die Schlußverse des Gedichtes:

> »So lernt ich traurig den verzicht
> Kein ding sei wo das wort gebricht.«

enthalten denn auch das Urteil, das George über sich selbst fällt. Die rätselhafte geschichtliche Macht, die er im mythischen Bild der Norne hier zum ersten und einzigen Mal in seinem Werk veranschaulicht,[49] widersetzt sich dem Anspruch des späten George. Er kehrt zurück zu der Erkenntnis seines Frühwerks, daß nur die Erfahrung, die sich ihm in der Sprache erschließt, wirklich wird, daß Wirklichkeit für ihn nur in der Sprache existiert.

Die Wahrheit dieser Einsicht tritt nicht nur darin hervor, daß George hier die Problematik seines späten Schaffens selbst benennt und sein Scheitern resignativ eingesteht, sondern auch in der Rückbeziehung auf jene Position, die er bis zum »Jahr der Seele« und in einigen Gedichten aus dem »Teppich des Lebens« einnahm. Hier hat er nicht von ungefähr zugleich eine poetologische Position differenziert, die ihn in einen weit aufgefächerten europäischen Kontext rückt, der die Intention seiner Poesie legitimiert. Dieser Kontext läßt sich formelhaft als symbolistisch bezeichnen. Er rückt George nicht nur in die Nähe von Baudelaire, Mallarmé und Valéry, sondern auch in die Nähe des frühen Hofmannsthal und des Rilke der Ding-Gedichte. Ja, er betont eine poetologische Zeitgenossenschaft, deren Wurzeln bis hin zu Poe und deren Ausläufer bis hin zu Benn reichen und in weiterer Verzweigung bis hin zu Celan. Die produktive Kraft von Georges Dichtung ist auf diesem Hintergrund nicht erloschen. Die Wichtigkeit seiner Poetik erfährt von dorther ihre Begründung.

V. Epigonenlyrik? Zur Dichtung des George-Kreises

1. Die Rolle der Dichtung im Kreis

Die menschliche Wirkung Georges, das erzieherische Pathos seiner historischen Erscheinung beginnen mit der sich ständig vergrößernden zeitlichen Distanz zu verblassen. Das gilt nicht minder für den Mythos dieser Wirkung, den sogenannten George-Kreis. Die Provokation und der Anspruch, die einst von dieser um George gebildeten Gemeinschaft junger Dichter und vor allem junger Geisteswissenschaftler ausgingen, sind historisch geworden. Zurückgeblieben ist das Phänomen einer erstaunlichen Wirkung, die man auch im Rückblick noch vielfach vergebens nach ihren Gründen befragt.

Salins Feststellung: »Von aussen wie von innen war der ›George-Kreis‹ eine einmalige Erscheinung, — fast so rätselhaft und sagen-umworben wie der Meister selbst ...«[1] mag überpointieren, aber im Kern trifft diese Aussage auch heute noch zu. Freilich, der von Friedrich Wolters in seiner Geschichte des Kreises[2] behauptete Anspruch, daß die deutsche Geistesgeschichte der Jahrhundertwende und des Jahrhundertbeginns in George und seinem Kreis ihr eigentliches Zentrum gehabt habe, erscheint aus heutiger Sicht als monumentale Übertreibung.

Doch auch so ist der Anteil Georges und seines Kreises am geistigen Gehalt dieser Epoche noch außerordentlich groß und kann auch heute nicht ignoriert werden. Daß Hellingrath 1910 die späten Hymnen und Fragmente Hölderlins entdeckte und im Geiste Georges die Fundamente für eine heute noch nicht abgeschlossene Hölderlin-Renaissance zu legen begann, daß George die verschüttete poetische Strahlkraft Jean Pauls wiederentdeckte und sein Schüler Kommerell 1933, noch nach dem Bruch mit dem Dichter, in dessen Namen sein großes Jean-Paul-Buch schrieb,[3] daß Gundolfs »Shakespeare und der deutsche Geist«,[4] Bertrams »Nietzsche«[5] oder Kantorowicz' »Kaiser Friedrich der Zweite«[6] aus der geistigen Berührung mit George hervorgingen, sind Zeugnisse einer Ausstrahlung, die sie auch heute noch legitimieren können.

Aber diese Geltung des George-Kreises, dessen vielfältiges Spektrum erst vor wenigen Jahren die von Georg Peter Landmann herausgegebene Sammlung »Der George-Kreis«[7] spiegelt, gilt fast nur für die geisteswissenschaftlichen Arbeiten des Kreises. Dem Exemplarischen dieser Arbeiten wird selbst heute noch vielfach Respekt gezollt, auch wenn ihre Methode häufig mit Fragezeichen versehen wird.[8] Diese Tatsache beleuchtet eine bemerkenswerte Paradoxie. Denn mag George selbst auch großen Anteil an diesen Arbeiten genommen und viele seiner jüngeren Schüler auf die Hochschullaufbahn vorbereitet haben, so sah er in der wissenschaftlichen Arbeit doch eher ein nicht zu vermeidendes Übel als das eigentliche Ziel.[9] Seine erst in den »Tafeln« des »Siebenten Ringes« veröffentlichten frühen Verse an Gundolf:

> »Warum so viel in fernen menschen forschen und in sagen lesen
> Wenn selber du ein wort erfinden kannst dass einst es heisse:
> Auf kurzem pfad bin ich dir dies und du mir so gewesen!
> Ist das nicht licht und lösung über allem fleisse?«[10]

weisen in eine bezeichnende Richtung. Nicht die wissenschaftlichen Arbeiten Gundolfs, dessen hohe Begabung ihm bewußt war,[11] werden als seine zentrale Bestimmung erkannt, sondern deutlich gegenüber der Möglichkeit eigenen dichterischen Schaffens abgewertet.[12] Und so, wie George später über Gundolf gesagt haben soll: »Den haben die Professoren verdorben . . .«[13] hat er auch mitunter apodiktisch formuliert: »Von mir aus führt kein Weg zur Wissenschaft«.[14]
Die Einführung in seine Dichtung, die Erweckung eigener dichterischer Impulse postulierte George als die geistige Mitte seines Kreises und als eigentliches Ziel für die Tätigkeit der Jüngeren. In diesem Sinne sah er selbst die um ihn gruppierte Gemeinschaft als Dichter-Kreis, dessen künstlerische Produktion er ermunterte, überprüfte und in Auswahl jeweils in die verschiedenen Jahrgänge seiner Zeitschrift »Die Blätter für die Kunst« aufnahm, in dem Bewußtsein, damit eine Tradition zu begründen, die nach seinem Willen und Wunsch zu einer umfassenderen Neuorientierung des dichterischen Schaffens in Deutschland führen sollte.
In der Tat dürfte es kaum ein Mitglied des Kreises geben, das nicht dichterische Zeugnisse, zumeist Gedichte hinterlassen hat. Die Mitarbeiterliste der »Blätter für die Kunst« umfaßt eine Galerie von über fünfzig Namen.[15] Aber mag die Quantität der hier bezeugten Wirkung auch imponierend sein, über die Qualität scheinen kaum Zweifel möglich. Georges hochgespannte Erwartungen haben sich, so scheint es, großenteils nicht erfüllt. Die Dichtung des Kreises hat die anfänglich selbst gewählte Isolation nie überwunden und das Bewußtsein der literarischen Öffentlichkeit in Deutschland kaum je berührt.
Soweit die Öffentlichkeit diese Dichtung überhaupt zur Kenntnis nahm, war die Frage der Wertung im voraus rasch entschieden: Es handle sich um Schul-Dichtung im negativen Sinne, um literarisches Epigonentum. Hildebrandt hat in apologetischer Absicht, aber viel-

leicht nicht zu Unrecht gegen das »gedankenlose Klischee, (die) Blätter-Dichter unterschiedlos als George-Epigonen ohne eigenen Ton einzuregistrieren ...« (267) polemisiert. Die hier angedeutete Notwendigkeit einer stärkeren Differenzierung ist sicherlich begründet.
Schon die erste Überprüfung dieser pauschalen Aburteilung ruft Zweifel wach. Denn neben George sind zumindest zwei Stimmen von dichterischer Eigenkraft und Rang in den »Blättern« vertreten, nämlich Wolfskehl und, jenem überlegen und George ebenbürtig, Hofmannsthal, der freilich nicht im engeren Sinne zum George-Kreis zu rechnen ist. Jost hat sich darüber hinaus bemüht, den künstlerischen Rang Ludwig Derleths zu erweisen.[16] Freilich gibt es daneben die Schar der Gérardys, der Treuges und der Wenghöfer, deren anempfundene Georgesche Manier im Rückblick einer Überprüfung nicht standhält und den Vorwurf des Epigonentums bestätigt. Aber zwischen diesen beiden Extremen stehen die Verse Saladin Schmitts, Robert Boehringers, Kommerells, Gundolfs, Uxkulls oder Johann Antons, und es ist durchaus die Frage, ob sie einen künstlerischen Platz behaupten, dem das Abwertungsurteil Epigonentum gänzlich gerecht wird.
George selbst ist in seinem Urteil über die Dichtung seines Kreises nicht blind gewesen. Wenn Hofmannsthal 1893 über die ersten Hefte der »Blätter« ausführte: »In den bisherigen Heften steht für meinen Geschmack 1. zu wenig wirklich wertvolles, 2. zu viel von mir ...«,[17] so entspricht das grundsätzlich Georges eigener Einschätzung: »Früher sei ... so mancher in die Blätter für die Kunst gekommen, der es nicht hätte sollen: so z. B. O. A. H. Schmitz«.[18] Diese 1909 gemachte Äußerung Georges ist aber nicht nur deshalb aufschlußreich, weil sie eine sehr kritische Einstellung gegenüber den ersten Folgen der »Blätter für die Kunst« bezeugt, sondern weil sie zugleich auf eine George wichtige Änderung hinweist: »Jetzt kämen viele Jüngere, die ihm gute Gedichte schickten, im Manuskript bessere als die Verse von R. A. S«.[19] Während es über die Zeit der Jahrhundertwende heißt: »Wenn man da zwei gute Strofen habe haben wollen, habe man sie selber machen müssen ...« (32), sieht er um 1909 von den »Jüngeren so viele gute Verse gemacht«, daß er »von nun an für jeden einzelnen einen besonderen Ausgabe-Band machen wolle«.(32)
Die Generation der Klages, Schuler, Gérardy, Treuge und Heiseler hatte George damals bereits hinter sich gelassen, die Auseinandersetzung mit den Münchener Kosmikern, die in einem George miteinschließenden Bruch zwischen Wolfskehl und Klages gipfelte, gehörte bereits der Vergangenheit an. Zu dem durch Wolfskehl und Gundolf bezeichneten Kern des Kreises stießen Wolters, Vallentin, Hildebrandt, Salin, Morwitz, die Brüder Boehringer.
Aber selbst die damals hochgestimmte Erwartung Georges wurde später wieder eingeschränkt. Am Ende seines Lebens überwog erneut die Skepsis, und der Vorwurf des Epigonentums, der zur Manier verflach

ten, nachgeahmten Form wird von ihm selbst angedeutet: »Heute sei nicht die Zeit mehr, in der die Jungen noch Gedichte machten ... Wirklich gute Gedichte lese man heute überhaupt nicht mehr. Es gäbe ja noch Junge, die ganz brav in unserer überlieferten Form Gedichte machten. Das sei aber doch nicht mehr das, was es früher gewesen sei.«[20]

Das zeugt von einer unpathetischen Einschätzung der dichterischen Produktion in der Spätphase des Kreises und kann nicht hoch genug veranschlagt werden, da sich nicht nur Georges eigene künstlerischen Absichten auf die Form des Gedichtes konzentrierten, sondern auch seine erzieherische Wirkung im Kreis vor allem durch das Medium des Gedichtes erfolgte. Das gilt unter zweifachem Aspekt. So, wie George in der Erweckung und Leitung eigener dichterischer Produktion seiner Schüler sein Erziehungsziel erfüllt sah, war ihm die durch Lesung und Meditation verwirklichte Hinführung zu den Gedichten der von ihm bejahten Tradition und zu seinen eigenen Gedichten eine notwendige Vorbereitung. David gibt eine durchaus zutreffende Kennzeichnung der Aufnahme in den Kreis und der geistigen Maßstäbe, die diese Aufnahme bestimmten, wenn er ausführt:

»Wenn einer der Freunde Georges in einem Jüngling ein dichterisches Vermögen entdeckt oder an seiner Art die für den neuen ›Adel‹ erforderlichen Qualitäten erkannt zu haben glaubte, lud man ihn ein, fragte man ihn, welche Lektüre er bevorzugte, erkundigte man sich nach seinen Neigungen und Ansichten. Man las ihm Gedichte vor, bat ihn, selbst Gedichte vorzutragen.«[21]

Fast alle Erinnerungsbücher von Kreis-Mitgliedern beschreiben die erste Begegnung mit dem Dichter nach dem Muster der Situation, die David zeichnet.[22] Robert Boehringer, der in seinen »Ewiger Augenblick« betitelten Gesprächen ein nahezu authentisches Porträt des geistigen Lebens im Kreis gegeben hat, bestätigt die zentrale Rolle, die das Lesen von Gedichten im Kreis gespielt hat:

»Lesen ist die letzte kulthandlung ... Beim Lesen, sagt der Meister, kommt das wesen dessen der liest heraus. Wenn wir im Lesen vereint sind, sind wir eins ... Wenn wir zusammenkamen, so haben wir zuerst eine zeitlang gesprochen ... Und wenn wir gelesen hatten, gingen wir gleich auseinander, ohne das gehörte zu zerschwatzen.« (57/8)

Ganz ähnlich berichtet Boehringer in seinem George-Buch:

»Nun, was geschah in diesen Besammlungen? Es wurden Manuskripte gelesen und korrigiert. Es wurden Druckbogen durchgesehen. Es wurden Gedichte gelesen. Und nach ein bis zwei Stunden war alles vorbei. Es wurde fast nie über Gedichte gesprochen, wie überhaupt nie schöngeistige Reden und Gespräche stattfanden in diesem Umkreis. Es ging um Tatsachen, Korrekturen, Werke und Arbeit ...« (164)

Es ist mehr als ein pseudoreligiöses Ritual, das diesen Lesungen von Gedichten zugrunde lag. Das richtige Rezitieren der Gedichte war für

George offensichtlich nicht nur ein Maßstab für den Grad des verstehenden Eindringens in das Gedicht, für ein unbegriffliches Ergreifen des geistigen Kerns, sondern gab ihm zugleich einen Einblick in das Wesen des Lesenden: »Früher waren es auch andre dinge, wonach man die fortschritte junger menschen bemaass, heute hört man am besten an ihrem vorlesen der gedichte, wie weit sie sind und welche inneren schwierigkeiten sie zu überwinden haben. Diese probe ist ganz untrüglich ...«[23]

Es ist schwierig, die Relevanz einer solchen Feststellung heute nachzuvollziehen, aber es besteht auf der andern Seite kein Zweifel daran, daß George eine technisch verfeinerte Art des Vortrags entwickelt hat, die sich von der traditionellen, schauspielerisch bestimmten Gedichtrezitation sichtbar abhebt. Robert Boehringer, dessen Vortrag der Georgeschen Vorstellung am stärksten entsprochen haben soll,[24] beschreibt diese Vortragsart in »Ewiger Augenblick« folgendermaßen:

»Dass man richtig liest ... In schmalem intervall, also zwischen zwei tönen, die nicht zu weit auseinander liegen, einem tiefsten und einem höchsten. Die wirkende kraft ist grösser, wenn die modulation kleiner ist, das heisst: wenn die stimme nur niedere stufen hinauf und hinab steigt. Nur selten dürfen die tongrenzen überschritten werden. Die tonhöhen müssen im rhythmus des verses, nicht nach dem metrum aufeinanderfolgen, unterbrochen von der cäsur und dann weiterfliessend, wies die natur des gedichtes verlangt. Denn auf die kommt es an, und sie überbordet jede regel und darfs auch, aber eben nur wenn sie muss.« (58)

Es geht also um rhythmische Verlebendigung des Gedichtes, die das vorgegebene metrische Schema übersteigt und die zur Erkenntnis der »natur des gedichtes« führt.[25]

Wenn in der dichterischen Unterweisung der Jüngeren durch George das Moment der Lehre vorhanden gewesen ist, so tritt es vor allem im ständig erprobten Gedichtvortrag hervor. Damit verbunden als vorbereitender Schritt ist sicherlich ein vorheriges Eindringen in die logische und syntaktische Form der im Gedicht vewandelten Sprache. Hildebrandt berichtet: »Der Dichter wurde unwillig, wenn er dem Lesenden die Unklarheit des grammatischen Verständnisses anmerkte, und er betrieb selbst mit den jungen Freunden solche Schulung.«[26] Aber dieser grammatikalische Zugang zum Gedicht ist nur ein Mittel zum Zweck und ordnet sich dem rhythmischen Ergreifen des Gedichtes im Vortrag unter: »Beim Einprägen müssen natürlich die Formen und das Satzgefüge begriffen werden, bis das Gelernte durchsichtig ist; dann aber kann die Sprache selber zu Wort kommen, in ihrer edelsten, der dichterischen Form ...«[27] Es ist also nicht Lehre im Sinne direkter handwerklicher Unterweisung, die George seinen Schülern im Kreis zuteil werden ließ, sondern eine indirekte Demonstration am Beispiel vollendeter Gedichte.

Der von George bestimmten Auswahl der Gedichte, die vorgetragen wurden, kommt also eine besondere Bedeutung zu. In der Selektion bestimmter Dichtung, die als vorbildlich anerkannt wurde, tritt also ein weiteres indirektes Moment der Beeinflussung hervor. Über diese von George getroffene Auswahl hat Boehringer mitgeteilt:

»Was wurde gelesen? Die meisterliche dichtung natürlich, aber ohne prosa, dann die Zeitgenossen und einzelne gedichte aus den Blättern. Das Jahrhundert Goethes und von Hölderlin auch noch andere gedichte. Alle Shakespeare-sonnette. Und einzelne szenen aus den dramen. Dann die Goethe-gedichte des auswahlbandes und viel Dante. Also antike dichter nicht? Über versuche ist man nicht hinausgekommen. Der Meister las uns einmal eine Horaz-ode vor.«[28]

Das ist also eine relativ eng gefaßte Auswahl, die fast nur Gedichte berücksichtigt, mit der einen Ausnahme der Shakespeare-Szenen. Aber das mag ein Reflex der Gundolfschen Shakespeare-Übertragungen sein, die George bekanntlich mit großer Anteilnahme überwachte und an denen er auch zum Teil direkt beteiligt war.[29]

Das Problem, das mit einer solchen dichterischen Schulung verbunden ist, läßt sich mit dem Stichwort Formalismus umreißen. Die auf die völlige Beherrschung der sprachlichen Form konzentrierte Haltung, für die die legitimste Form der Deutung der Gedichtvortrag ist, obwohl George die auf den Gehalt zielende Interpretation nicht völlig ausgeschlossen hat,[30] begegnet der Gefahr, das Unausgesprochene, nur indirekt Ergriffene des Gehaltes zum leeren Geheimnis zu verflachen. Die postulierte Rätselhaftigkeit des nur im Lesen erkannten Wesens des Gedichtes gerät in die Nähe der Pose. Die kultisch verabsolutierte Lesung tendiert zum bloßen Ritual. Das spitzt sich zu der Frage nach der in den Gedichten der George-Schüler gestalteten Wirklichkeit zu.

George selbst ist diese Gefahr des Abgleitens wohl bewußt gewesen, und er hat häufig betont: »Man muss sich mit der welt auseinandersetzen. Ohne wirklichkeitssinn kann ein dichter nicht sein.«[31] Aber die Wirklichkeit, die er seinen Schülern als die eigentliche Realität empfahl, war das geistige Leben im Kreis. Während George selbst seine Entscheidung für den Kreis noch gegen die ihn umgebende geschichtliche Realität fällte und diese Wirklichkeit auch in der Ablehnung nie aus den Augen verlor, wurde diese Entscheidung von seinen Schülern häufig einfach übernommen. Die Konsequenz war, daß die begrenzte Wirklichkeit des Kreises zur Wirklichkeit schlechthin verabsolutiert wurde. Dieser Sachverhalt erklärt zugleich, warum die Gefahr des Epigonentums, völlig unabhängig von der Begabung der jeweiligen Schüler, so stark im George-Kreis angelegt war. Es fehlte gewissermaßen die genuine Wirklichkeitserfahrung. Die Realität, auf die man sich bezog, war im voraus definiert und eingegrenzt, zum Mythos einer Wirklichkeit verwandelt, für die die Wendung »ewiger Augenblick« die treffendste Formel ist: »Der sinn aber unsres staates ist dieser, dass für eine vielleicht nur kurze zeit ein gebilde da sei, das, aus einer bestimmten gesinnung hervorgegangen, eine gewisse höhe des menschentums gewährleistet. Auch dies ist dann ein ewiger augenblick wie der griechische.«[32]

Die dichterische Verklärung dieses ewigen Augenblicks ist folgerichtig das zentrale Thema der im Kreis entstandenen Gedichte. Das erklärt den überraschend großen Anteil der Widmungsgedichte in den lyrischen Schöpfungen der Kreis-Dichter. Die menschliche Begegnung mit George und den sich zu ihm bekennenden Angehörigen des Kreises ist der Höhepunkt dieses Wirklichkeitserlebens. Während Rilke z. B. in den »Neuen Gedichten« eine Verwandlung der dinglichen und historischen Realität durch das dichterische Wort erstrebte und den Typus des Ding-Gedichtes schuf, ist für George und seinen Kreis nur die aus der menschlichen Begegnung hervorgehende höhere Wirklichkeit als Gegenstand der dichterischen Gestaltung legitim. Das führt konkret zu einer einschneidenden Begrenzung der Thematik, die dichterisch behandelt werden kann. Die Themen sind George, die Freunde, die Natur, soweit sie auf die besondere höhere Wirklichkeit symbolisch transparent wird, und die griechische Mythologie, die von dem gleichen generellen Wirklichkeitsverständnis her in einer Reihe von Gedichten neu gedeutet wird und damit gleichsam den von George erhobenen Anspruch, die eigentliche Wirklichkeit im Leben seines Kreises zu verkörpern, durch eine dichterisch aufgebaute Tradition zu stützen versucht. Was hier zusammenfassend charakterisiert wurde, läßt sich durch eine Fülle von Beispielen belegen.[33]

Die Gefahr, die in dieser Verengung liegt, wird noch dadurch gesteigert, daß George die meisten dieser Themen bereits in seiner eigenen Dichtung behandelt hatte und damit seinen Schülern großenteils nur die Möglichkeit der Variation offen ließ. Aber während sich George diese Themen selbst im individuellen Entwicklungsgang seines künstlerischen Werdeprozesses aneignete, war seinen Schülern in der postulierten höheren Wirklichkeitserfahrung des Kreises gleichsam ein geschichtsloser Raum zugewiesen, der die eigene dichterische Gestaltung zusätzlich erschwerte. Die eigene Wirklichkeitserfahrung wurde von vornherein kanalisiert und in Bahnen gedrängt, die die konkrete geschichtliche Wirklichkeit überstiegen, ohne sie noch zu berühren.

Eine weitere Erschwerung, die die dichterische Eigenleistung der Schüler belastete, ist die schon erwählte Auswahl der dichterischen Zeugnisse, die George zur Schulung des künstlerischen Vermögens im Kreis verwendete. Das Beispiel Dantes und Hölderlins bezeichnet hier die Richtung. Es ist, auf eine Formel gebracht, Dichtung als sakrale Verkündigung einer höheren Wirklichkeit und nicht mehr als Ausdruck der farbigen Wirklichkeitsvielfalt wie vor allem bei Goethe, für den der Typus des Gelegenheitsgedichtes zum poetischen Spiegel eines in seiner Mannigfaltigkeit fast unerschöpflichen Wirklichkeitserlebens wurde. Brechts Charakteristik: »Sofort nach Goethe zerfällt die schöne widersprüchliche Einheit, und Heine nimmt die völlig profane, Hölderlin die völlig pontifikale Linie auf ...«[34] berührt etwas Richtiges. Aber während die »pontifikale Linie«, die George fortführt, angesichts der Entwicklungsvielfalt seiner eigenen Lyrik bereits eine Abstraktion darstellt, wird diese Tendenz in der Lyrik des Kreises zum entscheidenden Prinzip.

Die Frage nach dem Rang und nach der Echtheit der lyrischen Schöpfungen der George-Schüler ist also abhängig von der Echtheit und Intensität der im Kreis vorgelebten Wirklichkeit. Diese Situation mag im Extremfall dazu geführt haben, daß diese vielfach gefilterte und eingegrenzte Wirklichkeit ein Minus ergab, das viele dichterische Bemühungen des Kreises im voraus zum Scheitern verurteilte. Es trat der Fall ein, den Just am Beispiel der Lyrik Vollmoellers eindringlich beschrieben hat: »Gesteigertes Klangvolumen soll über substantielle Leerräume hinwegtragen. Nur ansatzweise gelingt die Füllung der Leerräume mit ›dinglichem‹ Material.«[35]

Ein Zuwenig an gestaltbarer Wirklichkeit läßt die Form zur Manier erstarren und die Verkündigung zu Pose werden. Auch hier ist das Urteil Brechts bemerkenswert, wenn er über die Lyrik des Kreises ausführt: »Die Schule, die George gebildet hat, wird nur dann etwas ergeben, wenn sie sich an Übersetzungen hält. Dabei verschafft sie sich nämlich die Sache, die sie sich auf keine andere Weise verschaffen kann.« (91) Tatsächlich durchlief George in seiner eigenen Entwicklung eine Phase, die ähnliche Züge aufweist. In seinen Versuchen, künstliche Sprachen zu erschaffen, in denen er zum Teil Gedichte geschrieben hat, wird das gleiche Übergewicht des Formalen bei gleichzeitiger Reduktion des Wirklichkeitsgehaltes sichtbar. Der Übergang wird bei ihm in den ersten Baudelaire-Übertragungen erreicht, in denen die sprachliche Intention ähnlich wie vorher völlig auf die Form gerichtet ist, wobei ihm allerdings die Sache, der Gehalt, zugleich mitgegeben ist, nämlich in der Originalform der Baudelaire-Gedichte.[36]

Die ausgedehnte Übersetzungstätigkeit von zwei der begabtesten George-Schüler, nämlich Gundolfs und Kommerells, die Shakespeare und Calderon übertragen haben, mag in eine ähnliche Richtung weisen, wie ja George selbst zeit seines Lebens ausgedehnter Übersetzungsarbeit nachgegangen ist.

Sichtbar wird also eine erstaunliche Paradoxie. Die von George angestrebte Hinführung der Jüngeren zu eigener lyrischer Produktion trifft zugleich auf im Kreis angelegte Bedingungen, die den schöpferischen Impuls eher belasten als fördern. Gewiß hat George nach außen hin die dichterische Repräsentanz des Kreises betont. Daß von der zehnten »Blätter«-Folge an die Autorennamen fortgelassen wurden, deutet in diese Richtung.[37] Der von George erhoffte monolithische Charakter der Kreis-Dichtung wurde so sichtbar postuliert. Er ist in einem Fall sogar so weit gegangen, das Gedicht eines seiner Schüler unverändert in seine letzte Sammlung »Das Neue Reich« aufzunehmen. Es handelt sich um das lange Gedicht »Nachklang«,[38] das von Morwitz stammt und den Ton des vorangegangenen George-Gedichtes »An die Kinder des Meeres«[39] auf nahezu vollkommene Weise aufnimmt.[40] Aber auch das Umgekehrte ist geschehen, daß George nämlich eigene Verse einem anderen zusprach. Das gilt für das Gedicht »Nova Apocalypsis« (XI/XII, 32), das am Anfang der elften Folge in der Abteilung der Wolfskehl-Gedichte erschien, das dann auch in Wolfskehls Gedichtband »Der Umkreis«[41] aufgenommen wurde, aber tatsächlich von George stammt.[42] Das könnte den Schul-Charakter sowohl der Georgeschen Dichtung als auch der seines Kreises bestätigen, aber es dürfte sich hier um Ausnahmen handeln.

George hat in einzelnen Fällen Gedichte, die im Kreis entstanden, hoch geschätzt. Das gilt besonders für die Verse von Bernhard Uxkull und Saladin Schmitt. Aber er war keineswegs unkritisch gegenüber der Qualität des Erreichten. Die von Boehringer überlieferte nüchterne Feststellung über den Kreis: »Ich muss die nehmen, die da sind. Mit besseren, die nicht da sind, kann ich nichts anfangen . . .«[43] zeugt von einer Haltung, die er auch konkret in der Beurteilung von lyrischen Schöpfungen der Schüler an den Tag legte. Von beispielhafter Bedeutung dürfte die folgende Äußerung über die Gedichte eines Jüngeren sein:

»Ihre Gedichte haben teil an der heute erreichten Kultur der deutschen Sprache, und an dem hohen Begriff von Würde und Grund der Dichtung: aber es fehlt ihnen an eigner Anschauungsfülle und wirklicher Durchbildung des besonderen Erlebnisses das sie ausdrücken wollen, an Rundung und Gewicht. Man kann nicht diesen einen und keinen andren, sei er groß oder klein, als ihren notwendigen Verfasser erkennen. So bleiben ihre Verse Ihre Privatsache . . .«[44]

Die äußerlich erreichte formale Angleichung an die Georgesche Sprache wird anerkannt, aber entscheidend ist, daß er den Mangel dichterischer Individualität, das, was er an anderer Stelle als »das besondere dichterliche bewegtsein: eine nicht zu verkennende tonfärbung«[45] bezeichnet, nämlich das Fehlen unverwechselbarer einmaliger Gestaltung kritisiert. Hier dürfte George selbst ein Urteil formuliert haben, das auf manche lyrischen Zeugnisse des Kreises zutrifft.

Die Georgesche Sprache erstarrt zu einer neuen Konvention, die dem einzelnen Gedicht die individuelle Physiognomie raubt. George kritisiert hier also die Anonymität der geistigen Erscheinung, die er auf der andern Seite nach außen hin durch die anonym veröffentlichten Beiträge in den letzten »Blätter«-Folgen zu bejahen scheint. Aber es handelt sich hier offensichtlich um eine Einstellung zur Kreis-Dichtung von zwei verschiedenen Standorten aus. Wenn ihm auch nach außen hin an dem monolithischen Charakter einer Dichter-Schule gelegen war, so hat er doch innerhalb des Kreises sein Urteil differenziert und die Schwächen einer bloß nachempfundenen Dichtung nicht verkannt. Der im »Vorspiel« zum »Teppich des Lebens« stehende Vers:[46] »Die jünger lieben doch sind schwach und feig.« (I,186) dokumentiert eine kritische Haltung dem Kreis gegenüber, die offenbar auch für die dichterischen Arbeiten der Schüler gilt.

2. Die Dichtung des Kreises in Georges Sicht

George hat diese kritisch reflektierte Haltung in einem Gedicht gestaltet, das unter dem Titel »Lämmer« im »Teppich des Lebens« steht:

> »Zu dunkler schwemme ziehn aus breiter lichtung
> Nach tagen von erinnerungsschwerem dämmer
> In halbvergessner schönheit fahler dichtung
> Hin durch die wiesen wellen weisser lämmer.
>
> Lämmer der sonnenlust und mondesschmerzen
> Ihr keiner ferngeahnten schätze spürer!
> Lämmer ein wenig leer und eitle herzen
> Stolz auf die güldnen glocken eurer führer!
>
> Alternde uns! in eurem geiste junge!
> Lämmer von freuden die für uns erkühlen
> Lämmer mit schwerem schritt mit leichtem sprunge
> Mit einem heut kaum mehr begriffnen fühlen!
>
> Vorsichtige! vor keinen hängen scheue!
> Lämmer der wohlumfriedigten zisternen
> Lämmer zu alter doch bewährter treue
> Lämmer der schreckenlosen fernen!« (I,193)

Es ist charakteristisch, daß Morwitz dieses Gedicht nicht auf den George-Kreis bezieht, sondern als »Symbol für das Leben der Mehrzahl der Zeitgenossen« (180) deutet. Gundolf, der die Verse als »eines der rätselhaftesten Gedichte«[47] in Georges Werk bezeichnet, differenziert bereits, wenn er »Epigonentum und Biedermeierei« (187) in dem Gedicht gestaltet sieht. Eine Deutung, der grundsätzlich auch David zustimmt: »Es steht schon seit langem fest, daß George hier die ›Epigonen‹ meint oder in allgemeinerem Sinne die Dichter, die von keiner Unruhe verfolgt werden, die zarte Lyrik ohne Qual und Genie, die ehrbietig eine Tradition fortsetzt und die man zu allen Zeiten antrifft.« (182) Mag Georges Gestaltungsabsicht auch nicht direkt auf die Vorstellung seines eigenen Kreises gezielt haben, im Rückblick scheint das im Gedicht vergegenwärtigte Bild des Epigonentums jedoch vor allem die Dichter seines Kreises zu bezeichnen.[48]

Das Gedicht ist deutlich in zwei Teile untergliedert. Während die erste Strophe den Zug der Lämmer in einem konkreten Bild verdichtet und deshalb Ereignischarakter trägt, umkreisen die nächsten drei Strophen den Lämmer-Zug mit dem Versuch von Ausdeutungen. Dieser Unterschied wird sprachlich darin sichtbar, daß die Lämmer in der ersten Strophe das direkte Subjekt der Aktion sind, während sie in den folgenden drei Strophen vom Dichter angeredet werden.

Es ist bemerkenswert, wie George die Bewegung der Lämmer, von der »lichtung« hin »durch die wiesen« bis zur »schwemme«, den Anschein einer gelösten Harmonie gibt. Das tritt besonders im Schlußvers der ersten Strophe hervor. Während die ersten drei Verse mit einer unbetonten Silbe beginnen, trägt die erste Silbe des vierten Verses (»hin«) eine volle Betonung, deren helle Vokalqualität zugleich im Bild »durch die wiesen wellen weisser lämmer« aufgenommen und zum Effekt ästhetischer Harmonie durch die doppelte Alliteration gesteigert wird. Aber die Wirkung der Schönheit, die George damit zu evozieren scheint, wird wieder durch die beiden mittleren Verse der ersten Strophe eingeschränkt. Es ist das einzige Mal in Georges Werk,[49] daß das Wort Dichtung in metaphorischem Zusammenhang auftaucht. Über der Bewegung der Lämmer liegt der Schatten der Vergangenheit, der »erinnerungsschwere dämmer«, der mit der »halbvergessnen schönheit fahler dichtung« verbunden ist.

In welche Richtung die Bedeutung des Lämmer-Bildes weist, wird durch die »dichtung«-Metapher hervorgehoben. Was George in dieser Metapher konkret vorführt, ist der Vorgang einer sprachlichen Verdichtung, die sich selbst bereits auf Dichtung bezieht und nicht primär auf die Wirklichkeit. Es handelt sich gewissermaßen um eine Metapher der Metapher, wobei die sprachliche Potenzierung jedoch in die Nähe inhaltlicher Leere gerät. Das bezeugen die Adjektive »halbvergessen« und »fahl«, die die Substantive »schönheit« und »dichtung« erläutern. Die in der Dichtung bereits gestaltete Wirklichkeit, von der die Bewegung der Lämmer ausgeht, wird nicht mehr voll erkannt und ins Bewußtsein gehoben, sondern bleibt ungewiß und zwielichtig, verfestigt sich zum »erinnerungsschweren dämmer«. Die Negationen, mit denen der erzeugte Effekt der ästhetischen Harmonie versehen ist, sind also deutlich genug.

Die hier im dichterischen Bild indirekt dargestellte Haltung der Lämmer wird im folgenden in der gleichen Richtung zusätzlich erläutert. Der erste Vers der zweiten Strophe:

»Lämmer der sonnenlust und mondesschmerzen«

verdeutlicht die Gesetzlichkeit, die über dem Leben der Lämmer steht. Es ist der Wechsel von Leben und Vergänglichkeit, der natürliche Rhythmus der Schöpfung. Daß die Bilder der Sonne und des Mondes in diese Bedeutungsrichtung weisen, implizieren bereits die Zusätze »Lust« und »Schmerzen«, durch die sie erweitert werden. Die Verse aus dem »Jahr der Seele«:

»Du willst mit mir ein reich der sonne stiften
Darinnen uns allein die freude zierte · « (I,132)

oder:

> »Erflehend dass aus zagen busens mühe
> Das denkbild sich zur sonne heben möge.« (I,137)

unterstreichen die positive Bedeutung des Sonnenbildes ebenso, wie in dem folgenden Gedicht des »Jahrs der Seele« die auf Vergänglichkeit und Tod hin abgestimmte Bedeutung des Mondbildes hervortritt:

> »Licht war nur an der erde
> Vom monde leichenfarb ...
>
> Seht was mit trostgebärde
> Der mond euch rät:
> Tretet weg vom herde ·
> Es ist worden spät.« (I,165)

Eine analoge bildliche Verdichtung von Sonne und Mond wird indirekt auch in einem Vers des Gedichtes »Der Schleier« aus dem »Teppich des Lebens« sichtbar:
»Am vollen mittag mondlicht der gedanken!« (I,205)
Es ist die gleiche Antinomie von Lebensfülle und Vergänglichkeit, von Erfülltsein im Augenblick und von Reflexion, die das Ende vorausahnt. Der negative Akzent im zweiten Vers der zweiten Strophe:
»Ihr keiner ferngeahnten schätze spürer!«
intensiviert diese Bedeutung noch. Der »ferngeahnte schatz«, der den Lämmern fremd bleibt, ist eine andere Art von Licht, das das kosmische, natürliche Licht übersteigt und das in den folgenden Versen aus dem »Jahr der Seele« angedeutet wird:

> »Und führer sind in meinen finsternissen
> Die lichter die aus deinen wunden strahlen.« (I,137)

Es ist ein »inneres licht« (I,267), wie es im »Siebenten Ring« heißt, das dann zu leuchten beginnt, wenn der natürliche Daseinsrhythmus überwunden wird und die Sehnsucht nach mehr verlangt.[50] Die im Gedicht »Flammen« im »Siebenten Ring« stehenden Verse:

> »... der Herr der fackeln sprichs —
> ›Und so ihr euch verzehrt seid ihr voll lichts.‹« (I,275)

bezeichnen den das Leben der Lämmer überschattenden Mangel, der in den beiden letzten Versen dieser Strophe noch zusätzlich erhellt wird. Eitelkeit und Leere, der Stolz auf die Führer sind weitere Momente, die die kritisch beurteilte Haltung der Lämmer charakterisieren. Aber mag so das Leben der Lämmer auch das eigentliche Ziel nicht erreichen, die kritische Sicht wird dennoch nicht verabsolutiert, sondern durch bejahende Hinweise eingeschränkt. Die wenn auch nur unvollkommen erreichte Verjüngung des Dichters im Geiste der Schüler, ihre gefühlsmäßige Bindung an ihn, ihre Lebenskraft versehen die kritische Charakteristik mit positiven Akzenten. Der Weg, auf dem sich die

Lämmer befinden, ist richtig, wenn auch eine Erkenntnis des Ziels bei ihnen nicht vorausgesetzt werden darf. Das »heut kaum mehr begriffne fühlen«, das in den Lämmern lebt, zeigt sie ihrer Umwelt überlegen, da in diesem Fühlen die Möglichkeit einer künftigen Erreichung des Ziels angelegt ist.[51]

Die letzte Strophe des Gedichtes zieht gewissermaßen die Summe. Im Bild der »wohlumfriedigten zisternen« wird das Ziel, auf das die Bewegung der Lämmer in der ersten Strophe gerichtet ist (»schwemme«), nochmals aufgegriffen. Es ist nicht der Aufbruch in eine Wirklichkeit, die noch zu bewältigen ist und die Züge des Ungeordneten und Drohenden trägt (»dunkle schwemme«), sondern eine Welt, die bereits bewältigt ist. Das Bild der natürlichen Wasserstelle wird vom Bild der künstlichen Wasserstelle kontrastiert: »dunkle schwemme« und »wohlumfriedigte zisterne« bezeichnen den Gegensatz. Ebenso werden in dieser Strophe die positiven und negativen Momente, die an der Haltung der Lämmer hervorgehoben wurden, zusammengefaßt. Ihre Haltung wird zwar durch Vorsicht und Mut charakterisiert, aber beides bleibt einer wirklichen Erprobung entzogen, da die Wirklichkeit, in der sie sich bewegen, sorgfältig abgesichert ist. Die beiden letzten Verse haben bejahendes Gewicht. Die Treue der Lämmer wird ebenso betont wie die Zuversicht, mit der sie der Zukunft entgegensehen, die zur »schreckenlosen ferne« für sie geworden ist.

Die personale Bedeutung der Lämmer, die hier auf die Jünger Georges bezogen wurden, wird auch durch jenen Vers aus dem »Algabal« gestützt, in dem Algabal seinen eigenen Zustand zu deuten versucht:

> »Sieh ich bin zart wie eine apfelblüte
> Und friedenfroher denn ein neues lamm · « (I,50)

Das christliche Lamm-Symbol ist hier von sekundärer Bedeutung. Das Lamm-Bild ist vielmehr im heidnischen Sinne Zeichen der reinen, aber auch hilflosen Kreatur, die auf die Hilfe des Hirten angewiesen ist. Ganz ähnlich hat George das »Lämmer«-Bild in den »Büchern der Hirten- und Preisgedichte« im Gedicht »Der Tag des Hirten« (I,66) verwendet.

Das Urteil, das George hier indirekt in der Form des Gedichtes ausgesprochen hat, entspricht der Einschätzung des Kreises, die er Hofmannsthal gegenüber geäußert hat, der 1902 in einem Brief an George über die Dichtung des Kreises, die in den »Blättern für die Kunst« veröffentlicht worden war, geklagt hatte: »Dagegen erfüllt mich wirklich das was die ›Blätter‹ außer Ihren und meinen Producten enthielten, mit einer heftigen Ungeduld ... Ich vertrage die Lebensäußerung des mittelmäßigen Poeten eher, wenn sie sich des biderben, volksthümelnden Tones bedient ... als des neuen gehaltenen Tones. Dies neue erscheint mir darum als die größere Lüge ...«[52] George erwiderte:

»Wol weiss ich: durch alle haltung und führung wird kein meisterwerk ge-
boren — aber ebensogut wird ohne diese manches oder alles unterdrückt ...
Ich halte nun meine ansicht von allem der ›Blätter‹ der Ihrigen gegenüber
die alle mitarbeit ausser der Ihren und meinen ablehnt. Gar nicht zu reden
von ausländern wie Lieder · Verwey begreife ich nicht wie Sie an künstlern
und denkern wie z. B. Wolfskehl und Klages vorüber gehen konnten ...
Reden Sie aber von den kleineren sternen — so ist es leicht das urteil zu
fällen das sie selber kannten — doch befinden sie sich in grossem irrtum ...
Es sind alle menschen von guter geistiger zucht ... Und nicht einmal von
den ganz kleinen will ich schweigen · den zufälligen schnörkeln und zierraten · die ich an sich betrachtet völlig preisgebe. Dass aber diese kleinsten
solche arbeit zu liefern vermochten · dass man ihnen rein handwerklich bei
aller dünnheit nicht soviel stümperei anzukreiden hat als manchen Vielge-
rühmten: das scheint mir zeitlich und örtlich betrachtet für unsere kunst und
kultur von höherer bedeutung ... In den ›Blättern‹ weiss jeder was er ist ·
hier wird der scharfe unterschied gezeigt zwischen dem geborenen werk und
dem gemachten ... Wenn aber auch Sie mir erklärten dort nur eine an-
sammlung mehr oder minder guter verse zu sehen — und nicht das BAU-
LICHE (construktive) von dem freilich heute nur die wenigsten wissen —
so würden Sie mir eine neue grosse enttäuschung bringen.« (158—160)

Man wird heute im Rückblick Georges Hochschätzung von Wolfskehl
und Verwey zustimmen müssen, während das gleiche auf den polni-
schen Dichter Rolicz-Lieder und Klages erstreckte Urteil Zweifel erweckt, obwohl George im Falle von Klages selbst differenziert: Klages
ist ihm in erster Linie als »denker« wichtig. Die Auseinandersetzung
mit den Münchener Kosmikern und die von lebenslangen Affekten begleitete Abkehr Klages' von George hat später sowieso zu einem
neuen Urteil Georges über Klages geführt.
Neben dieser zahlenmäßig sehr begrenzten Gruppe der erstrangigen
Dichter charakterisiert George noch zwei kleinere, in seiner Termino-
logie: »die kleineren sterne« und die »ganz kleinen«. Der Anspruch
künstlerischer Vollkommenheit wird bei deren Arbeiten auch von
George nicht erhoben, d. h. George selbst sieht diese Dichter als Epigonen. Was er aber dennoch als sie auszeichnende Besonderheit hervorhebt, ist die »besondere geistige zucht«, die menschliche Haltung, die
sich in der formal-technischen Durchgestaltung dieser Verse dokumentiert.
Es ist das Element des »Baulichen«, des Konstruktiven, das für George
als Identität von Form und Inhalt, ohne bereits eine eigene ästhetische
Physiognomie zu besitzen, dennoch vorbereitende Stufe, ja Bedingung
der Möglichkeit großer Dichtung ist. Es ist das, was im vorangegangenen Gedicht in der Wendung
»mit einem heut kaum mehr begriffnen fühlen«
charakterisiert wird, was George auch hier als auszeichnendes Element
der unter rein ästhetischem Aspekt epigonenhaften Dichtung des Groß-
teils seines Kreises hervorhebt. George ist bereit, das künstlerische Re-

sultat dieser Dichter, die »zufälligen schnörkel und zierraten« preiszugeben, aber nicht die Intention, die in dieser Dichtung zwar nur unvollkommen verwirklicht wurde, jedoch für ihn ein Schritt auf dem rechten Weg ist.

Georges Einstellung zu seinem Kreis, die in dem »Lämmer«-Gedicht gestaltet ist, bezeugt also eine beachtliche Differenziertheit. Mag er, wie gezeigt wurde, zum Teil auch selbst die Voraussetzungen geschaffen haben, deren Folgen er am Verhalten des Kreises kritisiert, so manifestiert sich jedoch in dieser Kritik ein Bewußtsein, das zwischen Devotion und echter Nachfolge zu unterscheiden vermag und die gefühlhafte Hinneigung zum Ziel nicht mit dem erkennenden Erreichen des Ziels verwechselt.

3. Das Morgen-Motiv in Georges Dichtung

Die Frage allerdings, inwieweit die dichterische Nachfolge Georges in seinem Kreis zum Erfolg führte oder scheiterte, kann von der Einschätzung Georges allein her nicht entschieden werden. Die Hinweise, die sich jedoch von dorther ergeben, sind wichtig genug. Die Möglichkeit, in monographischen Abrissen das dichterische Werk einzelner George-Schüler zu behandeln, soll hier nicht versucht werden. Sie ist zum Teil in einigen Ansätzen der fragmentarischen Literatur über die Dichtung des George-Kreises verwirklicht worden. Das gilt für die bereits erwähnte Derleth-Monographie von Jost,[53] die Vollmoeller-Studie von Just,[54] das Kapitel über Gundolfs Dichtungen in Schmitz' Gundolf-Monographie,[55] den Abschnitt über Kommerells Dichtung in Holthusens großer Kommerell-Studie,[56] den Versuch über Wolfskehl in Salins Erinnerungsbuch.[57] Statt horizontaler Überblicke, die in der Beachtung des chronologischen Nacheinanders eine gewisse Entwicklungsgesetzlichkeit herausstellen wollen, die zum Maßstab der Bewertung erhoben werden kann, sollen hier vertikale Querschnitte versucht werden. Orientierungspunkt sind bestimmte Themen und Motive.

Die Wahl des Motivs, das dabei im Mittelpunkt stehen soll, geht von einem Bericht aus, den Vallentin in seinen »Gesprächen mit Stefan George« überliefert hat:

»Allerdings seien das Wesentlichste für jede künstlerische Arbeit Tatsachen. Einige junge Leute hatten ihm einmal Gedichte gebracht, die recht schön gewesen seien, wie man sie eben nunmehr machen könne. Er habe ihnen das gesagt und erklärt, das Wesentlichste fehle. Das Schwierigste sei, über eine reine Tatsache ein Gedicht zu machen. Er habe ihnen als Aufgabe gegeben, sie sollten einmal ein Gedicht über die Morgenröte machen. Nach einigen Tagen seien sie zu ihm gekommen und hätten gesagt, darüber könnten sie kein Gedicht machen und hätten gefragt, wie man das mache. Er hätte ihnen erwidert: zunächst müßten sie morgens um halb drei aufstehen, einige

Tage hintereinander und sich die Morgenröte ansehen. Es käme nämlich darauf an, dass man a) die Tatsachen gesehen habe und b) dass einem dann Dinge aus dem Bezirk des eben Geschauten einfallen. Wenn es an einem dieser beiden Elemente fehle, dann komme nichts zustande. Aus dem, was man so gemeinhin Tatsache nenne, ... könne man überhaupt nichts machen. Die blossen Tatsachen an sich seien keine Unterlage, ... sondern nur eine Tatsache, die schon mythisches Gepräge habe, die schon durch etwas Geistiges hindurchgegangen sei.« (99—100)

Diese Stelle beschreibt sozusagen den Modellfall der von George gesteuerten lyrischen Produktion im Kreis. Die Gedichte, die George von den Jüngeren vorgelegt wurden, bekundeten offensichtlich in ihrer äußerlichen Form die Nähe zur Georgeschen Sprachgestaltung. Aber es ist eine Gediegenheit des Tonfalls, die George selbst als Nachahmung charakterisiert, da der äußerlich erreichten Schönheit jener Verse das »Wesentlichste« gefehlt habe. Es handelt sich, wie bereits in der Interpretation der »Lämmer« dargelegt wurde, um Dichtung alexandrinischen Ursprungs. Es ist Dichtung als Echo anderer Dichtung und nicht als gestalthafte Verdichtung von Wirklichkeit. Der fehlende unmittelbare Kontakt zur Wirklichkeit stellt offenbar das »Wesentlichste« dar, das George in jenen Versen vermißte.

Daß Dichtung primär verwandelnde Gestaltung von Wirklichkeit ist, wird von George fast programmatisch verkündet, indem er die konkrete Erfahrung von Wirklichkeit zur Voraussetzung ihrer dichterischen Verwandlung erhebt. Erst durch diese Erfahrung werden die Materialien bereitgestellt, die dann im künstlerischen Umsetzungsprozeß ein gesteigertes, symbolhaftes Bild dieser Wirklichkeit ergeben. Georges häufig verkündete Forderung: »Man muss sich mit der welt auseinandersetzen. Ohne wirklichkeitssinn kann ein dichter nicht sein ...«[58] wird hier konkret am Beispiel von Schüler-Gedichten, die formal-äußerlich die Georgesche Sprachzucht verraten, aber aus keiner originären inneren Erfahrung hervorgegangen sind, dargelegt.

Doch auch hier wird sichtbar, daß George seine eigene Forderung auf bedeutsame Weise einschränkt. Es ist nicht die Wirklichkeit schlechthin, auf die er die Erfahrung seiner Schüler verweist, sondern eine ausgewählte Wirklichkeit, die bereits »mythisches Gepräge« hat, auf etwas »Geistiges« hin durchsichtig wird, d. h. es ist im Idealfall die Wirklichkeit des ewigen Augenblicks, die sich im George-Kreis realisieren soll.

Es ist nicht bekannt, welche Kreis-Gedichte George[59] damals vorgelegen haben, aber das von ihm vorgeschlagene Motiv der Morgenröte, des Morgens, sei hier zum Anlaß genommen, das künstlerische Gelingen in den Gedichten des Kreises konkret zu überprüfen. Es leuchtet methodisch ein, das auf dem Wege des Vergleichens zu tun. Die dichterische Umsetzung dieses Motivs in einigen Schüler-Gedichten soll der Gestaltung des gleichen Motivs in einigen Gedichten Georges gegenübergestellt werden. Es geht also um eine exemplarische Analyse, die aus naheliegenden Gründen mit der dichterischen Gestaltung dieses Motivs bei George einsetzt.

a) »Dieses ist ein rechter morgen«

In den »Sängen eines fahrenden Spielmanns« steht das folgende, früheste Gedicht unter den hier erwähnten Beispielen Georges:

> »Dieses ist ein rechter morgen ·
> Warmer hauch um baum und bach
> Macht dein ohr für süsse schwüre
> Süsse bitten schneller wach
> Die ich sorgsam dir verborgen.
>
> Nicht mehr wär ich stumm und zag:
> Wandelten wir jetzo beide
> Auf dem immergrünen hag.
> Spräche dir von meinem eide
> Und vom lob das dir gebühre.« (I,95)

Es ist, um eine Formulierung des zuvor zitierten George-Berichtes aufzugreifen, keine »reine Tatsache«, die in diesem Gedicht gestaltet wurde, sondern kulturgeschichtlich gefilterte Wirklichkeit: also Vergangenheit, die sich der Dichter in künstlerischer Einfühlung aneignet. Dichtung, die also eigentlich schon an der Grenze zur Künstlichkeit steht und in skizzenhaften Zügen einen mittelalterlichen Wirklichkeitsrahmen entwirft, der aus der Perspektive eines unglücklich liebenden Sängers erblickt wird. Es ist, überspitzt formuliert, Rollenlyrik, deren mittelalterlicher Ton auch sprachlich durch das altertümelnde »jetzo«[60] und das Bild vom »immergrünen hag« gedeutet wird, das in einem andern Gedicht desselben Zyklus aus ganz ähnlicher Absicht heraus verwendet wird:

> »Lilie der auen!
> Herrin im rosenhag!« (I,98)

Die Situation des Morgens wird nur in wenigen Bildern vergegenwärtigt: »warmer hauch um baum und bach«, »immergrüner hag«. Sie hat ihre Bedeutung nicht in sich selbst, wie ja auch der Dichter den Eindruck des Morgen-Erlebnisses nicht erst am Ende des Gedichtes zusammenfaßt, sondern bereits am Anfang:
»Dieses ist ein rechter morgen ·«
Der Morgen in der Natur ist vielmehr aus dem Wunsch des Sängers heraus Sinnbild für einen anderen Morgen, den er sich in seinem Verhältnis zu der Geliebten erhofft. Der Aufbruch, der sich in der morgendlichen Stunde in der Natur spiegelt, wird für seine Liebesbeziehung ersehnt. So, wie die Nacht dem Licht des Tages gewichen ist,

hofft er, im Überwinden seines Schweigens, im Liebesgeständnis der Erfüllung seiner Liebe näher zu kommen.

Formal ist an dem Gedicht neben der verknappten Andeutung des mittelalterlichen Wirklichkeitsrahmens die kunstvolle Reimbindung von der ersten zur zweiten Strophe (»schwüre« — »gebühre«) bemerkenswert. Eine ähnliche Reimbindung findet sich auch in dem noch zu besprechenden Lied aus dem »Siebenten Ring«. Werkgeschichtlich ist anzumerken, daß die Erhellung der inneren Wirklichkeit im Bild der Natur (was hier vom Dichter nur als Wunsch geäußert wird) dann von George selbst im »Jahr der Seele« überzeugend realisiert worden ist, unter Preisgabe der kulturgeschichtlichen Kulisse. Es ist ein Gedicht ohne ästhetische Dissonanzen, aber auch kaum von Erstrangigkeit, und Davids generelles Urteil der »alexandrinischen Anmut« (123) über die Gedichte dieses Zyklus setzt hier den richtigen Akzent. Interessant ist dieses Gedicht in diesem Zusammenhang deshalb, weil George hier selbst modellhaft vorführt, was die Gedichte seiner Schüler charakterisiert, nämlich Gestaltung einer bereits vorgeformten, im voraus gedeuteten Wirklichkeit.

b) »Wie ward im dunst der morgendlichen frühe«

Sinnbildliche Bedeutung hat das Motiv des Morgens auch in den folgenden beiden Gedichten, die aus dem »Neuen Reich« und dem »Stern des Bundes« stammen. Bei dem ersten handelt es sich um ein Widmungsgedicht. Der im Titel angegebene Buchstabe »M.« bezieht sich auf Max Kommerell, wie wir aus dem Kommentar von Morwitz (465) wissen:

> »Wie ward im dunst der morgendlichen frühe
> Dein garten wach vom jubelnden gegirre
> Vielfacher vögel — wo dich einst die wirre
> Des dickichts freute und die üppige blühe.
>
> Glutrote mauern jäh wie felsenschroffen
> Umgaben dich mit eines zaubers schwüle
> Bis sich dein auge fragend und weit-offen
> Langsam gewöhnte an die freie kühle.
>
> Versunkner träumer ward nun ein begleiter
> Der aus dem zwielicht strebt zum vollen licht ·
> Er schreitet neben mir gelöst und heiter
> Und nezt mit tau das kindliche gesicht.« (I,450)

Das Erlebnis der Morgenstunde im Garten führt zur Entdeckung einer neuen freudigen Natur, die sich im Gesang der Vögel verkündet und von einer chaotisch ungeordneten Naturwelt abgesetzt wird. »Dickicht« und »üppige blühe« werden von dem Bild des Gartens kontrastiert, der wie so oft bei George — das Parkbild ist nur eine Variation — die vom Menschen beseelte und geordnete Natur verkörpert und besonders im »Jahr der Seele« zum zentralen Bild wird. Der gleiche bildliche Kontrast wird in der zweiten Strophe noch zusätzlich verdeutlicht.

Das bizarre schwüle Licht in einer fremdartigen zauberischen Wirklichkeit wird nun von dem freien, kühlen Licht des Morgens verdrängt. Der vorher gleichsam verzauberte Blick wird nun befreit: Das Auge blickt »fragend und weit-offen«. In der Reaktion des Auges auf das Morgenlicht wird die Bereitschaft ausgedrückt, sich einer neuen, noch unbekannten Wirklichkeit anzuvertrauen.

Was in den beiden ersten Strophen indirekt in der bildlichen Struktur verdeutlicht worden ist, wird in der dritten Strophe nun ins Allgemeine gehoben und direkt formuliert. Der »träumer«, der sich seiner selbst nicht bewußt war, wird nun zum »begleiter« auf einem bestimmten Weg, der vom »zwielicht« zum »vollen licht« führt. Für das künstlerische Gelingen dieser Verse spricht hier, daß die Licht-Metaphorik nicht nur allegorisch als Verdeutlichung des Erkenntniszuwachses zu verstehen ist, sondern zugleich die in den beiden ersten Strophen dargestellten Bilder fortführt und abschließt. Es ist die Vollendung des Tages, auf die diese Bilder verweisen. Das Versprechen, das in der morgendlichen Erweckung beschlossen liegt, blickt der Erfüllung im Tag, d. h. der Erfüllung durch die Tat, entgegen. Aber die verallgemeinerte, direkte Bedeutung der beiden ersten Verse der Schlußstrophe wird in den letzten Versen wieder zugunsten indirekter bildlicher Darstellung aufgegeben. Diese beiden Verse sind von eigenem dichterischen Reiz:

> »Er schreitet neben mir gelöst und heiter
> Und nezt mit tau das kindliche gesicht.«

Während die Wandlung des Erweckten in den beiden ersten Strophen im Kontrast von Naturbildern indirekt dargestellt und am Anfang der dritten Strophe nur auf der begrifflichen Ebene direkt verdeutlicht wurde, werden in den beiden Schlußversen gleichsam Natur und Mensch verschmolzen, identisch im Bild. Das morgendliche Gesicht der Natur, das mit Tau besprengt ist, und das »kindliche gesicht« des Begleiters, der sich »mit tau nezt«, werden ein und dasselbe. Die morgendliche Szenerie wird damit zum Ausdruck einer inneren Wirklichkeit verdichtet.

Das Prinzip der Steigerung, das sich hier strukturell am Schluß des Gedichtes aufweisen läßt, signalisiert sprachlich auch der Tempuswechsel von der Vergangenheits- zur Gegenwartsform. Das »wie ward im dunst« des Gedichtbeginns wird in »versunkner träumer ward« nochmals aufgenommen, um dann dem von Verheißung und Hoffnung erfüllten »schreitet« und »nezt« der beiden letzten Verse zu weichen.

Selbst die auf den ersten Blick überraschenden Nominalformen »blühe« und »felsenschroffen«[61] lassen sich als Elemente sprachlicher Verdichtung im ästhetischen Zusammenhang des Gedichtes rechtfertigen, da sie sich auf ein fremdartiges, chaotisches Naturbild beziehen, das der neuen morgendlichen Natur entgegengesetzt ist.

Was George in diesem Gedicht gestaltet hat, ist, formelhaft vereinfacht, die Erweckung eines Jüngers. Es handelt sich also bereits um eine im Bereich des George-Kreises fixierte Wirklichkeit. Das offensichtliche künstlerische Gelingen dieses Gedichtes mag nicht zuletzt darauf zurückzuführen sein, daß diese begrenzte Wirklichkeitserfahrung selbst alle Zeichen der Echtheit trägt, konkret formuliert: daß die gestaltete Erweckung des Jüngers Wirklichkeit war und keineswegs einem Wunschdenken des Dichters entsprang. Die faktische Morgensituation ist also Spiegel eines anderen geistigen Faktums, und der zuvor erwähnte Georgesche Anspruch scheint bei diesem Gedicht erfüllt zu sein.

Für den ästhetischen Rang dieses Gedichtes mag es gleichgültig sein, das z. B. an biographischen Einzelheiten zu belegen. Denn die künstlerische Vollendung bezeugt als solche das Gewicht der gestalteten Wirklichkeitserfahrung. Aber zur zusätzlichen Verdeutlichung sei darauf hingewiesen, mit welchem Enthusiasmus sich Kommerell anfänglich zu George bekannt hat. So heißt es etwa in einem Brief aus dem Jahre 1923: »Oft denke ich an unsern eigensten gemeinsamen besitz: einen menschen zu kennen, den bloß gesehen zu haben ein einziges gut ist.«[62] Boehringer hat berichtet: »Seit Gundolf hatte George eine solche literarische Begabung nicht mehr unter seinen Schülern gehabt: seine Freude über diesen Zuwachs war groß und nahm von Jahr zu Jahr zu.«[63]

c) »Von welchen wundern lacht die morgen-erde«

Das Motiv des Morgens steht auch im Mittelpunkt des folgenden Gedichtes aus dem »Stern des Bundes«:

> »Von welchen wundern lacht die morgen-erde
> Als wär ihr erster tag? Erstauntes singen
> Von neuerwachten welten trägt der wind
> Verändert sieht der alten berge form
> Und wie im kindheit-garten schaukeln blüten ..
> Der strom besprengt die ufer und es schlang
> Sein zitternd silber allen staub der jahre
> Die schöpfung schauert wie im stand der gnade.
> Kein gänger kommt des weges dessen haupt
> Nicht eine ungewusste hoheit schmücke.
> Ein breites licht ist übers land ergossen ..
> Heil allen die in seinen strahlen gehn!« (I,382)

Auch hier wird im Bild des Morgens eine verwandelte innere Wirklichkeit gezeigt. Der taubesprengte morgendliche Garten, der im vorangegangenen Gedicht mit dem taubenetzten kindlichen Gesicht des Begleiters identisch ist, wird hier zum »kindheit-garten« erweitert. Es ist eine Rückverwandlung der Welt in einen paradiesischen Urzustand:

»Die schöpfung schauert wie im stand der gnade.«

Die »neuerwachte welt« wird zur »morgen-erde«, zur Schöpfung am »ersten tag«. Heftrich hat nicht zu Unrecht betont: »Der Kindheit-Garten ist die Gegenwelt zum Garten Algabals.«[64] Dort hatte der Dichter ganz aus eigenem Geist eine Wirklichkeit zu erschaffen versucht, aus der der Vogelgesang und jegliches Blühen der Natur verdrängt worden waren:

> »Und seiner vögel leblose schwärme
> Haben noch nie einen frühling geschaut.« (I,47)

Das Erlebnis des Lichtes und der Morgenstunde war dieser Welt ebenfalls fremd:

> »Ein grauer schein aus verborgener höhle
> Verrät nicht wann morgen wann abend naht« (I,47)

Diese Vision einer künstlichen Welt, die in Leblosigkeit erstarrt, hat der Dichter nun endgültig preisgegeben. Die Wirklichkeitsverwandlung, die er nun erstrebt, bedeutet die Wiederentdeckung ihres ursprünglichen paradiesischen Zustandes.

Auch hier ist die im Gedicht gestaltete Wirklichkeit, die im Motiv des Morgens verdichtet wird, vom Erleben innerhalb des Kreises geprägt. Aber was im vorangegangenen Gedicht als Erweckung und Verwandlung eines Menschen nie den Bereich der konkreten Situation überstieg, wird hier zum Vorgang einer umfassenden Wirklichkeitsveränderung verallgemeinert, die deutlich postulierende, ja verkündende Züge trägt. Das, was George in der Spätphase des Kreises als Wirkung seiner Dichtung erhofft hat, nämlich eine geistige Wiedergeburt seines Volkes aus dem Geist seiner Dichtung und was in den beiden letzten »Blätter«-Folgen zu dem stolzen Satz geführt hat, »dass in der dichtung eines volkes sich seine letzten schicksale enthüllen«,[65] erscheint im Schlußteil dieses Gedichtes als programmatische Fiktion.

Der Möglichkeitscharakter, den das »wunder« der Erneuerung noch am Anfang des Gedichtes trägt, ausgedrückt in der syntaktischen Form der Frage, und der dann in verschiedenen sprachlichen Bildern konkretisiert wird, bis hin zu dem Zauber der Verse:

> »Der strom besprengt die ufer und es schlang
> Sein zitternd silber allen staub der jahre«[66]

wird im nächsten Vers:
»Die schöpfung schauert wie im stand der gnade.«

schon zu fiktiver Gewißheit verfestigt. Überspitzt formuliert, könnte man sagen, daß George ein vollkommenes Gedicht geschaffen hätte, wenn die zu allgemeiner Bedeutung verdichtete Steigerung dieses Verses, der gewissermaßen die Antwort auf die das Gedicht beginnende Frage enthält, nicht weitergeführt worden wäre. Aber was sich in den letzten vier Versen zeigt, ist ein Rückfall ins Lehrhafte, in die didaktische Prophetie, die zwar historisch von dem kurz zuvor ins Leben gerufenen Maximin-Mythos her verständlich wird, die aber selbst in Relation zum Kreis die Vision zum Programm verflacht. Die Bewegung zum vollen Licht, die sich am Ende des vorangegangenen Gedichtes natürlich ergab, erhält hier fast imperativische Züge:

> »Ein breites licht ist übers land ergossen ...
> Heil allen die in seinen strahlen gehn!«

Die Gewißheit, die George in diesen Versen postuliert, erweist sich im Rückblick als fiktiv. »Die jubelnde Inbrunst der hymnischen Verkündigung der Epiphanie seines ›Gottes‹,« die Picht[67] in diesen Versen verwirklicht sieht, hat an Glaubwürdigkeit eingebüßt. Das dichterische Gelingen, so scheint es, gerät hier in Konflikt mit einer von George selbst im Kreis postulierten Prämisse. Unter diesem Aspekt ist der ästhetische Bruch in diesem Gedicht von exemplarischer Bedeutung. Er beleuchtet ein künstlerisches Versagen, das in manchen lyrischen Versuchen von George-Schülern parallele Voraussetzungen haben mag.

d) »Im morgen-taun«

George ist es dennoch gelungen, dasselbe Motiv in einem anderen Gedicht, das in den »Liedern« des »Siebenten Ringes« steht, als »reine Tatsache« zu gestalten, ohne seine Bedeutung von vornherein symbolisch zu transzendieren.

> »Im morgen-taun
> Trittst du hervor
> Den kirschenflor
> Mit mir zu schaun ·
> Duft einzuziehn
> Des rasenbeetes.
> Fern fliegt der staub ..
> Durch die natur
> Noch nichts gediehn
> Von frucht und laub —
> Rings blüte nur ...
> Von süden weht es.« (I,310)

Es sind Verse von einer spröden Einfachheit, die fast kunstlos wirkt, die aber dennoch adäquater Ausdruck der morgendlichen Stunde in einer Jahreszeit ist, die George im »Jahr der Seele« ausgespart hat:

des Frühlings. Die ersten sechs Verse sind deutlich zu einer Einheit zusammengefaßt, die der Vergegenwärtigung der konkreten Situation dient: dem Morgenerlebnis in der Natur. In typischen Bildern, im Tau des Morgens, im Duft des Rasens, im Weiß der Kirschblüte[68] wird der Eindruck der Natur verdichtet.

Ähnlich wie im vorangegangenen Gedicht der vom Strom fortgeschwemmte Staub bildlich die Überwindung der Vergangenheit verdeutlicht, wird auch hier die Verheißung des Neubeginns und die Überwindung der Vergangenheit im Bild des Staubes gezeigt:

»Fern fliegt der staub . .«

Ein Vers, der sowohl syntaktisch als auch rhythmisch isoliert dasteht, da die beiden ersten Worte einen vollen Betonungsakzent tragen. Das Gewicht, das dem Vers dadurch zugeteilt wird, betont seine Funktion als Zäsur. Denn er leitet zugleich von der Darstellung der Situation zur Reflexion über. Diese neue Ebene tritt in den Schlußversen des Gedichtes hervor. Der Eindruck der Situation wird ins Allgemeine gehoben. Die Entfaltung des Laubs, die Reifung zur Frucht sind nirgendwo bereits vollzogen, sondern es ist die Verheißung der Zukunft, die sich überall in den Blüten ankündet. Auch hier ein syntaktisch isolierter Vers, der wiederum rhythmisch durch die beiden voll betonten ersten Silben herausgehoben wird und der in Beziehung tritt zu dem Vers:

»Fern fliegt der staub . .«

Vergangenheit und Gegenwart werden in beiden Versen kontrastierend verbildlicht. Es will scheinen, daß der rhythmisch gelöst ausschwingende letzte Vers, der im Reim den Bogen zur ersten Hälfte des Gedichtes,

»Des rasenbeetes«,

zurückschlägt, gleichsam die Verheißung der Zukunft darstellt. Das Ende des Gedichtes ist also Ausdruck der Erwartung, Offenheit für eine noch einzutretende Erfüllung.

Dieses auf den ersten Blick anspruchslos wirkende Gedicht bezeugt also eine strukturelle Einheit zwischen syntaktischer Gliederung, rhythmischer Form und zeitlicher Anordnung der verwendeten Bilder. Es ist Verdichtung der Situation eines Frühlingsmorgens, wobei das Wesentliche dieser Situation in ihr selbst erkannt wird,[69] ohne von vornherein eine sinnbildliche Übertragung zu implizieren. Die von George postulierte Gestaltung einer »reinen Tatsache« scheint in diesem Gedicht am ehesten erfüllt zu sein.

4. Das Morgen-Motiv in der Dichtung des Kreises

a) Robert Boehringer

Den vier George-Gedichten, in denen das Motiv des Morgens gestaltet worden ist, seien hier vier Beispiele aus der Dichtung des Kreises gegenübergestellt. Das erste Beispiel stammt von Robert Boehringer:

> »Noch barg die herbstesfrühe dichter dunst
> Als licht mit eins die schleier zittern liess
> — So brach in Petri düsteres verliess
> Der glorienschein durch des Erhalters gunst.
>
> Die ufer hoben sich aus feuchtem grau
> Allmählich in den silbrig hellen tag.
> Was widerstrebend noch in winkeln lag
> Verscheuchte mühlos triumphierend blau.
>
> Dies glitzern dem die vögel jubelnd nahn
> Ereilet wärmend das beschwingte boot
> Und von den lichten hügelwäldern loht
> Ein unerhörtes farbiges bejahn.«[70]

Über sein Verhältnis zu George hat Boehringer ausführlich in seinem Buch »Mein Bild von Stefan George« Zeugnis abgelegt. Als langjähriger Vertrauter des Dichters, als sein Nachlaßverwalter und Inaugurator der Stefan-George-Stiftung ist er auch heute noch an vorderster Stelle bemüht, Werk und Wirkung des Dichters zu wahren.

Auch in Boehringers Gedicht ist das Motiv des Morgens auf eine Wirklichkeitserfahrung bezogen, die deutlich auf den Kreis und auch auf Georges eigene Gedichte verweist. Was in einem anderen Gedicht Boehringers, »Der Sager«, programmatisch im Anfangsvers formuliert wird:

»Du sahst die welt in ihrem neuen morgen . . .« (56)

wird hier ebenfalls am Anfang des Gedichtes durch die fast allegorische Gleichung zwischen dem Sieg des Morgenlichtes über die Dunkelheit und der inneren Erhellung Petri durch Christus ausgedrückt. Allegorisch, weil sich die beiden symmetrischen Hälften der ersten Strophe in ihren Bildern fast rational entsprechen. Das »düstere verliess« ist auf das Bild des »dichten dunstes« bezogen, der »glorienschein« Christi entspricht dem »licht« des Morgens. Darüber hinaus definiert der Dichter durch die Wahl des Petrus-Vergleiches sozusagen seine eigene Stellung zu George.

Bemerkenswert ist die Veränderung der Jahreszeit. Es ist nicht die Zeit des Frühlings, sondern des Herbstes. Auch diese Änderung entspricht dem Perspektivenwechsel vom Meister zum Jünger. Während für George das Motiv, in bezug auf die Wirklichkeit des Kreises, überwiegend die Erweckung zu einem neuen Leben bedeutet und daher bildlich als Aufbruch in die Zukunft, als Aufbruch in den Frühling dargestellt wird, ist die Wirklichkeit, in der sich der Jünger sieht, mit Negationen versehen, die im Bild des Herbstes sichtbar werden. Die Verwandlung zum Frühling bleibt erst für die Zukunft zu erhoffen.

Die bekennerische Direktheit dieser ersten Strophe bleibt jedoch ästhetisch unbefriedigend, da sie den bildlichen Ausdruck gleichsam zur dichterischen Einkleidung einer abstrakten Aussage herabmindert, die als solche zentral ist. Es handelt sich um einen störenden Einbruch von Reflexion, der sich hier bemerkbar macht und der sich bei Boehringer auf ähnliche Weise auch in einem anderen Herbstmorgen-Gedicht verrät, dessen ästhetische Geschlossenheit ansonsten für seinen Rang spricht:

> »Solch ein septembermorgen zahlt mit zinsen
> Die schulden des verregneten august.« (110)

Das ist eine metaphorische Wendung, die an Gedichte Gottfried Kellers anklingt, die sich aber in der hochgestimmten Naturdarstellung bei Boehringer denkbar befremdend ausnimmt.

Es wäre möglich gewesen, dieses Überschreiten der bildlichen Gestaltung zu rationaler Ausdeutung am Ende des Gedichtes als strukturelle Steigerung zu verwirklichen. Aber diese Steigerung wird von Boehringer im Bild des Lichtes, das sich voll entfaltet:
»Ein unerhörtes farbiges bejahn!«
auf andere Weise durchgeführt. Vorbereitet wird dieser bildliche Höhepunkt bereits durch das Ende der zweiten Strophe: »triumphierend blau«. Die bildliche Beziehung zwischen »silbrig hellen tag« und »triumphierend blau« ist von George her vertraut. In dem Gedicht »Landschaft I« aus dem »Siebenten Ring« findet sich der Vers:
»Von silber flimmert das gewölbte blau ·« (I,296)
Merkwürdig an den beiden Lichtmetaphern im Schlußvers der zweiten und dritten Strophe bei Boehringer ist die Tatsache, daß die Farbintensität nicht ereignishaft, als direkte Darstellung des Eindrucks, gestaltet wird, sondern deskriptiv. Beide Bilder, »triumphierend blau« und »unerhörtes farbiges bejahn«, geben bereits rational gefilterte Eindrücke. Das ist, so läßt sich wohl sagen, eine für George eigentlich untypische Metaphorik.[71] Den gleichen Natureindruck hat George völlig konkret und zugleich in äußerster Sparsamkeit der verwendeten Mittel in einem Vers des Gedichtes »Die Winke« aus dem »Neuen Reich« gestaltet:
»Purpurn blau entflammte das gebirg ·« (I,420)
Dargestellt wird der Eindruck der über dem Gebirge aufgehenden Sonne, die die Himmelsbläue purpurn färbt.
Sicherlich wird in Boehringers Gedicht eine kunstvoll gesteigerte Farbabstufung sichtbar: Die bildliche Linie führt vom »dichten dunst« über

»feuchtes grau«, »silbrig helles« Licht, »triumphierend blau« zum »unerhörten farbigen bejahn« der aufgehenden Sonne. Aber dennoch lassen sich die störenden Einbrüche reflexiver Elemente nicht übersehen, die die Entstehung von ästhetischer Geschlossenheit erschweren. Hier liegt sicherlich ein Maßstab, der zum Kriterium einer ästhetischen Wertung dieses Gedichtes erhoben werden kann.

b) Johann Anton

> »Ich weiss es wohl dass wir in euren nächten
> Erscheinen wie ein spielend morgenrot —
> Doch täuscht euch nicht als ob wir niemals dächten
> An blut und tränen schwerterklang und tod
>
> Ein vogel kreisend um die feuerstätte
> Scheint sich zu wiegen in dem dunst der bründe —
> Doch wer am abend ihn als asche fände
> Ob der sein spiel am tag erraten hätte?«[72]

Das Gedicht stammt von Johann Anton, der Anfang der zwanziger Jahre zum Kreis stieß und als engster Freund Kommerells dessen Bruch mit George nicht verwinden konnte und sich das Leben nahm.[73] Antons Gedichte sind nach seinem Tod gesammelt erschienen.[74] Thormaehlen berichtet über die hohe Erwartung, die George in Antons dichterische Begabung setzte: »Nach Bernhard Uxkulls Tod war nun Johannes Anton die dichterische Hoffnung Georges.« (205)
George hat die Gestalt des jungen Dichters in einem »Lied« des »Neuen Reiches« festgehalten, das die rätselhafte Anmut und Melancholie seiner Erscheinung sichtbar macht:[75]

> »Welch ein kühn-leichter schritt
> Wandert durchs eigenste reich
> Des märchengartens der ahnin?
>
> Welch ein weckruf jagt
> Bläser mit silbernem horn
> Ins schlummernde dickicht der Sage?
>
> Welch ein heimlicher hauch
> Schmiegt in die seele sich ein
> Der jüngst-vergangenen schwermut?« (I,461)[76]

Das Motiv des Morgens, der Morgenröte, das bisher fast durchweg auf die Wirklichkeit des Kreises bezogen war und als Sieg des Lichtes über die Dunkelheit in der morgendlichen Situation die Erweckung zur eigentlichen Wirklichkeit spiegelte, ordnet sich auch in diesem Gedicht dem gleichen Zusammenhang ein. Ja, es hat den Anschein, als werde die für George und die Dichtung des Kreises typische Bedeutungstradition dieses Motivs in Johann Antons Versen gleichsam zusammengefaßt.

Das Bild des »spielenden morgenrots« wird zur metaphorischen Charakteristik des George-Kreises schlechthin, der im Erlebnis des ewigen Augenblicks gleichsam einen ewigen Morgen, einen nie erlöschenden Sonnenaufgang erlebte. Aber das Bedeutsame dieser Verse, das zugleich zum Kriterium des ästhetischen Ranges wird, liegt darin, daß die Georgesche Wirklichkeit nicht einfach zur besseren, erleuchteten Wirklichkeit verabsolutiert wird, die die faktische Realität als nichtexistent ignoriert, sondern daß gerade die Beziehung zwischen ewigem Augenblick und empirischer Wirklichkeit zum Thema des Gedichtes erhoben wird.

Es handelt sich gewissermaßen um eine Reflexion der von George im Kreis konstituierten Wirklichkeit, was in diesen Versen hervortritt. Der bisher fast allen Gedichten, die das gleiche Motiv enthalten, zugrundeliegende bildliche Kontrast von Nacht und Morgenlicht, der den Übergang von der faktischen Realität zum ewigen Augenblick kennzeichnet, klingt auch hier in den beiden ersten Versen an. Aber die Verabsolutierung dieses Kontrastes wird ausdrücklich zurückgewiesen. Die ästhetische Erfülltheit, die im Bild des »spielenden morgenrots« angelegt zu sein scheint, verneint nicht die Existenz von »blut und tränen schwerterklang und tod«. Die nominale Reihung in diesem Vers könnte vom Vorbild des Schlußverses im »Teppich des Lebens«:
»Glanz und ruhm rausch und qual traum und tod.« (I,223)
beeinflußt sein. Über die formal-sprachliche Analogie hinaus ist ebenfalls wichtig, daß George selbst in dem auf Glanz und Größe stilisierten Bild seiner Welt den dunklen Untergrund, Rausch, Qual und Tod, hervorhebt.

Im Grunde wiederholt Antons Gedicht eine Konstellation, die George bereits im ersten »Zeitgedicht« des »Siebenten Ringes« für seine eigene, scheinbar ästhetizistische Frühzeit dargestellt hat. Dem nach außen hin verabsolutierten Bild des

> »... salbentrunknen prinzen
> Der sanft geschaukelt seine takte zählte
> In schlanker anmut oder kühler würde ·
> In blasser erdenferner festlichkeit.« (I,227)

wird die eigentliche Wirklichkeit dieser Situation gegenübergestellt, eine Haltung, die erst aus der Überwindung von Abgründen erwuchs, die in seiner Entwicklung ebenfalls vorhanden waren:

> »Von einer ganzen jugend rauhen werken
> Ihr rietet nichts von qualen durch den sturm
> Nach höchsten first · von fährlich blutigen träumen.« (I,227)

Die gleiche Sicht, nun aus der Perspektive des George-Kreises, charakterisiert Antons Gedicht. Die spielerische Gelöstheit, die Harmonie des

Morgenlichts sind nicht nur bildlicher Gegensatz zur Nacht, sondern in erster Linie siegreiche Überwindung der Nacht. Auf dem Aspekt der Überwindung und Bewältigung liegt der Akzent.

Die Metapher des »spielenden morgenrots« wird in der zweiten Strophe entfaltet und damit in ihrer Bedeutung zugleich gesteigert. Im Bild der »feuerstätte« und vom »dunst der bründe« wird die Symbolfarbe Rot ebenso intensiviert, wie die Wendung »sein spiel« im letzten Vers, das konkret die Bewegung des Sichwiegens meint, aber im übertragenen Sinne das Werk des Dichters, sein Saitenspiel (wie die konventionelle Metapher lautet) bedeutet, die Ausfaltung des adjektivisch gebrauchten Partizips »spielend« darstellt. Die in der ersten Strophe betonte Beziehung zwischen ewigem Augenblick und faktischer Wirklichkeit wird nun in einem Bild zusammengefaßt. Die spielende Morgenröte erweist sich als der Widerschein der Realität, ausgedrückt hier im Bild des Feuers.

Die personale Bedeutung, die die Metapher »spielend morgenrot« am Anfang des Gedichtes hat, geht nun auf das Bild des Vogels über. Es ist die Person des Dichters selbst, die in dieser Metapher verbildlicht wird. Das geschieht auf dem Hintergrund einer weit verbreiteten Tradition, die sich in Baudelaires berühmtem »Albatros«-Gedicht ebenso dokumentiert wie in Georges Gedicht »Herr der Insel« in den »Büchern der Hirten- und Preisgedichte«. Sowohl Baudelaire als auch George deuten auf eine Antinomie zwischen Dichter und gewöhnlicher Wirklichkeit hin. Baudelaire sieht den Dichter von Unbeholfenheit und Wirklichkeitsfremdheit unter den gewöhnlichen Menschen gezeichnet:

»Der lüfte könig duldet spott und schmach«[77]

Der frühe George läßt den Dichter als »Herr der Insel« in einer Wirklichkeit leben, die allen anderen Menschen unzugänglich bleibt:

> »So habe er seit urbeginn gelebt ·
> Gescheiterte nur hätten ihn erblickt.« (I,69)

Der Vogel stirbt in dem Augenblick, als die Menschen zum ersten Mal die Insel betreten.

Von dieser heroischen Utopie des jungen George ist in dem Gedicht Johann Antons nichts mehr enthalten. Er gehörte einer Generation an, die bereits durch die Erfahrung des Ersten Weltkrieges hindurchgegangen war und für die die Dichtung in einer Realität wurzelte, die von Vernichtung bedroht ist. Die eigene Wirklichkeit, die George in der Dichtung zu begründen versuchte und deren Reflex der George-Kreis darstellt, bedeutet nur ein augenblickhaftes Transzendieren der faktischen Realität, ein Sichwiegen des Vogels im »dunst der brände«, ohne Sicherheit und Dauer. Es handelt sich um ein Wagnis, das ständig davon bedroht bleibt, der Wirklichkeit wieder zu unterliegen. Die Vorahnung des Scheiterns, der Katastrophe wird in den beiden letzten Versen ausgedrückt.

Der Mythos von der Wiederverjüngung des Vogels Phönix, der sich ständig aus seiner Asche erhebt und damit der Dichtung eine innere Unendlichkeit zuspricht, wird in diesen Versen auf bedeutsame Weise abgeändert. Die Katastrophe ist unerbittlich. Es gibt keine Wiederauferstehung aus der Asche des Feuers. Das einzige, was bleibt, ist die Erinnerung und von der ist nicht einmal sicher, ob sie fortlebt.

Das ist eine von bemerkenswerter Hellsicht getragene Reflexion des George-Kreises, für die das Hölderlinsche Wort von der dichterischen Stiftung der bleibenden Wirklichkeit nicht mehr ohne weiteres gilt. Darüber hinaus sind die Verse zugleich vorausahnende Gestaltung der eigenen Katastrophe. Das Zerbrechen der Spannung zwischen faktischer, geschichtlicher Realität und hochgestecktem Ziel hat Johann Anton mit seinem Leben bezahlt, als in der von schweren Auseinandersetzungen begleiteten Trennung Kommerells vom Kreis die Dissonanzen für ihn nicht mehr erträglich schienen. Es überrascht auf diesem Hintergrund nicht, daß in der noch von George betreuten Auswahl von Antons »Dichtungen«, die 1935 erschien, das Gedicht nur mit der ersten Strophe erscheint,[78] die zweite hat George unterdrückt. Die Gründe sind allzu offensichtlich.

Das kunstlos wirkende zweistrophige Gedicht besitzt formal alle Züge künstlerischer Ökonomie und Durchgestaltung. Das Prinzip der Zweiteilung, das am äußerlichsten in der Zweistrophigkeit hervortritt, kehrt auch innerhalb der beiden Strophen wieder. In beiden Fällen dominiert in den beiden ersten Versen ein dichterisches Bild, aus dem die Reflexion entfaltet wird, die jeweils in der zweiten Hälfte der Strophen im Mittelpunkt steht. Es wurde bereits angemerkt, daß dabei zugleich das zentrale Bild der ersten Strophe in der zweiten metaphorisch entfaltet wird. Indem in dieser metaphorischen Entfaltung die personale Bedeutung des Bildes vom »morgenrot« auf »vogel« übergeht — beide Bilder sind zugleich in der Vokalqualität identisch —, die farbliche Qualität jedoch im Bild der »feuerstätte« modifiziert wird, das als Verdichtung der äußeren Wirklichkeit zugleich dem Bedeutungsumkreis des »nächte«-Bildes in der ersten Strophe entspricht, verrät sich in dieser bildlichen Ausfaltung so etwas wie das rhetorische Prinzip des Chiasmus, der kreuzweisen Wechselbeziehung.

Deutlich ist zugleich, daß das Reflexionsthema beider Strophen identisch ist. Was in der ersten Strophe als Ahnung angedeutet wird, erscheint in der zweiten Strophe als vollzogenes Faktum, so daß unter zeitlicher Perspektive die Zukunft zur Vergangenheit wird. Diese zeitliche Einheit wird durch die konjunktivische Fügung in die Gegenwart integriert. Das Prinzip der Zweiteilung kehrt selbst in den Relationen der Reime wieder. Zwei Vokale dominieren in den Reimen, der o-Vokal und der a-Umlaut, der mit Ausnahme des »morgenrot - tod«-

Reimes alle anderen unter dem Aspekt der Assonanz verbindet, wobei alle Reimwörter, in denen der Umlaut vorhanden ist, sich konkret oder in der Reflexion (»dächten«) auf die äußere Wirklichkeit beziehen, während »morgenrot«, »tod« und auch das Zentralbild der zweiten Strophe »vogel« auf die Wirklichkeit und Person des Dichters zugeordnet sind.

Selbst die rhythmische Formung des Gedichtes scheint Ausdruck der inneren Gliederung zu sein. Während die stumpf endenden Reimwörter »morgenrot« und »tod« als einhaltgebietende Pausen in der ersten Strophe des Gedichtes die Ahnung des Scheiterns signalisieren, verdeutlicht die Bewegung der voll ausklingenden Endungen der zweiten Strophe, gesteigert durch die Preisgabe des Kreuzreims, der in der ersten Strophe vorhanden ist, gleichsam ein Sichverströmen im Ende.

c) Bernhard Uxkull

Bernhard Uxkulls »Preisgedicht I«, in dem das Motiv des Morgenrots mit dem des Abendrots verbunden wird, ist Antons Gedicht thematisch und in der künstlerischen Überzeugungskraft verwandt:

> »So seh ich dich: du fährst gelassen
> In einem fruchtbeladenen boot ·
> Willst ausgestreckten arms umfassen
> Morgen- und abendrot.
>
> Du bist so still. Denn wenn dir heute
> Der tolle wunsch im herzen loht ·
> Füllt morgen dir die leichte beute
> Morgen- und abendrot.
>
> Und wenn das volk verendet · rings
> Steigt schutt und trümmer · schmach und not:
> Steht dir zur seite rechts und links
> Morgen- und abendrot.
>
> Von menschen nimmst geliebte seelen
> Und von den göttern du dein brot
> Und nie wird deinen tagen fehlen
> Morgen- und abendrot.
>
> Du lässt die ganze welt verrauschen
> Nur weil ein gott dir scherzend droht ·
> Von allen darfst nur du vertauschen
> Morgen- und abendrot.

Auch Uxkull gehörte, in der Sprache des George-Kreises, wie Anton zur Generation der Enkel. Er war 1916 über Ernst Morwitz zu George gekommen, der in dem jungen Offizier, der mit dem Freund Adalbert Cohrs den Ersten Weltkrieg in Frankreich durchstand, hohe dichterische Begabung erkannte.[79] Aus Treue zum Freund, der, ein Traklsches Schicksal, das Grauen des Krieges nicht mehr zu ertragen vermochte, ist er gemeinsam mit ihm aus dem Leben geschieden.[80] George hat das Andenken der Freunde in dem Vers-Dialog »Victor · Adalbert« und in dem Gedicht »Der Dichter in Zeiten der Wirren« im »Neuen Reich«[81] festgehalten. Eines seiner schönsten Gedichte, das Schlußlied des »Neuen Reiches«, ist bei der Nachricht von Uxkulls Tod entstanden.[82] George hat das Motiv des Morgens in diesem Gedicht nochmals aufgenommen und ihm in der tiefsten Erschütterung Töne einer gelösten und siegreichen Hoffnung verliehen, die gleichsam als sein dichterisches Vermächtnis am Ende seines Werkes steht:

> »Du blühend reis vom edlen stamme
> Du wie ein quell geheim und schlicht
> Du schlank und rein wie eine flamme
> Du wie der morgen zart und licht.« (I,469)[83]

Uxkulls Gedicht, ein Widmungsgedicht eigentlich, gilt dem Freund Adalbert Cohrs, aber ist über die Deutung des Freundesschicksals hinaus zugleich Gestaltung der Thematik, die in dem vorangegangenen Gedicht Antons charakterisiert wurde. Von fern läßt sich in der ersten Strophe noch ein Nachklang des George-Gedichtes »Rückkehr« aus dem »Jahr der Seele« erkennen:

> »Ich fahre heim auf reichem kahne ·
> Das ziel erwacht im abendrot ·
> Vom maste weht die weisse fahne ·
> Wir übereilen manches boot.« (I,141)

Das Bild des »reichen kahnes« bei George und des »fruchtbeladenen bootes« bei Uxkull entsprechen einander. In beiden Fällen wird die Bewegung im Bild einer Bootsfahrt verdichtet, wie ja auch das Motiv des »abendrots« in beiden Gedichten vorhanden ist, von der metrischen Identität der Verse, allerdings mit Ausnahme des vierten Verses jeweils bei Uxkull, ganz zu schweigen. Bei George sind jedoch »abendrot« und »morgengrauen«, das in der vierten Strophe seines Gedichtes auftaucht, bildliche Verdeutlichung des zeitlichen Rahmens. Die Situation der Heimkehr und der Wiederbegegnung mit einem vertrauten Menschen[84] wird konkret gezeigt, auch wenn damit im übertragenen Sinn eine Rückkehr in die Muttersprache gemeint ist. Die Freude der Wiederbegegnung.

> »Da taucht aus grünen wogenkämmen
> Ein wort · ein rosenes gesicht:
> Du wohntest lang bei fremden stämmen ·
> Doch unsre liebe starb dir nicht.« (I,141)

läßt die inzwischen verflossene Zeit zur Vorstellung eines einzigen Tages zusammenschrumpfen.

Die Bilder des Uxkullschen Gedichtes sind in dem Sinne nicht auf eine konkrete Situation bezogen, sondern verdeutlichen bestimmte Perspektiven, unter denen das Leben des Freundes erblickt wird. Entscheidend ist, daß auch hier die bildliche Verabsolutierung des Morgenmotivs preisgegeben wird, indem es mit dem Bild des Abends verbunden erscheint. Der gleiche Vorgang charakterisiert bereits Antons Gedicht, nur daß die Gegenüberstellung in den Bildern von »morgenrot« und »nächten« noch von antinomischer Schärfe ist, obwohl auch hier schon der »nächte«-Bereich in der bildlichen Variation der »feuerstätte« farblich dem Motiv des »morgenrots« angeglichen wird.

In Uxkulls Gedicht ist diese Angleichung noch sehr viel stärker vollzogen. Die leitmotivische Wiederholung der Bildformel »morgen- und abendrot« bezeichnet das Grundthema im Leben des Freundes, die Vereinigung von ewigem Augenblick und Realität, d. h. dem Bewußtsein von der Gewißheit des Todes. Die Gebärde des »ausgestreckten arms«, der »morgen- und abendrot« umfassen möchte, ist der Versuch, die Ganzheit des Lebens in den Griff zu bekommen. Dieses Wissen um die Gegenwart des Todes und der Vergänglichkeit erklärt die Gelassenheit in der Erscheinung des Freundes. Die Vereinigung von Morgen und Abend, d. h. die Überwindung der Zeit und damit die Festigung des ewigen Augenblicks im Durchgang durch die Realität wird zum Wunsch, dessen Erfüllung ihm in der Zukunft »als leichte beute« zufallen wird.

Die dritte Strophe stellt dar, daß aus dem Bewußtsein dieser zukünftigen Erfüllung die Stärke erwächst, das Grauen des Krieges durchzustehen. Diese augenblickliche Realität, die ganz konkret die Katastrophe des Ersten Weltkrieges bedeutet, wird mit der inneren Realität dieser Hoffnung konfrontiert. Die Prophetie, die in diesen Versen enthalten ist, verkündet harmonischen Einklang mit Freunden und »göttern« für die Zukunft. Aber die eigentliche Voraussage, die eintraf, ist in den beiden letzten Versen gestaltet. Während die erste Hälfte dieser Strophe die Bereitschaft betont, im Gehorsam »einem gott« gegenüber, womit zweifelsohne George gemeint ist, »die ganze welt« fahren zu lassen, bedeutet das »vertauschen« von »morgen- und abendrot« die Preisgabe des ewigen Augenblicks im Untergang, die Bereitschaft zum Tod. Die Katastrophe, die das Leben des Freundes zerstörte, ist, freilich in anderer Weise, als vom Dichter beabsichtigt, in diesen Versen enthalten.

Auch in diesem Gedicht wird die Georgesche Wirklichkeit auf dem Hintergrund der geschichtlichen Realität erblickt. Die Erschütterung, die das Ereignis des Ersten Weltkrieges auslöste, ist in diese Verse eingegangen. Noch dominiert freilich die Hoffnung auf die Dauer der Georgeschen Utopie. Aber so, wie in Johann Antons Gedicht bereits die Katastrophe antizipiert wird, erscheint auch in den Schlußversen dieses Gedichtes eine Vorausschau der Katastrophe, die in erster Linie das Leben der Freunde betrifft, aber, in weiter gefaßter Bedeutung, zugleich auf die Existenz des Kreises im ganzen zielt.

Es handelt sich um ein Gedicht, das in der kunstvollen Handhabung des leitmotivischen Verses

»Morgen- und abendrot.«

der das Reimschema entscheidend beeinflußt, und zugleich im rhythmischen Kontrast zwischen diesem verknappten Schlußvers und den übrigen der Strophe Züge hoher Kunstfertigkeit verrät.

d) Friedrich Gundolf

Eine ähnliche sprachliche Virtuosität kennzeichnet das folgende Gedicht von Friedrich Gundolf. Auch hier findet sich die leitmotivische Wiederholung eines Bildes, das gleichzeitig in einem Reimpaar jeder Strophe variiert wird:

>»Mit welchem dank könnt ich die tage messen
>Die von dir fliessen immer gleiches licht?
>Vom licht erzeugt versenkt im licht vergessen
>Die augen fromm das eigene gesicht.
>
>Im schöpfungstanz von erden wesen farben
>Sind sie durch dich entrückt und wissen nicht
>Von finsternissen die des lichtes darben
>Denn was sie schaun und was sie sind ist licht.
>
>Und blendet plötzlich übermass der strahlen
>Dass sich das all vergisst in einem licht:
>Das auge sinkt: doch alle himmel malen
>Im tropfen sich der von der wimper bricht.
>
>Kein leben ausser dir. Was dir entquollen
>Kennt nur in dir geschick und gott und pflicht
>Und alle wesen die im lichte rollen
>Sind dein sind mein sind ich sind du — o licht!«[85]

Gundolf ist George durch Jahre hindurch der nächste gewesen. Als noch nicht Neunzehnjähriger hatte er George im April 1899 bei Wolfskehl kennengelernt[86] und war dann über fünfundzwanzig Jahre lang Georges engster Begleiter. Die ersten Gedichte der »Gezeiten« im »Siebenten Ring« spiegeln das dichterische Echo dieser Freundschaft in Georges Werk.

Gundolf ist vor allem auch derjenige gewesen, dessen literaturwissenschaftliche Arbeiten, vor allem »Shakespeare und der deutsche Geist« und »Goethe«, die Existenz des George-Kreises einer breiten Öffentlichkeit bewußt machten und der so die Rezeption Georges entscheidend beeinflußt hat.[87] Indem Gundolfs Ruhm so mit dem Ansehen und der Wirkung des Kreises fast synonym wurde, hat auch seine spä-

tere Auseinandersetzung mit George und die Trennung der Frau wegen, die er — ohne Zustimmung Georges — heiratete,[88] das innere Leben des Kreises in den Augen der Öffentlichkeit in die Nähe des
Skurrilen, ja Lächerlichen gerückt. Daß aus dieser Privatangelegenheit
eine solche Wirkung entsprang und George rigoros Gundolf von aller
weiteren Verbindung mit dem Kreis ausschloß, obwohl jener seelisch
daran zugrunde ging und nie aufgehört hat, sich zu George zu bekennen, gehört aus heutiger Sicht mit zu den schwer verständlichen
Begleitumständen des Kreises, die seine Konzeption belasten, ja fragwürdig werden lassen.

Gundolf war unter den wissenschaftlichen Begabungen des Kreises
sicherlich derjenige, der in jenen Jahrzehnten die größte Resonanz
hatte. Ob diese Begabung auch auf dichterischem Gebiet durch ihre
Leistung bestätigt wird, ist allerdings zweifelhaft. Es ist bemerkenswert, was Salin über Gundolfs eigene Einschätzung seiner dichterischen Fähigkeiten berichtet hat:

»Gundolf ist sich der Grenzen seiner Begabung vielleicht stärker bewußt gewesen als alle seine Freunde. Es hat etwas Rührendes, wie er von Anbeginn
an immer wieder gegen das schwermütige Gefühl kämpfen muss, dass ihn
sein innerer Trieb zu dichten heisst und zwingt, dass er aber wohl kaum die
Höhe erreichen wird, die George und Wolfskehl ... ihm weisen.« (69)

Das hier indirekt angedeutete Selbsturteil Gundolfs setzt sicherlich die
richtigen Akzente. Wenn man seine Gedichte liest, so fällt neben der
allzu bewußt gehandhabten Reimvirtuosität und formalen
Geschliffenheit seiner Verse die große Zahl von Gedichten auf, die sich
thematisch mit George beschäftigen. Es ist ein Sichversenken in den
Meister, das mitunter die Züge der Schwärmerei, ja der Devotion
trägt. Das Bekenntnishafte dieser Gedichte wird nicht eigentlich in der
Sprachform, in der Metaphorik objektiviert, sondern wird direkt,
gleichsam im subjektiven Rohzustand des Gefühls, präsentiert. Gundolfs zahllose Gedichte über George sind also eher Zeugnisse seiner
privaten Bindung an den Dichter, als daß sie Georges Bild in der dichterischen Gestaltung erhöhen und deuten. Hofmannsthals frühe
Charakteristik von Gundolfs »Fortunat«, der in den »Blättern für die
Kunst« erschien,[89] zeugt von erstaunlicher Hellsicht: »Ich kann nicht
umhin, hier und da etwas Befremdliches, ich weiß nicht, wie ich es
nennen soll, etwas Ordinäres zu spüren, und manchmal leiert die
Strophe recht, anstatt zu singen und ihr Schmuck ist nicht Gold und
Edelstein, sondern wohlfeile Glasflüsse, in Messing gefaßt.«[90]
Gundolfs Gedicht ist ein Hymnus auf das Licht und klingt in der Tat
an religiöse Sonnenhymnen an. Die Verehrung des Gottes im Bild der
Sonne bezeichnet eine metaphorische Tradition, die auch für diese
Verse gilt, nur daß hier im Bild der Sonne, in der Kraft des Lichtes,
die Gestalt Georges verehrt wird. Es sind göttliche Attribute, die dem

Dichter zugesprochen werden. Das Motiv des Morgens ist in diesem Gedicht durchaus noch enthalten. Das verdeutlichen die beiden ersten Verse, in denen die morgendliche Situation der Erweckung dargestellt wird.

Das erinnert an Georges Kommerell-Gedicht oder an das vorher analysierte Gedicht von Robert Boehringer. Aber der konkrete Bildgehalt, daß nämlich das Licht des Tages aus dem ewigen Licht der Sonne hervorgeht, bleibt in Georges und Boehringers Gedicht in der Entfaltung der Morgensituation weitgehend gewahrt, während Gundolf ihn sofort preisgibt, indem er die Metapher verabsolutiert und sie damit zum Bild des Lichtes schlechthin abstrahiert.

Der Zustand der Erweckung wird auch bei Gundolf in der Wendung »vom licht erzeugt« umschrieben, aber es handelt sich um eine Erweckung, die zugleich zur Auslöschung der eigenen Individualität führt, was in den beiden Wendungen »versenkt im licht« und »vergessen die augen«[91] ausgedrückt wird. Das Ich geht im Licht auf, die Augen vermögen nichts anderes mehr wahrzunehmen. Die einzige Haltung, die dem Ich bleibt, ist die der Frömmigkeit und Verehrung, d. h. religiöse Hingabe. Diese Blindheit der Augen für die vorgegebene tatsächliche Realität wird dadurch aufgewogen, daß »im schöpfungstanz von erden wesen farben« gleichsam eine neue, eine zweite Wirklichkeit geschaffen wird, die nur aus Licht besteht und von keiner Finsternis weiß, die zur faktischen Realität unabdingbar gehört. Die Auslöschung des Ichs in der völligen Hingabe an den Dichter wird in der zweiten Strophe also unter einem neuen Aspekt gesteigert.

So, wie das Ich seine empirische Existenz aufgibt, wird auch die empirische Realität zugunsten einer neuen Schöpfung, einer neuen Wirklichkeit aufgehoben, die ganz im verabsolutierten Licht gründet. Was diese Strophe enthält, ist also die Apotheose des Georgeschen Entwurfes einer eigenen Wirklichkeit in seiner Dichtung und seinem Kreis. Die religiöse Dimension, die diesem Vorgang zuerkannt wird, tritt ganz deutlich in der dritten Strophe hervor. Das »übermass der strahlen«, d. h. die Wirkung, die vom Dichter und seinem Wirklichkeitsentwurf ausgeht, wird als so machtvoll angesehen, daß selbst das »all«, das Bewußtsein von einer metaphysischen Gründung der Wirklichkeit, in diesem Lichtreich aufgeht. Abstrakt formuliert, handelt es sich um ein Auslöschen der Transzendenz in einer hypostasierten Immanenz. In der Träne des Auges, in der »sich alle himmel malen«, wird die Austauschung von diesseitiger und jenseitiger Welt konkret verbildlicht.

Was in den vorangegangenen Strophen stufenweise entfaltet wurde, wird in der Schlußstrophe auf abstrakter Ebene zusammengefaßt. Die Absolutsetzung der vom Dichter geschaffenen Wirklichkeit wird nochmals formelhaft verkündet. »Kein leben ausser dir.« Die bedingungslose Unterordnung des Ichs unter diese Wirklichkeit wird nun zum Gesetz verallgemeinert: »was dir entquollen ...« Die Bindung an den

Dichter, an die von ihm begründete Wirklichkeit, löscht alle anderen ethischen oder religiösen Bindungen aus: »geschick und gott und pflicht« wurzeln nun in dieser neuen Wirklichkeit.

In den beiden letzten Versen wird dieses neue Dogma ganz konkret auf den George-Kreis bezogen. »alle wesen die im lichte rollen« umschreibt offensichtlich die Gemeinschaft von Menschen, die sich zum Dichter bekennt. Die völlige Hingabe des Ichs in seiner individuellen und moralischen Existenz an die Wirklichkeit des Dichters soll in diesen Versen durch eine Verwandlung des Ichs aufgewogen werden. Eine Einheit zwischen allen Wesen, die sich zum Dichter bekennen, stellt sich her, ja diese Einheit umschließt selbst den Dichter. Das bedeutet, in der zentralen Metapher dieses Gedichtes ausgedrückt: Das Ich wird selbst zum Licht.

Was Gundolf in diesem Gedicht entwirft, könnte man als Theologie des Kreises bezeichnen. Die übersteigerte Hingabe an die Wirklichkeit Georges, was unter biographischem Akzent positiv aufgefaßt werden könnte, nämlich als Zeichen intensiver Verehrung, schlägt in ein weltanschauliches Dogma um, das in seiner Ausschließlichkeit gefährliche Züge annimmt. Lange bevor George selbst dem Kreis im Maximin-Mythos so etwas wie ein religiöses Fundament zu geben versucht hat, werden in diesem Gedicht von Gundolf schon Entwicklungstendenzen vorweggenommen, die das Kunstethos des Kreises in die irritierende Nähe einer Ersatzreligion rücken und damit seine Fragwürdigkeit unterstreichen. Das tritt auch konkret in der Form des Gedichtes hervor, dessen virtuose Durchflechtung vom »licht«-Reim den Versen etwas Beschwörendes verleiht und es in der hymnischen Anrufung und Variation der zentralen Metapher formal zugleich in die Nachbarschaft eines Gebetes rückt.

5. Zum künstlerischen Rang der Kreis-Dichtung

Wenn man die Gestaltung des Morgen-Motivs in den behandelten Gedichten von Kreis-Mitgliedern im Überblick miteinander vergleicht, so wird deutlich, daß die konkreten bildlichen Bezüge des Motivs am stärksten bei Gundolf ausgehöhlt werden. Der bildlichen Verallgemeinerung des Motivs zur Licht-Metapher entspricht zugleich eine inhaltliche Generalisierung: Die Erweckung zu einer neuen Wirklichkeit, die schlechthin mit diesem Motiv in der Dichtung Georges und seiner Schüler verbunden ist, wird hier zu einem weltanschaulichen Dogma dieser neuen Wirklichkeit erweitert. In dieser didaktischen Auflösung des Motivs geht die Konfrontation von ewigem Augenblick und empirischer Realität völlig verloren. Die Kluft wird nicht überbrückt, sondern ganz im Gegenteil zu einer dualistischen Aufspaltung verfestigt, in der dogmatisch das eine über das andere gestellt und die faktische

Realität einfach ignoriert wird. Die Fragwürdigkeit, die sich hier im Thematischen abzeichnet, wird auch in der sprachlichen Gestalt des Gedichtes sichtbar, das sich der Form des Gebetes annähert, die hier, ihres eigentlichen religiösen Gehaltes beraubt, Züge der unfreiwilligen Parodie annimmt.

Wo Gundolf eigenwillig George zu übertreffen versucht und ihn zum Dogma verflacht, bleibt Boehringer am deutlichsten im Rahmen der vorgestalteten Tradition. So, wie sein Gedicht fast nirgendwo die konkrete bildliche Situation des Morgens überschreitet, ausgenommen die zweite Hälfte der ersten Strophe, gestaltet er auch nur das Thema der Erweckung, des Übergangs von der empirischen Realität zur Wirklichkeit des ewigen Augenblicks. Das Motiv-Muster, das im Kommerell-Gedicht Georges enthalten ist, erscheint bei Boehringer in erstaunlich genauer Nachzeichnung, was sein Gedicht zugleich unter dem Aspekt des künstlerischen Gelingens zum dichterischen Echo von Dichtung werden läßt.

Während in Gundolfs und Boehringers Gedicht künstlerische Zeugnisse vorliegen, die zeitlich in die erste Hälfte des George-Kreises gehören, werden in Antons und Uxkulls Gedicht Stimmen vernehmbar, die die Existenz einer übermächtig gewordenen geschichtlichen Gegenwart, die sich in der Katastrophe des Ersten Weltkrieges erschreckend offenbarte, nicht länger verleugnen. Ewiger Augenblick und geschichtliche Realität werden aufeinander bezogen, und noch im Bekenntnis zum ewigen Augenblick wird bereits die Ahnung von der Hinfälligkeit dieser gesteigerten Realität gestaltet. Es ist im Vergleich zum Gundolfschen Gedicht die entgegengesetzte Tendenz, die sich hier abzeichnet. Man könnte in diesen Gedichten formelhaft von einer realistischen Einschätzung der Wirklichkeit des George-Kreises sprechen. Die auch im Rückblick nicht zu verkennende ästhetische Überzeugungskraft dieser Gedichte ist sicherlich eine Folge dieser Wahrhaftigkeit.

Freilich lassen sich von diesem Querschnitt durch die Dichtung des Kreises her keine endgültigen Urteile über die ästhetische Qualität seiner dichterischen Zeugnisse fällen. Deutlich geworden sind jedoch gewisse Tendenzen, die in der Kreis-Dichtung zum künstlerischen Versagen zu führen scheinen. Es ist vor allem die Neigung, das Erlebnis des ewigen Augenblicks dogmatisch zur eigentlichen Realität zu verklären, die Spannung zwischen geschichtlicher Gegenwart und neuer Wirklichkeitserfahrung zugunsten des ewigen Augenblicks zu ignorieren. Im künstlerischen Versagen dokumentiert sich hier das bereits vorher erwähnte Minus an eigentlichem Realitätsgehalt. Wo dieses Minus nicht in den Bedingungen des Kreises selbst angelegt war, lassen sich mitunter durchaus erstaunliche dichterische Leistungen feststellen.

Das gilt besonders für ein Thema, das zugleich das Wirklichkeitszentrum des Kreises darstellte: Georges eigene Gestalt. Einige der gültigen Gedichte des Kreises sind Gedichte über George. Es ist allerdings nicht die Haltung der Devotion, die, wie der Andeutung nach bei Gundolf, in diesen Gedichten lebt. Wo die Devotion dominiert, ist das künstlerische Versagen evident. Das bezeugen etwa Wolters' in der neunten »Blätter«-Folge anonym erschienenes Gedicht »Dem Herrscher«[92] und selbst ein Gedicht wie »Mein herz soll eine reine lampe sein«[93] von Saladin Schmitt, der auf der andern Seite in seinem Gedicht »Dichterbildnis mit Colleoni« die Gestalt Georges in eindringlichen Versen wie den folgenden festgehalten hat:

»Wie fasstest je du was erdämmerte
In seiner schluchten schauer diesem hirn
Und welchen willens klöpfel hämmerte
Die ungeheure glocke dieser stirn?« (34)

Verse Boehringers wie diese aus seinem Gedicht »Lesen«:

»... Welcher kühne traum

Umfängt die breite stirne die dort sinnt,
Hält deinen geist gefangen wacher sager,
Furchtloser herold dich auf hartem lager,
Dein schleierauge schwarzes labyrinth?«[94]

oder Bernhard Uxkulls erstes »Sternwandel«-Gedicht, in dem die erste Strophe lautet:

»Das tiefe auge voll von gluten hält
Die grosse schau — und schwere blicke schweifen
Von den verdorrten früchten zu den reifen ..
So schreitet wohl ein landmann durch sein feld.«[95]

oder Johann Antons Gedicht »Das Ende«, das mit den Versen einsetzt:

»Spät ging er durch die leer gewordnen gassen
Verehrt · geliebt · der furcht- und wunderbare
Mit königlichem gruss und stumm gelassen
Im hermelin der beinah hundert jahre.«[96]

haben Ausstrahlung und Besonderheit der Georgeschen Gestalt zu eindrucksvoller Anschaulichkeit gesteigert. Selbst Kommerell, bei dem ähnlich wie bei Gundolf die formale Virtuosität häufig ein überzeugendes künstlerisches Gelingen verhindert,[97] hat in seinem Gedicht »Der Abschied des Lehrers«[98] sein vielleicht überzeugendstes dichterisches Zeugnis hinterlassen. Die Wirklichkeitsfülle, die in der konkreten Erscheinung Georges vermittelt war, spielte diesen Gedichten ein Thema zu, dessen Realitätsgehalt der formalen Virtuosität zum wirklichen Inhalt zu werden vermochte.
Ob unter den hier behandelten Autoren des George-Kreises ein erstrangiger Dichter war, läßt sich dennoch auch so kaum bejahend beantworten. Gewiß haben einige von ihnen mitunter erstrangige dichterische Zeugnisse geschaffen, die aber vereinzelt dastehen und sich nirgend-

wo zum Umriß eines eigenen, von einer spezifischen Entwicklung und Reifung getragenen Werkes runden. Das hat zum Teil äußere Gründe.

Vielversprechende Begabungen wie Anton oder Uxkull sind in noch jugendlichem Alter durch Freitod aus dem Leben geschieden oder haben wie Gundolf und Kommerell unter katastrophenhaften Vorzeichen den George-Kreis verlassen. Manche wie Vollmoeller und Andrian haben nur für einige Zeit am Leben des Kreises teilgenommen[99] und sind dann ihre eigenen Wege gegangen, die oft von der Dichtung Georges und von seinem Kreis ganz und gar wegführten. Und selbst diejenigen, die dem Kreis bis zum Ende angehörten, wie Boehringer, Morwitz oder Hildebrandt, haben kaum eine eigene dichterische Entwicklung erlebt. Die geschichtslose Luft des George-Kreises, die Hypostasierung des ewigen Augenblicks scheinen allerdings die Möglichkeit einer individuellen Entwicklung fast auszuschließen. Was den meisten dieser Gedichte fehlt, hat George selbst formuliert: Sie »haben teil an der heute erreichten Kultur der deutschen Sprache, und an dem hohen Begriff von Würde und Grund der Dichtung: aber es fehlt ihnen an eigner Anschauungsfülle und wirklicher Durchbildung des besonderen Erlebnisses . . .«[100]

Die eigene künstlerische Physiognomie, die sich erst auf dem Hintergrund einer spezifischen Entwicklung abhebt, ist in diesen Gedichten nicht vorhanden. Das bezeugen beispielhaft die erst kürzlich veröffentlichten Gedichtsammlungen von zwei noch lebenden George-Schülern, die in der Spätphase zum Kreis gehörten: Michael Stettler und Remigius Mettauer.[101] Die zeitlose Gegenwart des ewigen Augenblicks dominiert thematisch auch in diesen Gedichten. Das bedeutet konkret: Es ist von Erinnerung und Sehnsucht verklärte Vergangenheit, die sorgsam von der Gegenwart abgeschirmt wird und beides gegeneinander austauschen möchte.

Stellvertretend für das biographische und künstlerische Schicksal vieler George-Schüler ist eine Gestalt wie die Saladin Schmitts. Er hat, selbst entfernt mit dem Dichter verwandt,[102] in seiner Jugend Georges Nähe gesucht, ohne vom Dichter voll anerkannt zu werden.[103] George hat erst sehr viel später Gedichte Schmittts in die letzten »Blätter«-Folgen aufgenommen und im Gedicht »Geheimes Deutschland« im »Neuen Reich« Verse wie die folgenden für ihn gefunden:

> »Den lieb ich · der mein eigenstes blut ·
> Den besten gesang NACH dem besten sang . .« (I,427)

Schmitt hatte zu jener Zeit keinen Kontakt mehr zu George, sondern war als Intendant des Bochumer Theaters und Präsident der Deutschen Shakespeare-Gesellschaft seinen eigenen Weg gegangen. Sein Gedicht »Den Entschwundenen«[104] mag als Ausdruck der eigenen Beziehung zu George, aber auch als Gestaltung des Schicksals vieler Georgeaner seine besondere dichterische Wahrheit erhalten:

»Die so gegangen sind was ward aus ihnen?
Die einmal schwiegen und dann seltener schrieben
Und obenhin versöhnt dann einmal schienen.
Und doch am ende wieder schweigend blieben.

Sei's ihren rennern ihren rüden nach
Die so gegangen sind was ward aus ihnen?
Aus deren aug auf einmal fremdes sprach
Die eines tages trugen andere mienen

Die unerwartet taumelten wie bienen
Wahllos von einem zu dem anderen mund
Die so gegangen sind was ward aus ihnen?
In deren frühem blick solch los nicht stund.

Die so verlegen von dem weg sich stahlen
Als störten wir sie ihrem brauch zu dienen
Und uns doch kannten von so vielen malen —
Die so gegangen sind was ward aus ihnen?« (52—53)[105]

Wie in Uxkulls Gedicht wird auch hier ein bestimmter Vers leitmotivisch wiederholt. Aber während bei Uxkull dieser Vers jeweils am Ende der einzelnen Strophen erscheint, wird bei Schmitt in der Wiederholung das Prinzip sorgfältiger Steigerung sichtbar. Der leitmotivische Vers nimmt in der einzelnen Strophe jeweils den Platz ein, der der Strophe in der Gesamtheit des Gedichtes zukommt, so daß der Vers in der vierten Strophe am Schluß erscheint. Dem Gedicht wird dadurch eine zyklische Geschlossenheit verliehen, wobei das Gewicht der Frage, die in diesem leitmotivischen Vers enthalten ist, am Ende des Gedichtes aufs höchste zunimmt.

Diese virtuose formale Durchgestaltung wird nicht immer ganz ohne eigenwillige Behandlung der grammatischen Sprache erreicht. So sind die beiden Verse am Beginn der zweiten Strophe schwer zu rechtfertigen,[106] zumal das Bild »ihren rennern ihren rüden nach« im Zusammenhang des Gedichtes befremdend wirkt. Aber dennoch geht gerade von diesem schwer erklärlichen Bild, sei es durch die verzögerte Satzstellung, sei es durch die Alliteration, ein Reiz aus, dem man sich schwer entziehen kann und der Adornos über ein George-Lied im »Siebenten Ring« geäußertes Wort: »Die großen Kunstwerke sind jene, die an ihren fragwürdigsten Stellen Glück haben ...«[107] zu bestätigen scheint.

Das Gedicht enthält gewissermaßen das Gegen-Motiv zu all jenen Gedichten, in denen im Bild des Morgens der Aufbruch in die Georgesche Wirklichkeit dargestellt wird. Die allmähliche Loslösung vom Kreis, das Verblassen des Lichtes, das Zerbröckeln der menschlichen Bindungen, der Zustand der sich unmerklich, aber auch unaufhaltsam einstellenden Entfremdung sind in diesem Gedicht thematisch geworden. Die gesteigerte Schwere, in der der leitmotivische Vers am Ende des Gedichtes ausklingt, findet ihre künstlerische Wahrheit darin, daß die in diesem Vers gestellte Frage auch heute noch über dem George-Kreis steht:

»Die so gegangen sind was ward aus ihnen?«

Es waren Dichter, für die die Zeit einen Augenblick lang stillstand, die an einer höheren Wirklichkeit teilhatten, die ihnen die Ewigkeit schien, die aber nicht einmal ein Menschenleben währte. Unter ihnen ist im Rückblick niemand, der George im Rang nahe gekommen wäre, aber daß der Rang Georges nicht zuletzt in dieser auch im Rückblick erstaunlichen Wirkung auf eine Gruppe junger Dichter sichtbar wird, hat der große holländische Dichter Albert Verwey in seinem George gewidmeten Gedicht »Mein König« bewußt in diesen Versen ans Ende gestellt:

> »... wer konnt als form
>
> Sich so einprägen in ein jung
> Geschlecht? ich beug mich wenn ich dies
> Bedenk. verehrend flüstre ich:
> Mein könig! und ich schweig und geh.«[108]

VI. Nachwirkungen Stefan Georges im Expressionismus

1. Der Expressionismus in der Sicht Georges und seines Kreises

Stefan Georges Werk hat nie zur künstlerischen Avantgarde seiner Zeit gehört. Die gewaltsame Anstrengung, mit der er sich und seine Dichtung vom literarischen Leben seiner Epoche fernhielt, ist schon sehr bald in das Vorurteil vom künstlerischen Reaktionär umgemünzt worden. Das gilt bereits für den Naturalismus, der in Deutschland Georges künstlerische Anfänge begleitete, und ebenso für den Expressionismus, dessen künstlerischer Höhepunkt nach dem Ersten Weltkrieg sich zeitlich mit dem sich abrundenden Spätwerk Georges und seinem selbst bestimmten Verstummen als Dichter berührt.

Wenn Arno Holz, der schon zu Lebzeiten vergessene Begründer des konsequenten Naturalismus, glaubte, in Georges Dichtung »eine Regression, eine entwicklungsgeschichtliche interessante Rückbildung«[1] zu erkennen, so scheint die gleiche Haltung gegenüber George für den Expressionismus typisch zu sein. Herwarth Walden, der einflußreiche Herausgeber des »Sturm« und Förderer von August Stramm, wie Arno Holz vor allem theoretisch interessiert und auf der Suche nach einer neuen Wortkunsttheorie, rechnete George als »Wortverfechter meisterlicher Kunst«[2] mit Heine und Goethe zu den, wie es spöttisch heißt, »Meisterschaftsringern der deutschen Lyrik« (150). Dieses Bild scheint sogar in seinen Grundzügen von literaturwissenschaftlicher Seite bestätigt zu werden, wie ein viel gelesenes Buch über die »Struktur der modernen Lyrik«[3] bezeugt.

Ein solches Bild ruft zu Korrekturen auf. Der Widerstand gegenüber seiner Zeit, der für George von Anfang an eine Grundbedingung seines künstlerischen Schaffens war, wurde ihm bis zu einem gewissen Grad von seiner Epoche auferlegt und war wohl kaum der Ausdruck einer herrscherlichen Attitüde. Die Schärfe, mit der der junge George auf die Wirklichkeit seiner Zeit reagierte, steht der Wirklichkeitserfahrung eines Georg Heym beispielsweise keineswegs so fern, wie es auf den ersten Blick scheinen will. Heyms Tagebuchäußerung: »Mein Gott — ich ersticke noch mit meinem brachliegenden Enthusiasmus in dieser banalen Zeit ...«[4] und Georges Bekenntnis: »In Deutschland wars damals nicht auszuhalten; denken Sie an Nietzsche! Ich hätte da-

mals eine Bombe geworfen, wenn man mich hier festgehalten hätte;
oder ich wäre wie Nietzsche zugrunde gegangen ...«[5] sind sich über
alle zeitlichen Unterschiede hinweg in der Revolte gegen eine als see-
lenlos empfundene Zeit ähnlich.

George hat zudem die dichterischen Bestrebungen in Deutschland, die
sein eigenes Schaffen begleiteten, sehr viel stärker beobachtet, als seine
äußerliche Isolation vermuten läßt. So hat er die Kunstbestrebungen
des Naturalismus im letzten Jahrzehnt des vergangenen Jahrhunderts
in Berlin aus unmittelbarer Nähe aufmerksam verfolgt. Mancher
Merkspruch in den »Blättern für die Kunst« setzt sich mit der Dich-
tungsauffassung der Naturalisten auseinander. Ja, Vallentin berichtet
in seinen Gesprächen mit dem Dichter, daß George durch seinen engsten Vertrauten der Frühzeit, »durch C. A. Klein die junge literarische
Bewegung von 1880/90 aus der Nähe habe beobachten lassen«.[6]

Das gilt eingeschränkt auch für die dichterische Bewegung, die zeitlich
dem Schaffen des späten George parallel lief, den Expressionismus. In
dem Maße allerdings, in dem der junge George noch unsicher war und
auf der Suche nach seinem eigenen Weg auf Impulse der Umwelt stärker reagierte, ist sich der späte George seines eigenen Weges bewußt
und sehr viel stärker von einer Abwehrhaltung bestimmt. Die Aufmerksamkeit, die George noch dem Naturalismus bei aller Ablehnung
zollte, läßt sich in seiner Haltung dem Expressionismus gegenüber
kaum mehr erkennen. Georges Abwehrreaktion ist hier nicht selten
mit Voreingenommenheit gepaart, die aus der selbstgewählten Begrenzung seines eigenen Standortes erwuchs und zweifellos auf gewisse
Schwächen seiner Einschätzung der zeitgenössischen Kunst verweist.

Während Wolfskehl z. B. mit Franz Marc befreundet war und die Bilder von Paul Klee und Kandinsky schätzte,[7] hat George für das »Ge-
sudel der Kandinsky und Kokoschka«[8] nur Verachtung übrig gehabt
und erweist sich hier als Gefangener seiner an Feuerbach, Max Klinger
und Lenbach orientierten Anschauung. Diese Haltung, die George dem
malerischen Expressionismus gegenüber an den Tag legt, gilt auch für
seine Beziehung zum dichterischen Expressionismus. Er war kaum geneigt, dem Expressionismus künstlerische Geltung zuzugestehen. Jener
zuerst in den »Blättern für die Kunst« erschienene ausführliche Merkspruch »Über Kraft«, der ihm so wichtig schien, daß er ihn in sein
Prosabuch »Tage und Taten« unter die »Betrachtungen« aufnahm,
scheint Georges Kritik am Expressionismus zu enthalten. Dem aktivi-
stischen Pathos, dem sich um keine Konvention kümmernden Gefühlsüberschwang der expressionistischen Dichter, deren Haltung die Gebärde des Schreis zusammenfaßt, wird von George entgegengehalten:

»Vor den zu lebhaften ausbrüchen der kraft im kunstwerk muss man auf der
hut sein .. hinter ihnen steht oft gar nicht des empfindens wahrheit und
tiefe · sondern nur schwärende unreife oder die anstrengung sich durch die

eigenen schreie in etwas einzureden was nicht vorhanden ist. Durch bezwingen dieser ausbrüche zeigt sich wahre kraft ... kunst ist nicht schmerz und nicht wollust sondern der triumf über das eine und die verklärung des andern. Tiefster schmerz deutet sich auch nicht an durch ausstossen von wehlauten auf offenem markt: der kenner der seele aber hört ihn unendlich rührend als seufzer aus einer scheuen einsamkeit. Tiefste wollust gibt sich auch nicht zu erkennen durch anwendung heftiger worte und bilder sondern durch ein lächeln · durch eine zerdrückte träne und durch ein beben. Aus der grösse des sieges und der verklärung fühle man grösse und echtheit der erregung.«[9]

Wo der Expressionismus Wahrhaftigkeit erstrebt und seine Gefühlssteigerung unmittelbar in Sprache bannen will, den Inhalt der Aussage über die Form stellend, geht es George um Verwandlung des Erlebens im Medium der Kunst, um indirekten Ausdruck durch spezifisch künstlerische Mittel, so z. B. durch symbolische Details. Georges Polemik gegen die Unmittelbarkeit, die der Expressionismus für sich in Anspruch nimmt, erscheint aus heutiger Sicht als nicht ganz ungerechtfertigt. Dem Expressionismus geht es um Wahrhaftigkeit im Namen der Wirklichkeit und des Menschen. Es ist die Wahrhaftigkeit eines messianischen Pathos. George geht es um Wahrhaftigkeit im Namen der Kunst. Wo George Wirklichkeit und Dichtung streng voneinander trennt und die Wirklichkeit nur im Durchgang durch einen Prozeß künstlerischer Verwandlung in der Dichtung gelten lassen will, wird die Dichtung im Expressionismus dem höheren Zweck der Menschlichkeit untergeordnet und büßt damit ihre Autonomie ein.

Diese Stellung Georges zum Expressionismus erklärt im Einzelfall seine Urteile über expressionistische Dichter. Fritz von Unruh z. B., dessen damals unvollendet gebliebene Trilogie »Ein Geschlecht« den Aufruf zu einer neuen Menschlichkeit im Namen des Friedens verkündete und die zeitweise als dramatisches Hauptwerk des Expressionismus galt, war für George »gespiener Claudel«.[10] Ein Urteil, das schwer zu rechtfertigen ist, da Unruh einer der wenigen war, der im 1920 entstandenen zweiten Teil seiner Trilogie, »Platz«, bereits die Fragwürdigkeit des expressionistischen Pathos gestaltete[11] und in seinem 1922 geschriebenen Schauspiel »Stürme«, wie noch zu zeigen sein wird, dem expressionistischen verbalen Leerlauf die künstlerische Haltung Georges als Gegenbild gegenüberstellte.

Ähnlich undifferenziert war Georges Ablehnung der expressionistischen Lyriker, der »Monosyllaben«,[12] wie er sie spöttisch nannte, dabei wohl in erster Linie auf August Stramm und die Lyriker des »Sturm«-Kreises anspielend. Salin berichtet: »Er fand die Blass, Brod usw. mit einem Wortspiel alle gleich ver-werf-lich und hat so den Werfel miteinbezogen.« (216) Aber so, wie Georges Unruh-Urteil ihn in Unkenntnis über seine eigene Wirkung zeigt, greift er auch in Ernst Blass, wie ebenfalls noch zu zeigen sein wird, einen expressionistischen

Lyriker an, der bestrebt war, über den Expressionismus hinaus zu gelangen und der gerade in George eine Art Vorbild sah.

Das messianische Pathos der Expressionisten erinnerte George in manchen Zügen an das soziale Pathos des vorangegangenen Naturalismus bei Holz oder Gerhart Hauptmann etwa, und auch die Betonung der Wirklichkeit vor der Form schien ihm eine bereits vom Naturalismus her bekannte Konstellation im Expressionismus zu wiederholen. Aber das sind abstrakte Vergleichspunkte. Wenn George 1924 resümierte,

> »eine literarische Bewegung, wie sie in seiner Jugend in der Gestalt des Naturalismus aufgetreten sei, gebe es heute nicht. Es sei gegenwärtig gar kein Interesse mehr für Literatur in dieser Weise vorhanden und die Produktionen der Literaten ständen alle einzeln für sich da, ohne irgendetwas zu bedeuten. Auch der literarische Expressionismus sei schon überwunden ...«[13]

so wird hier der Expressionismus in einer Weise vom Naturalismus abgehoben, deren Gegenteil aus heutiger Sicht eher zutreffen dürfte.

Es verwundert nicht, daß dieses sehr problematische, kaum reflektierte Verhältnis Georges zum Expressionismus von der offiziellen Literaturhistorie des George-Kreises nicht differenziert, sondern lediglich sanktioniert wurde. Gundolfs Aufsatz »Stefan George und der Expressionismus«[14] ist nur ein Reflex und eine Apologie der Georgeschen Wertung, aber keineswegs eine um Nüchternheit bemühte Darstellung der Wirkungszusammenhänge, die zwischen Georges Dichtung und dem Expressionismus bestanden.

Gundolf ging es vor allem darum, die sich unerwartet dokumentierende Wirkung Georges auf die jungen Lyriker des Expressionismus, vor allem nach dem Ende des Ersten Weltkrieges, als Mißverständnis zu entlarven: »Das Schlagwort vom ›neuen Pathos‹ kam auf, der ›Vorläufer des Expressionismus‹«.[15] Während Georges Dichtung Ausdruck des »ganzen Menschen« (163) oder, wie es mit mythologischer Verbrämung heißt, des »heroischen Menschen« (165) sei, habe der Expressionismus »die mißdeutete Gesinnung ... und die mißdeutete Sprachzucht« (163) Georges mit seinem eigenen messianischen Pathos vermengt. Gundolf gibt immerhin, wenn auch nur in der Negation, eine sehr ausgedehnte Wirkung Georges auf den literarischen Expressionismus zu, wenn er mit deutlichen Angriff auf Heym, Stadler und Werfel ausführt:

> »Die einen ballten in Georgeschen Tonfällen (hauptsächlich aus seinem Baudelaire) qualvolle und widrige Bilder um der Bilder willen, andere benutzten die Bilder und die Tonfälle zu sozialen und politischen Manifesten, andere lockerten die neue Gespanntheit zu süß schwelgender Seelenvergötzung oder Dingverinnerung oder blähten die neue Schwebe zu slawischer, menschheits-wütiger Mitleidsemphase.« (164)

Das wird hier mit apologetischer Selbstüberzeugtheit von der Warte des George-Kreises aus formuliert, der damals noch für sich in Anspruch nehmen konnte, die einzig legitime, von George gesteuerte Fortwirkung seiner Dichtung in den lyrischen Arbeiten der zum Kreis gehörenden jungen Dichter zu repräsentieren.

Aber so, wie es für einen Dichter unmöglich sein dürfte, die Nachwirkung seines Werkes zu kontrollieren und für die Zukunft endgültig festlegen zu wollen, kommt es aus heutiger Sicht eher darauf an, die Gundolfsche Dogmatisierung der Georgeschen Wirkung fallen zu lassen und dem Echo von Georges Dichtung auch dort nachzugehen, wo es seinem eigenen Willen nach vielleicht gar nicht hingelangen sollte. Wenn die fortwirkende Kraft von Georges Dichtung erwiesen werden kann, dann am ehesten so.

Denn die Dichtung, die innerhalb des George-Kreises entstand und die sich als legitime Fortführung des Georgeschen Kunststrebens sah, hat (wie bereits dargelegt wurde), ungeachtet des oft verwirklichten ästhetischen Niveaus, den Anschluß an die Fortentfaltung des lyrischen Wortes in Deutschland verloren. Das mag verschiedenartige, zum Teil auch politische Gründe haben und war sicherlich nicht in jedem Fall eine Folge künstlerischer Schwäche. Lediglich jene durch geheime Kanäle weitergeleitete und verwandelte Wirkung der Georgeschen Dichtung kann ihr den Rang zusprechen, der sich nur auf die Legitimität des gestalteten Wortes beruft. Hier gewinnt der Aspekt einer Nachwirkung der Georgeschen Dichtung an Gewicht, den Vollmoeller, der selbst zeitweise zum Kreis gehörte, in seinen Worten zum Ausdruck gebracht hat: »Ich nannte mir selbst oft seine Bücher: Grammatik und Lesebuch der kommenden Dichter. Das wird seine Stelle und sein Ruhm sein.«[16]

Erscheint es nicht als Bestätigung dieser von Vollmoeller charakterisierten Wirkungsweise, wenn ein zeitgenössischer Lyriker wie Heißenbüttel, den auf den ersten Blick nichts mit George verbindet, dennoch über die Wirkung Georges auf ihn berichtet hat:

»An Gedichten Georges habe ich ... zuerst erfahren, was ein Gedicht sein kann. Ich möchte das ganz wörtlich verstanden wissen. Als etwas, gegen das Faszinationen, wie sie für mich später mit Rilke oder Benn auftauchten, nicht ankommen ... Dabei war das Beispielhafte, das ich an einzelnen Gedichten erfuhr, von Anfang an getrennt von der Haltung Georges ... Die Gedichte, vor allem aus dem ›Jahr der Seele‹, dem ›Siebenten Ring‹ und dem ›Neuen Reich‹, waren einfach Exempel dafür, wie man Sprache in etwas verwandeln kann, was mehr ist als bloßes Sprechen. Etwas, in dem etwas zur Sprache kommt, das nur so, in dieser Konzentration deutlich werden kann.«[17]

Hiermit wird zugleich auch die Richtung bezeichnet, in der sich Georges Einfluß auf den Expressionismus bewegt. Es ist die Faszination durch das gestaltete Wort und weniger durch die Haltung, die hinter diesem Wort stand. Das Echo dieser Faszination findet sich bei den verschiedenartigsten Dichtern. Paul Zechs Urteil: »Auch für den Zeitgenossen bleibt nichts als das Gedicht von David über Goethe zu Stefan George. (Diesen letzten Lehr- und Weg-Meister werdet Ihr nie auslöschen!)«[18] hat Edschmid in seiner Rede über den »Expressionismus in der Dichtung«[19] schon 1918 ganz ähnlich formuliert: »Man konnte nach George nicht mehr vergessen, daß eine große Form unumgänglich sei für das Kunstwerk ... Das strenge Gesetz Georges brach über den Rand des Geheimbundes, kam in Lyrik und Essay, in Drama und Roman und half erziehen.« (93)

Auch ein so aufmerksamer Beobachter und Chronist der expressionistischen Bewegung wie Kurt Pinthus hat schon 1915 die Wirkung Georges auf die expressionistische Bewegung ähnlich beschrieben: »Stefan George, vorbildlich durch des Charakters und der Form Haltung, wies mit strenger Gebärde weg von der modernen attrappenhaften Wirklichkeit zum Vollkommenen.«[20]

Es soll im folgenden versucht werden, dieser Wirkung Georges auf den Expressionismus am Werk einiger expressionistischer Dichter beispielhaft nachzugehen. Es handelt sich dabei fast in allen Fällen um eine Rezeption Georges, die vom dichterischen Wort ausgeht, von der formalen Strenge und sprachlichen Zucht seiner Gedichte. Das gilt für Georges Wirkung auf Ernst Stadler, Georg Heym, Carl Sternheim, Ernst Blass, Gottfried Benn und Georg Kaiser. In zwei Fällen, auf die am Schluß einzugehen sein wird, handelt es sich auch um eine Rezeption von Georges Gestalt und erzieherischer Leistung. Das gilt für Reinhard Goering und Fritz von Unruh. Schon die Zahl dieser Namen bezeugt, wie überraschend vielfältig das Spektrum von Georges Ausstrahlung auf den Expressionismus war.

2. Ernst Stadler

Stadlers Polemik gegen die »verdächtige Vollkommenheit, wie sie frühreife Georgeschüler in physiognomielosen Erstlingsbüchern pflegen«,[21] deutet eher auf ein skeptisches Verhältnis zu Georges Dichtung hin. Aber diese Formulierung, 1911 in einer Besprechung von Georg Heyms »Ewiger Tag« geschrieben, ist zugleich das Zeugnis einer inneren Auseinandersetzung Stadlers mit der Wirkung Georges, die auf wenige, die außerhalb des Kreises standen, so groß war wie gerade auf ihn. Stadlers auf Heym bezogene Reflexion »Man ist es satt, immer nur Ausklang, Spätling zu sein, lieber Unbeholfenheiten und Geschmacklosigkeiten zu wagen als in der Fessel eines immer mehr erstarrten Formalismus zu verkümmern ...« (13) ist zugleich ein Bekenntnis, das auf seine eigene Situation zutrifft.

Heyms verwirklichter künstlerischer Standpunkt, »der freilich durch die strenge Zucht der neuen lyrischen Verskultur hindurchgeschritten ist« (13) — womit zweifelsohne George gemeint ist —, wird für Stadler zur Bestätigung der Möglichkeit, Dichtung zu gestalten, die auf ihre Weise Vollkommenheit besitzt, ohne dem Vorbild Georges sklavisch verpflichtet zu sein. Unter diesem Aspekt wird die Heym-Besprechung zu einem Dokument, das sich dem inneren Loslösungsprozeß Stadlers von George zuordnet.

Stadler hat sich freilich vorher nie explizit zu George bekannt. Selbst direkte Äußerungen über Georges Dichtungen sind rar. Nur einmal ist er aus Anlaß einer frühen Übertragung von George-Gedichten ins Englische kurz auf Georges Lyrik eingegangen.[22] Aber seine Besprechung von Gundolfs »Shakespeare und der deutsche Geist« bezeugt nicht nur seinen großen Respekt vor der kulturgeschichtlichen Leistung Georges und seines Kreises,[23] sondern auch seine Vertrautheit mit Georges dichterischem Credo, »mit ganz bestimmten Leitsätzen der ›Blätter für die Kunst‹«. (44) Daß diese Vertrautheit von einer intimen Kenntnis von Georges dichterischem Frühwerk ergänzt wurde, läßt Stadlers erste selbständige Gedichtveröffentlichung, der 1904 erschienene Band »Praeludien«, erkennen.

Eine Strophe wie die folgende in Stadlers Gedicht »Der gelbe Mond« wirkt wie das Echo eines berühmten George-Gedichtes aus dem »Jahr der Seele«:

> »Der lange Tag erlosch im gelben Leuchten
> des Monds · der weich sich zwischen Pappeln hebt ·
> indes der Hauch des Weihers · der im feuchten
> Schilfröhricht schläft · duftend im Dämmer schwebt.« (D2,196)

Georges Gedicht beginnt mit der Strophe:

> »Der hügel wo wir wandeln liegt im schatten ·
> Indes der drüben noch im lichte webt ·
> Der mond auf seinen zarten grünen matten
> Nur erst als kleine weisse wolke schwebt.« (I,162)

Die Abhängigkeit erstreckt sich bis auf das Äußerlichste, die Interpunktion. Der von George als Zeichen rhythmischen Einhalts verwendete Punkt in der Mitte der Zeile, eine Art Komma-Ersatz, ist von Stadler übernommen worden. Die metrische Struktur der beiden Strophen, nämlich fünfhebige Jamben, allerdings mit einer deutlichen Unregelmäßigkeit im vierten Vers bei Stadler, entspricht sich ebenso. Ein Reimpaar ist darüber hinaus fast identisch. Die grammatische Verbindung von zwei Bildern durch einen mit »indes« eingeleiteten Adversativsatz findet sich in beiden Strophen. Ja, das Motiv der Dämmerung und das Bild des Mondes stehen im Zentrum beider Strophen. Aber bei so viel Ähnlichkeit in den Formalien, welcher Unterschied im künstlerischen Gelingen!

Das Motiv der Dämmerung ist bei George völlig in die konkrete Situation eingebettet. Die Dämmerung als abstrakte Zeitbestimmung wird nirgendwo genannt, sondern ergibt sich nur indirekt aus dem konkreten Eindruck. Bei Stadler hingegen wird die Strophe durch eine abstrakte Zeitbestimmung eröffnet: »Der lange Tag erlosch ...«, und eine abstrakte Zeitbestimmung steht auch am Ende der Strophe: »im Dämmer schwebt«. Das Bild des Mondes zwischen den Pappeln — ein Pappel-Bild findet sich übrigens auch im ersten Gedicht der »Hirten- und Preisgedichte« (I,65) — und der dunkelnden Oberfläche des Wassers werden durch die Einbettung in abstrakte Zeitbestimmungen gewissermaßen um ihre Wirkung gebracht.

Noch problematischer ist die grammatische Funktion der Konjunktion »indes« bei Stadler. Bei George hat das »indes« tatsächlich adversative Funktion. Es handelt sich um eine konkrete Entgegensetzung: Der Hügel, der bereits in Dämmerung gehüllt ist, und der Hügel, der noch vom Licht umgeben ist, werden einander gegenübergestellt. Bei Stadler trifft man jedoch nicht auf eine bildliche Konfrontation, sondern auf eine Addition von zwei Bildern, die beide die Dämmerstunde verdeutlichen. In Georges Strophe findet man die Gestaltung einer einzigen konkreten Situation, die sich als Eindruck bruchlos umsetzen läßt. Von dem dunklen Hügel aus erscheint der Mond auf dem Hintergrund des grünen, noch beleuchteten Hügels als weiße Wolke. Bei Stadler findet man ein Schwanken zwischen abstrakter Benennung und konkreter bildlicher Gestaltung, aber ohne daß sich ein homogener Bildeindruck ergibt, der die Bedeutung der Dämmerung indirekt evoziert.

Man hat von dieser Analyse her den Eindruck, daß Stadler Elemente der Georgeschen Dichtung aus ihrem Zusammenhang löst und zu einem neuen Gedicht verbindet, ohne daß jedoch der künstlerische Stellenwert dieser Elemente in Georges Dichtung berücksichtigt und ohne daß er in Stadlers eigenem künstlerischen Umwandlungsprozeß annähernd neu verwirklicht wird. Dieser Eindruck wird besonders von der Wirkung des Georgeschen »Algabal«-Zyklus auf Stadler bestätigt. Wenn K. L. Schneider äußert, daß »Stadler den schweren Prunk des frühen George imitierte«, und das Ergebnis als »die Grenze der Parodie streifendes Zerrbild des Nachgeahmten«[24] bezeichnet, so bezieht sich das in erster Linie auf die Nachwirkung des »Algabal« in Stadlers »Praeludien«. Die im »Algabal« einem ästhetischen Zusammenhang eingeordneten Edelstein-, Metall- und Unterreich-Bilder[25] erscheinen bei Stadler aus dem Zusammenhang gelöst und zu exotischen Requisiten verflacht. Verse wie »auf Scharlachgewirken die bernsteinschillernden Schalen« (D2,186) versuchen, die Bilderwelt des »Algabal« bis hin zur unfreiwilligen Parodie zu übertreffen. Aber oft genug handelt es sich um direkte Entnahmen aus den »Algabal«-Gedichten.[26]

Nur gelegentlich verdichten sich diese Anleihen zu einer neuen Form, die ästhetisch dadurch gerechtfertigt ist, daß sich in ihr die Reflexion des eigenen künstlerischen Abhängigkeitsverhältnisses ausspricht. Das gilt besonders für das Gedicht »Im Treibhaus«:

»Gefleckte Moose · bunte Flechten schwanken
um hoher Palmen fächerstarre Fahnen ·
und zwischen glatten Taxusstauden ranken
sich bleich und lüstern zitternde Lianen.

Gleich seltnen Faltern schaukeln Orchideen ·
und krause Farren ringeln ihr Gefieder ·
glitzernd von überwachsnen Wänden wehn
in Flocken wilde Blütenbüschel nieder.

Und kranke Triebe züngeln auf und leuchten
aus jäh gespaltner Kelche wirrem Meer ·
und langsam trägt die Luft den feuchten
traumschlaffen Duft der Palmen drüberher.

Und schattenhaft beglänzt im weichen
gedämpften Feuer strahlt der Raum ·
und ahnend dämmern Bild und Zeichen
für seltne Wollust · frevlen Traum.« (D2,208)

In dem Gedicht klingt ein fernes Echo jener Strophe nach, die fast am
Ende von Georges »Pilgerfahrten« steht:

»Wo farren gräser junge palmen
Ganz aus kristall sich aufgestellt
Mit ähren moosen schachtelhalmen ·
Wundersame pflanzenwelt!« (I,39)

Bei George ist der Dichter auf der Flucht vor der Wirklichkeit (»Wir
jagen über weisse steppen ·«) in eine neue traumhafte Welt, die dann
in der Gestaltung des »Algabal« dichterisch verwirklicht wird. Bei
Stadler wird gewissermaßen nochmals die Intention des »Algabal«
aufgenommen. Es ist der Endpunkt der Flucht und zugleich der Rückblick auf die Wirklichkeit, die gegen die vertraute Realität einge-
tauscht worden ist. Nirgendwo lassen sich in diesem Gedicht direkte
Anleihen bei George feststellen, aber die Nähe zum »Algabal« ist um
so überzeugender. Die »wundersame pflanzenwelt«, die am Ende der
»Pilgerfahrten« traumhaft evoziert wird, hat bei Stadler ihre Faszination eingebüßt. Es ist eine Welt, in der das Exotische Züge des Verfalls
(»bleich und lüstern«, »kranke Triebe«, »jäh gespaltne Kelche«) und
der Gefährdung trägt. Ja, die beiden letzten Verse des Gedichtes, in
denen der Schritt von der Darstellung zur Deutung getan wird, scheinen als Reflexion dieser Welt zugleich ihre Grenzen sichtbar zu
machen. Algabals Überzeugtheit von der Vollkommenheit seiner
künstlichen Welt:
»Mein garten bedarf nicht luft und nicht wärme ·« (I,47)
eine Überzeugtheit, die nur gelegentlich von Zweifel und »sorge«
überschattet wird, scheint hier in der Erkenntnis von »seltner Wollust«
und »frevlem Traum« als blasphemischer Anspruch widerlegt zu werden.

Es ist aufschlußreich, daß diese Absage an die dichterische Welt des jungen George sich zugleich auf nahezu vollkommene Weise der Georgeschen Sprachform bedient. Es sind ausgewogene vierhebige Jamben, in denen — wie bei George — die Satzlänge dazu neigt, sich der Verslänge anzupassen und nirgendwo die Strophe als geschlossene Einheit vom Enjambement überspielt wird. Auch hier dominiert der konkrete Eindruck, die Darstellung im Bildlichen, die erst am Gedichtende, deutlich gesteigert, in Reflexion gipfelt.

Das Gedicht erinnert in seiner auf die Welt des jungen George bezogenen Thematik an Hofmannsthals Sonett »Der Prophet«, das ein in der »Algabal«-Dichtung gespiegeltes Bild Georges zeichnet. Aber während es Stadler gelungen ist, seine Ablehnung der »Algabal«-Welt in ein dichterisches Bild zu zwingen, das in sich evident ist, bleibt Hofmannsthals Sonett aus einer persönlichen Abwehrhaltung heraus in der polemischen Geste verhaftet. Verse wie:

»Das Tor fällt zu, des Lebens Laut verhallt«[27]

oder:

»Und er kann töten, ohne zu berühren«

sind forcierte Eigendeutung des Dichters, die seine Verse in eine programmatische und einseitige Richtung zwingt.

Stadlers Absage an die frühe George-Welt ist hier auch überzeugender als in seinem Gedicht »Incipit vita nova«, in dem diese Absage direkt formuliert wird, in Versen, die besonders in den beiden ersten Strophen Bilder aus Algabals »Unterreich« variieren:

>»Der funkelnden Säle · goldig flimmernder Schächte
>und Pfeiler und Wände mit rieselnden Steinen behängt
>ward ich nun müde. Und der fiebernden Nächte
>in klingenden Grotten von lauen Lichtern getränkt.
>
>Zu lange lauschte ich den smaragdnen Grüften
>schwebender Schatten · sickernder Tropfen Fall —
>Zu lange lag ich umschwankt von betörenden Düften ·
>lüstern gewiegt von schläfernder Geigen Schwall.« (D2,198)

Georgesch ist auch hier die Sprachform. Die Betonung der vollen Zeilenlänge, die Bevorzugung des verknappten partizipialen Ausdrucks (»mit rieselnden Steinen behängt«, »von lauen Lichtern getränkt«, »umschwankt von betörenden Düften«, »gewiegt von schläfernder Geigen Schwall«), des vorangestellten Genitivs (»sickernder Tropfen Fall«, »schläfernder Geigen Schwall«), der verzögerten Wortstellung (»Der funkelnden Säle ... ward ich nun müde«) bezeugen es, von den bereits erwähnten bildlichen Anklängen an Algabals »Unterreich« ganz zu schweigen. Aber diese Absage überzeugt hier kaum, weil auch die Alternative, die in der zweiten Hälfte des Gedichtes gezeichnet wird, keine echte Alternative ist: sie bleibt Georgesch. Es ist die mittelalterliche Welt, die George selbst nach dem »Algabal« in den »Bü-

chern der Hirten- und Preisgedichte der Sagen und Sänge und der
Hängenden Gärten« dichterisch verlebendigt hat. Stadlers Verse:

> »Vom Söller · den die eisernen Zinnen hüten ·
> sah ich hinab aus dämmrigem Traum erwacht:
> Glitzernd brannten die Wiesen · die Wasser glühten
> silbern durch die schwellende Sommernacht.« (D2,198)

variieren im Grunde eine Situation, die bei allen Unterschieden im
einzelnen auch in der folgenden George-Strophe umschrieben wird:

> »Ein edelkind sah vom balkon
> In den frühling golden und grün ·
> Lauschte der lerchen ton
> Und blickte so freudig und kühn.« (I,96)

Georges nach dem »Algabal« erfolgte Wendung zu den »mittelalterli-
chen strömen« (I,63), zur »vergangenheit«, die »nach eigner art gestal-
tet« (I,63) wird, ist also nur von Stadler nachvollzogen worden.
Erst in den zwischen 1911 und 1913 entstandenen Gedichten der
Sammlung »Aufbruch« erkennt man Stadlers Durchbruch zum eigenen
Ton, in dem sich zugleich die expressionistische Generation wieder-
erkannte. K. L. Schneider hat zu Recht betont, daß auch hier noch das
Echo von Stadlers früher Lyrik vorhanden ist,[28] daß also Georges
Schatten auch noch über diesen Versen liegt. In der Tat wiederholt das
Eröffnungsgedicht des »Aufbruch«, »Worte«, das bereits lange vorher
in »Incipit vita nova« gestaltete Thema. Auch hier wird die Absage
an jene Dichtung formuliert, die Stadler im Frühwerk Georges verkörpert fand. Die »bunten Worte«, die, an die Bildvorstellung im
»Treibhaus«-Gedicht anschließend, mit »fremdländischen Blumen«
(D 1,109) verglichen werden, »entblättern« sich hier. Ihr Zauber wird
als Leere erkannt. Aber auch jetzt zeichnet sich kein abrupter, sondern
eher ein wehmütiger Abschied ab:

> »Aber an manchen Abenden geschah es,
> daß wir heimlich und sehnsüchtig
> ihrer verhallenden Musik nachweinten.« (D1,109)

Selbst das als »Programm-Gedicht des Expressionismus«[29] berühmt
gewordene Gedicht »Form ist Wollust« wiederholt[30] nochmals die
gleiche Konstellation:

> »Form und Riegel mußten erst zerspringen,
> Welt durch aufgeschlossne Röhren dringen:
> Form ist Wollust, Friede, himmlisches Genügen,
> Doch mich reißt es, Ackerschollen umzupflügen.
> Form will mich verschnüren und verengen,
> Doch ich will mein Sein in alle Weiten drängen —
> Form ist klare Härte ohn' Erbarmen,
> Doch mich treibt es zu den Dumpfen, zu den Armen,
> Und in grenzenlosem Michverschenken
> Will mich Leben mit Erfüllung tränken.« (D1,127)

Im Mittelpunkt dieses Gedichtes steht erneut die Auseinandersetzung mit der Georgeschen Kunstauffassung oder anders ausgedrückt: Stadlers eigene künstlerische Entwicklung wird hier auf eine dichterische Formel gebracht. Die Hinwendung zur Wirklichkeit, das Sichverschenken des Ichs an die Welt, wird in diesen Versen programmatisch gegen George verkündet. Wenn Schneider, der hier ebenfalls eine Auseinandersetzung Stadlers mit George erkennt, allerdings meint, der »Exklusivität der Formkunst« (D1,67) werde hier das Urteil gesprochen, so dürfte er überpointieren.

Denn ist es schon paradox, daß die Absage an George in der kompakten Georgeschen Sprachform gestaltet ist, so wird darüber hinaus diese Form keineswegs nur mit negativen Akzenten versehen. Es heißt zwar: »Form ist klare Härte ohn' Erbarmen«, aber auf der andern Seite ebenso: »Form ist Wollust, Friede, himmlisches Genügen«.

Was als »Programm« dieses Gedichtes erscheint, ist also weniger eine Verwerfung der Georgeschen Form als ihre Verwandlung. Die Distanz von der Wirklichkeit, die bei George mit dieser Form verbunden ist, wird bei Stadler aufgegeben. Er erfüllt sie mit einem neuen Inhalt, indem er die Georgesche Stilintention auf die Gestaltung der unmittelbaren Wirklichkeit überträgt.

Sicherlich nahm Stadler später in seinen ekstatischen Langzeilen noch andere formale Impulse, z. B. von Walt Whitman, auf, aber es ist nicht von ungefähr so, daß einige der vollkommenen Gedichte des »Aufbruch« in ihrer verknappten, gedrängten Form noch deutlich die Schulung durch George verraten. Das gilt nicht zuletzt für das Gedicht »Vorfrühling« (D1,124). Dieses Gedicht ist in der von George bevorzugten Form abgefaßt, in vierzeiligen, kreuzweise gereimten Strophen, die zu einem dreistrophigen Gedicht verbunden sind.[31] Das ist die Form, die z. B. im »Jahr der Seele« dominiert. Wie so häufig bei George bestimmt auch hier eine Verszeile fast immer die Länge eines Satzes. Aber im Unterschied zu George variiert die Zeilenfüllung bei Stadler. Nur noch von fern glaubt man, ein Echo des Gedichtes zu vernehmen, das im »Jahr der Seele« den »Sieg des Sommers« ankündet:

> »Die lüfte schaukeln wie von neuen dingen ·
> Aus grauem himmel brechend milde feuer
> Und rauschen heimatwärts gewandter schwingen
> Entbietet mir ein neues abenteuer« (I,131)

Der Aufbruch in eine neue Wirklichkeit, in einen neuen Frühlingsmorgen, ist in Stadlers Gedicht thematisch geworden. Er wird in Bildern gestaltet, deren Kühnheit die Emphase des Aufbruchs in eine neue Wirklichkeit unmitelbar darstellt und nirgendwo mehr Georges Vorbild verpflichtet ist:

»Ich lauschte, wie die starken Wirbel mir im Blute rollten . . .
In meinem Herzen lag ein Stürmen wie von aufgerollten Fahnen.«
(D1,124)

Stadler hat in solchen Versen sicherlich George überwunden, aber es ist nicht Überwindung im Sinne von Negation, sondern von Verarbeitung und Weiterführung.

3. Georg Heym

Eine ähnliche Schlüsselstellung wie für Stadler scheint George für die Entwicklung Georg Heyms gehabt zu haben. Man hat nicht zu Unrecht bemerkt: »George, den er zugleich haßte und liebte, war eine Art Schicksal für Heym.«[32] Aber während Stadler sich zumindest in seiner Frühzeit mitunter positiv zu George bekannt hat,[33] ist Heyms Einstellung zu George von Anfang an zwiespältig gewesen. Die Abwehrhaltung, die seine Äußerungen über George bezeugen, versucht, den tatsächlichen Eindruck Georges auf ihn abzuschwächen.[34]
Man tut gut daran, den Kraftmeier-Ton von Tagebuch-Bemerkungen wie der folgenden nicht zu überschätzen:

»Am meisten ärgert es mich, daß der Preßhengst des ›Berliner Tageblatts‹, dieser armselige Botokude, der aus seinen Zeitungshöhlen herausgekrochen ist, um sein blödes Gesicht in alle 4 Winde zu hängen, damit sie es abschleifen, daß dieser Hohlkopf mich einen Schüler Georges nennt, wer mich kennt, weiß was ich von diesem tölpelhaften Hierophanten, verstiegenen Erfinder der kleinen Schrift und Lorbeerträger ipso iure halte.«[35]

Solche verbalen Attacken gegen Autorität, welcher Art sie auch immer sei, sind im Tagebuch Heyms häufig zu finden. Sie bezeugen weniger Heyms Urteilsfähigkeit als sein unbändiges Verlangen nach Anerkennung und Geltung. Zudem gibt es zu denken, daß Heym noch kurz vor seinem Tode Friedrich Wolters aufgesucht haben und sein Interesse am George-Kreis konkret geäußert haben soll.[36]
Dieses ambivalente Verhältnis Heyms zu George gibt auch Anlaß zu bezweifeln, ob die Anklänge an George in seinen Gedichten tatsächlich »bewußte Parodien« auf George sind, wie Mautz ausgeführt hat.[37]
Mautz' Argumentation wird schon dadurch problematisch, daß er nirgendwo die Georgesche Herkunft von Heyms Sprachform untersucht, sondern sich lediglich auf Motivanklänge beschränkt, die er wahllos aus Georges Früh- und Spätwerk ableitet, wobei er Georges gesamtes Werk unter dem Aspekt des Jugendstils begreift. Während George sich im »Siebenten Ring« selbst die Gestaltung der Zeitwirklichkeit zum Ziel setzte und die ästhetische Distanz seiner Frühzeit aufgegeben hatte, ja, sie im ersten »Zeitgedicht« explizit reflektiert —
»Da galt ich für den salbentrunknen prinzen« (I,227) —,
deutet Mautz das unter den »Zeitgedichten« aufgeführte Gedicht »Die

tote Stadt« (I,243—244) sozusagen als Jugendstil-Utopie und glaubt, in Heyms Gedicht »Frühling II« eine Parodie auf dieses Gedicht, eine »Parodie des Jugendstils«,[38] zu erkennen. George gestaltet in diesem Gedicht eine richterliche Haltung gegenüber seiner eigenen Zeit,[39] Mautz hingegen glaubt, in diesen Versen eine wiederaufgelebte Algabal-Welt zu erkennen. Tatsächlich deutet Heyms Gedicht sehr viel eher auf die Algabal-Welt in Georges Frühwerk zurück:

> »In großen Wäldern, unter Riesenbäumen
> Darunter ewig blaues Dunkel ruht,
> Dort schlafen Städte in verborgnen Träumen,
> Den Inseln gleich, in grüner Meere Flut.
>
> Das Moos wächst hoch auf ihren Mauerkränzen.
> Ihr alter Turm ist schwarzer Rosen Horst.
> Sie zittern sanft, wenn wild die Zinnen glänzen,
> Und rot im Abend lodert rings der Forst.
>
> Dann stehen hoch in fließendem Gewand,
> Wie Lilien, ihre Fürsten auf den Toren
> Im Wetterschein wie stiller Kerzen Brand.
>
> Und ihre Harfe dröhnt, im Sturm verloren,
> Des schwarzer Hauch schon braust von Himmels Rand
> Und rauscht im dunklen Haar der Sykomoren.« (D1,245—246)

Die gleichmäßige Zeilenfüllung, die Betonung der kompakten Stropheneinheit, vorangestellte Genitive (»grüner Meere Flut«, »schwarzer Rosen Horst«, »stiller Kerzen Brand«, »von Himmels Rand«), verzögerte Wortstellung (»In großen Wäldern ... dort schlafen Städte«), alles das sind Stilmerkmale Georgescher Gedichte. Darüber hinaus erscheint das Gedicht von seiner metrischen Formung und vom Motiv her als Nachklang jenes George-Gedichtes aus den »Pilgerfahrten«, dessen erste Strophe lautet:

> »Kein tritt kein laut belebt den inselgarten ·
> Er liegt wie der palast im zauberschlaf ·
> Kein wächter hisst die ehrenden standarten ·
> Es floh der fürst der priester und der graf.« (I,39)

In beiden Fällen wird eine verlassene Welt in Bildern gestaltet, die einen mittelalterlichen Wirklichkeitsrahmen[40] andeuten: Die Bilder »palast«, »standarte«, »fürst«, »graf« bei George entsprechen Wort- bzw. Bildelementen wie »alter Turm«, »Zinnen«, »Mauerkränze«, »Fürst« bei Heym. Ja, das Bild »schwarzer Rosen Horst« ist ein kaum verhüllter Hinweis auf die »dunkle grosse schwarze blume« (I,47) in Algabals Garten, ebenso wie das bewußt ausgesuchte Bild »im dunklen Haar der Sykomoren« ein Nachhall jenes Verses aus dem »Buch der Hängenden Gärten« sein dürfte:
»Er bricht den zweig von einer sykomore« (I,113)
Diese abgeschlossene Welt ist zugleich in beiden Fällen von innerer Ge-

fährdung bedroht, die im Bild von Feuer verdeutlicht wird. Wendungen wie
»Und rot im Abend lodert rings der Forst.«
und »im Wetterschein« entsprechen bei George
»Ein feuer fällt · ein feuer steigt empor«.[41]
Aber während sich diese innere Gefährdung bei George am Schluß des Gedichtes zur Frage nach der Anwesenheit von Leben, von Menschen verdichtet:

> »Kein schein von einem blauen sammetkoller
> Von einem kinderschuh aus saffian?« (I,39)

versucht Heym, diese Gefährdung durch das pseudoheroische Bild des in dieser Welt vereinsamten Dichters zu steigern. Ästhetisch fragwürdig ist bereits das Bild des harfenden Fürsten, der einmal mit einer »Lilie« und zum andern mit einer »Kerze« verglichen wird. Die Lilien-Metapher ist schon an sich farblos. George hat das Bild der Lilie, ein charakteristisches Jugendstil-Emblem, relativ selten, nur zehn Mal im ganzen, in seinem Werk verwendet,[42] und dann ästhetisch überzeugender, wie z. B. in seinem frühen Drama »Manuel«, wo es über Leilas Hände heißt:
»die weisser als die lilien sind« (II,545).
Darüber hinaus stellt sich kein ästhetischer Zusammenhang zwischen dem Lilien-Bild und dem Kerzen-Bild her, die auf dasselbe Subjekt bezogen sind. Wenn hier von einer Parodie Georges gesprochen werden kann, dann nur von einer unfreiwilligen Parodie. Sicherlich hat auch George die Situation des isolierten Dichters gestaltet, aber dann auf so überzeugende Weise wie im Gedicht »Der Herr der Insel« (I,69) in den »Hirten- und Preisgedichten«, wo die Situation des vereinsamten Dichters im Schicksal des seltenen Vogels verbildlicht wird.
Dieses Gedicht Heyms — eine Reihe anderer Beispiele würde zum gleichen Ergebnis führen — spiegelt eine typische Situation, die bereits bei Stadler sichtbar wurde. Nicht nur die Georgesche Stilintention wird übernommen, sondern zugleich ein für die Frühphase Georges charakteristisches Wirklichkeitsbild. Georges Dichtung wird also faktisch zum Ansatzpunkt einer inhaltlichen Tradition gemacht. Das führt bei Heym wie bei Stadler zu ästhetischen Brüchen, deren Extremfall die unfreiwillige Parodie ist.
Sobald diese Stilintention von einem neuen Wirklichkeitsverständnis getragen wird, ist das Ergebnis eine Weiterführung und Verwandlung der Georgeschen Sprachform. Es wäre irreführend, in solchen Fällen von Parodie zu sprechen. Es handelt sich vielmehr um Kontrafrakturen,[43] um eine Übernahme der Sprachmelodie unter Hinzufügung eines neuen Inhalts. Das aus dem Jahre 1911, also aus Heyms letzten Lebensjahren, stammende Gedicht »Printemps« ist ein Beispiel dafür:

>Ein Feldweg, der in weißen Bäumen träumt,
In Kirschenblüten, zieht fern übers Feld.
Die hellen Zweige, feierlich erhellt
Zittern im Abend, wo die Wolke säumt,

Ein düstrer Berg, den Tag mit goldnem Grat,
Ganz hinten, wo ein kleiner Kirchturm blinkt.
Des Glöckchens sanft im lichten Winde klingt
Herüber goldnen Tons auf grüner Saat.

Ein Ackerer geht groß am Himmelsrand.
Davor, wie Riesen schwarz, der Stiere Paar,
Ein Dämon vor des Himmels tiefer Glut

Und eine Mühle faßt der Sonne Haar
Und wirbelt ihren Kopf von Hand zu Hand
Auf schwarzer Au, der langsam sinkt, voll Blut.« (D1,261)

Ein Gedicht, das als Gestaltung eines Landschaftsmotivs auf den ersten Blick untypisch für Heym zu sein scheint, aber, wie K. L. Schneider betont, es auf dem Hintergrund von Heyms Werkgeschichte keineswegs ist: »Georg Heym hat vom Beginn seines dichterischen Schaffens bis zu seinem frühen Tod im Januar 1912 mit besonderer Vorliebe Natur- und Landschaftsmotive behandelt.«[44] Die Georgeschen Stilmerkmale sind unübersehbar vorhanden. Es ist eine sehr verknappte, sich von Bild zu Bild entfaltende Sprache, deren Konzentration und Kompaktheit durch eingeschobene Partizipien (»feierlich erhellt«), Appositionen (»die Wolke ... ein düstrer Berg«), durch verzögerte Wortstellung (»eine Mühle ... wirbelt ihren Kopf ... der langsam sinkt, voll Blut«) und durch vorangestellte Genitive (»der Stiere Paar«, »des Himmels tiefer Glut«, »der Sonne Haar«) bis an die Grenze der grammatischen Verständlichkeit gesteigert wird, wie in der zweiten Hälfte der zweiten Strophe.[45]
Die erste Strophe scheint an die Bilderwelt aus Georges »Jahr der Seele« anzuschließen, aber schon im vierten Vers kündet sich ein Bruch mit dem gleichmäßigen jambischen Maß (»zittern am Abend«) an. In der zweiten Strophe tritt diese Dissonanz schon unverhüllter hervor. Der »goldne Ton« des Glöckchens scheint sich mit dem »goldnen Grat« noch zu einem harmonischen Bild zu vereinen. Aber die Harmonie täuscht. Es ist der umgoldete Rand eines Wolkenberges, dessen Dunkelheit sich drohend im Hintergrund zeigt.
In den beiden Terzetten wird nun die metaphorische Verwandlung vom Tag zur Nacht gestaltet. Gerade hier bringt Heym neue Bildqualitäten ins Spiel, die dieser Verwandlung vom Licht zur Dunkelheit eine erschreckende Dimension verleihen, die das vertraute Wirklichkeitsbild zum Dunkeln hin aufstößt. Heym gebraucht hier Bilder, die K.L. Schneider als »dämonisierende«[46] und »dynamisierende Metaphern« (71) bezeichnet hat und die George nirgendwo mehr ver-

pflichtet sind. Mensch und Tier verwandeln sich in mythische Gestalten, in »Dämonen« und »Riesen«. Der Sonnenuntergang wird zum mythischen Kampf einer personifizierten Sonne mit einer gigantischen Windmühle, deren Flügel den Kopf der Sonne abschlagen und blutend in die dunkelnde Natur (»auf schwarzer Au ... voll Blut«) »wirbeln«. Vergleicht man Anfang und Ende des Gedichtes, so wird ein metaphorischer Umwandlungsprozeß von erstaunlichem Ausmaß sichtbar. Dargestellt wird die Auflösung einer geordneten Welt im Chaos: Der Sonnenuntergang wird zum apokalyptischen Gleichnis. Daß Heym die allmähliche prozeßhafte Verwandlung im Rahmen einer bestimmten konkreten bildlichen Situation sichtbar macht, um am Ende in sich formal ergebender Steigerung des Gedichtes sein apokalyptisches Thema voll anzuschlagen, macht den hohen Reiz dieses Gedichtes aus.

4. Carl Sternheim

Während Ernst Stadler und Georg Heym in der Verarbeitung von Georges Dichtung schließlich ihren eigenen Ton fanden, der ihren Gedichten Neuheit und Individualität verlieh, sind Carl Sternheim und Ernst Blass als Lyriker wohl nie über die Stufe des George-Epigonentums hinausgelangt. Das gilt in erster Linie für Blass, während in Sternheims Werk die Lyrik eine Episode blieb, von der er sich in seinem späteren Schaffen fast gänzlich abwandte, um auf dramatischem Gebiet, besonders in der Komödie, seine künstlerische Erfüllung zu finden.

Georges Eindruck auf den jungen Sternheim war jedoch zweifellos groß, und Sternheims einzige 1901 veröffentlichte Lyriksammlung »Fanale« ist ein beredtes Zeugnis dieses Einflusses. Ja, Sternheim hat diesen Einfluß in seiner Autobiographie »Vorkriegseuropa im Gleichnis meines Lebens«[47] selbst bekannt:

»Doch auf anderen Kunstgebieten richteten wir den Blick auf Gipfelleistungen, Stefan George und sein Werk; nach dem Gesetz der sittlichen Sparsamkeit, daß für das höhere Leben nur Auserwähltes als Hirn- und Seelenfüllung in Betracht kommt! ... Aus ersten gedruckten Versen, ›Fanale‹, sieht man auf den ersten Blick den geistigen Vater ...« (95)[48]

Sternheims Verse, in denen Dilettantisches und geschickt Nachgeahmtes disparat nebeneinander steht und sich selten zur homogenen, wenn auch nur nachempfundenen Form eines Gedichtes verbindet, sind in vielen Beispielen ein deutliches Echo von Georges »Jahr der Seele«. Selbst der äußere Rahmen des Georgeschen Zyklus scheint bei Sternheim übernommen zu sein. So, wie die Gestalt der Ida Coblenz und Georges Liebesbindung an sie im Mittelpunkt des »Jahrs der Seele« stehen, das George aber dann seiner Schwester gewidmet hat (I,118), sind Sternheims Verse der Jugendfreundin Annemarie Simon zugeeignet, aber zum größten Teil an seine spätere erste Frau Eugenie Hauth gerichtet.[49] Die Wiederbeseelung der Natur in der künstlichen Parklandschaft durch die Verhaltenheit eines Gefühls, das sich nur in der Distanz zu äußern vermag,[50] läßt Gedichte Sternheims wie das folgende, »Willkommen«, in eine überdeutliche Nachbarschaft zu Georges »Jahr der Seele« treten:

> »In deiner Brust die Wunden trüber Stunden,
> Auf deiner Stirn das Mal von schlimmen Qualen,
> Hast du den hohen Weg zu mir gefunden,
> Verstandest du mein einsam großes Strahlen.
>
> Willkommen hier. Und magst du lang verweilen,
> In meinen tiefen Gärten Frieden finden,
> Ich will dich ganz mit weichen Händen heilen,
> Dir Blumen um das wilde Bluten binden.
>
> Und weiße Maienveilchen will ich nehmen,
> Daß sie die dunklen müden Augen schützen,
> Und sonnengleiche mächt'ge Chrysanthemen
> Erwähle ich zu deines Leibes Stützen.« (GW7,41)

Schon die Form dieses Gedichtes, fünfhebige Jamben, in Vierzeilern zu einem dreistrophigen Gedicht verbunden, bezeugt die Herkunft von der im »Jahr der Seele« bevorzugten Gedichtform Georges. Auch das Thema ist aus dem »Jahr der Seele« vertraut: Bewältigung des Gefühls durch Rückverwandlung in Natur, sprachlich vor allem in Blumen-Metaphern gestaltet, die zum Ausdruck des Menschlichen werden. Ja, das Motiv des Gedichtes scheint eine Situation zu variieren, die im Eröffnungsgedicht des »Jahrs der Seele« gestaltet wurde:

> »Komm in den totgesagten park und schau:
> Der schimmer ferner lächelnder gestade ·
> Der reinen wolken unverhofftes blau
> Erhellt die weiher und die bunten pfade.
>
> Dort nimm das tiefe gelb · das weiche grau
> Von birken und von buchs · der wind ist lau ·
> Die späten rosen welkten noch nicht ganz ·
> Erlese küsse sie und flicht den kranz ·
>
> Vergiss auch diese lezten astern nicht ·
> Den purpur um die ranken wilder reben ·
> Und auch was übrig blieb von grünem leben
> Verwinde leicht im herbstlichen gesicht.« (I,121)

Die Bewegung ist in beiden Gedichten die gleiche: Es ist die Aufnahme der Geliebten in die abgeschlossene Welt des Parkes, ihre Tröstung durch die Natur, einen Kranz von Blumen. Ein Unterschied ist bemerkenswert. Bei Sternheim sind es Blumen — das gilt zumindest für die »Maienveilchen« —, die mit dem Frühling verbunden sind, bei George sind es ganz deutlich herbstliche Blumen. Das Motiv der Vergeblichkeit und Entsagung wird also bei George schon in diesen Blumenbildern angedeutet.

Auffälliger ist jedoch das ästhetische Gefälle zwischen beiden Gedichten. Bei George wird die Situation der Ankunft im Garten und des Kranzflechtens als Ereignis gestaltet und die beabsichtigte Wirkung der Tröstung wird indirekt im Vorgang des Blumenwindens ausgedrückt. Bei Sternheim wird die Situation deskriptiv entworfen: Abstrakte Bestimmungen bezeichnen die Entwicklung des Geschehens, das gleichsam nur zusätzlich durch die dichterischen Bilder modifiziert wird. Es heißt fast programmatisch:

> »Ich will dich ganz mit weichen Händen heilen,
> Dir Blumen um das wilde Bluten binden.«

Und erst zur Verdeutlichung dessen wird in der letzten Strophe das Flechten des Kranzes unmittelbar dargestellt. Das bedeutet: bei Sternheim wird das Besondere dem Allgemeinen hinzugefügt, während sich bei George die intendierte Bedeutung indirekt aus den dichterischen Bildern ergibt. Und so, wie im »Jahr der Seele« die Gedichte im Mittelteil des Zyklus, »Waller im Schnee«, das Motiv der Trennung mit der winterlichen Zeit verbinden, wird in dem Gedicht »Scheideflammen« auch bei Sternheim der Abschied in der winterlichen Natur verbildlicht:

> »Um unsere Plätze ist ein heilig Schweigen,
> Und unsere Flüsse hält ein großes Stocken,
> Von unsern Bäumen tiefes Niederneigen,
> Und in den Lüften zittern wirre Glocken.
>
> Ich schreite einsam zu den weißen Steinen
> Und lasse rote Flammen aufwärts schlagen,
> ›Du bist gegangen‹, soll es weithin sagen,
> Und zu mir tritt ein grenzenloses Weinen.« (GW7,21)

Die vereisten Flüsse, die schneebedeckten Steine und schneebeladenen Bäume sind auch hier Ausdruck der seelischen Stimmung. Aber ästhetisch fragwürdig ist nicht nur das Bild der »roten Flammen«, das in der konkreten bildlichen Situation ein Fremdkörper bleibt, störend wirkt auch die erneute programmatische Ausdeutung des Gedichtes in den beiden letzten Versen.

Es wäre reizvoll, die Hypothese aufzustellen, Sternheims späterer Prosastil, der in der Auslassung von Artikeln, in der Bevorzugung vorangestellte Genitive, durch eine auch grammatisch äußerst konzentrierte Sprachform auf den ersten Blick Stilelemente der Georgeschen Sprache übernommen zu haben scheint,[51] sei auf diesen frühen George-Einfluß zurückzuführen. Aber dagegen spricht schon die Tatsache, daß das Buch Georges, das Sternheim offensichtlich am stärksten beschäftigt hat, »Das Jahr der Seele«, den Gedichtzyklus darstellt, in dem Georges Sprachfügung am ausgewogensten erscheint. Zudem würde eine solche Hypothese eine Kenntnis der Gedichte voraussetzen, die Sternheim später noch geschrieben hat und die zur Zeit noch unveröffentlicht sind.[52]

5. Ernst Blass

Der stärkste Fürsprecher Georges unter den expressionistischen Lyrikern ist der heute fast vergessene Ernst Blass, der zumindest zeitweise zu den großen lyrischen Hoffnungen jener Generation gerechnet wurde. Blass hat sich seinem Verleger Kurt Wolff gegenüber zu George bekannt: »George und ich schließen sich an die hohe deutsche Überlieferung gemeinsam an, das unterscheidet uns von den anderen deutschen Undichtern, aber auch von den Dichtern des ›siechen Österreich‹, Hofmannsthal, Rilke, Werfel.«[53] Blass hat darüber hinaus in der von ihm herausgegebenen Zeitschrift »Die Argonauten« Georges »Stern des Bundes« auf außerordentliche Weise gerühmt.[54] Georges dichterische Geltung von seinem menschlichen Machtanspruch unterscheidend,[55] sieht Blass Georges Verdienst vor allem darin, die Geltung der Dichtung aus der dekorativen Rolle eines »schönen Nebenei« (220) befreit und ihr den verdienten Platz im Mittelpunkt der Wirklichkeit zugewiesen zu haben: »Und das ist das Bedeutende der Georgeschen Mission, daß hier eine Rückeroberung geschieht für die Kunst, die in der letzten Zeit ein Begleitumstand geworden war für Seelen, die ihr Dasein fühlten ...« (224) Der Ernst und die Ausschließlichkeit, mit denen George die Dichtung als wesentlichste Form der Wirklichkeitsbewältigung darstellt, werden für Blass zum Ansatzpunkt.
Es ist bemerkenswert, daß er gerade im »Stern des Bundes«, unter Mißachtung der privaten Mythologie des George-Kreises, in die besonders dieses Buch eingebettet ist, die »Verkündigung der Kunst« (225) zum zentralen Thema geworden sieht, d. h. in dem Zyklus im Grunde eine Selbstdarstellung der Dichtung erkennt: »Darum ist der Inhalt der Gedichte die Genesis der Form und der Weg des Werks — oft symbolisch — und alles in ihnen Gesagte ist Element und Kommentar dieser Kunst.« (219—220) Diese Deutung ist um so auffälliger, als George selbst in diesem Buch die für ihn im Maximin-Erlebnis sichtbar gewordene Erkenntnisausweitung, die der »Siebente Ring« dargestellt hatte, nun gleichsam seinem Weltverstehen einverwandelt und das Buch unter dem ursprünglich geplanten Titel »Lieder an die heilige Schar«[56] »anfangs nur für die Freunde des engern Bezirks«[57] gedacht hatte. Diese George-Rezeption von Blass deutet bereits in die Richtung des späten Benn, der in seiner freilich von Nietzsche her abgeleiteten Hypostasierung der Form ebenfalls Georges kompromißlose Verkündigung der Dichtung als dessen große Leistung sah.

Der unmittelbare dichterische Anstoß, den Georges Werk für die eigene künstlerische Gestaltung von Blass darstellte, bleibt in seinem Ergebnis freilich hinter diesem sich in der poetologischen Reflexion bekundenden George-Verständnis zurück. Blass' 1918 erschienene Lyrik-Sammlung »Die Gedichte von Sommer und Tod«,[58] deren Überschrift den Titel des zweiten Teils im »Teppich des Lebens«, »Die Lieder von Traum und Tod«, kaum verhüllt variiert, erscheint aus heutiger Sicht als thematische Variation Georges, gekonnt, aber epigonenhaft und ohne die verwandelnde Erneuerungskraft, die bei Stadler und Heym aus dem expressionistischen Sprachimpetus hervorgegangen ist.

Kurt Pinthus hat Blass in sein berühmt gewordenes Lyrik-Dokument des Expressionismus, »Menschheitsdämmerung«, aufgenommen. In der von Benn eingeleiteten Sammlung »Lyrik des expressionistischen Jahrzehnts« finden sich nur drei Beispiele aus Blass' 1912 erschienener erster Sammlung »Die Straßen komme ich entlanggeweht«, deren Gedichte in Sprachform und Thematik an den frühen Benn oder van Hoddis erinnern. Von einem frühen Blass-Gedicht wie »Märzabend«, das folgendermaßen einsetzt:

> »Die Luft kommt hart und mauerhaft herein
> durch offne Fenster. Und sie bringt Bazillen
> von Influenza sicherlich herein . . .«[59]

läßt sich kaum eine künstlerische Entwicklungslinie zu einem Gedicht wie dem folgenden aus den »Gedichten von Sommer und Tod« aufzeigen:

> »Laß mich die Hecken nennen und die Plätze,
> Natur, die willig angetragen ward . .
> Und wie wir sannen, was uns leicht ergetze,
> Gefährten wir von kaum gewußter Fahrt . .
>
> Die Straßen, sich mit Dämmerung bekleidend,
> Den Mittag, der auf grünem Lande schlief,
> Die Blumen, ein' die andre nicht neidend,
> Die Sonne, die uns strahlte rein und tief,
>
> Und manche Pfade, die in klarer Biegung
> Durch Fruchtbarkeiten führten in das Tal,
> Wenn vor der abenddunklen Besiegung
> Der Berg erglänzte noch ein letztes Mal.« (16)

Die antiromantische, auf Schock und Gefühlszerstörung gerichtete Intention der frühen Gedichte ist hier einem George-Nachklang gewichen, dessen Herkunft aus dem »Jahr der Seele« Gedichtform, Versmaß und Thematik allzu deutlich bezeugen. Blass' künstlerische Entwicklung stellt gewissermaßen die Umkehrung der Entwicklung von Stadler und Heym dar. Während für jene die sprachliche Bindung an George eine Durchgangsstufe ihres Frühwerkes blieb, übernimmt Blass die Georgesche Sprachgeste unter Verneinung seines eigenen Frühwerkes und negiert damit die Möglichkeit einer Verwandlung und Weiterführung.

6. Gottfried Benn

Den Sonderfall unter den expressionistischen Lyrikern, die sich zu George bekannt haben, stellt zweifelsohne Gottfried Benn dar. Den frühen Benn der »Morgue«-Gedichte etwa in George-Nähe rücken zu wollen, wäre eine Absurdität. Entgegen dem emphatischen Bekenntnis Benns zu George in seiner »Rede auf Stefan George«, die allerdings aus dem Jahre 1934 stammt, also eigentlich bereits in Benns postexpressionistische Phase gehört, fällt es in der Tat äußerst schwer, dichterische Anklänge an George in Benns Werk aufzuzeigen. Sowohl die im Parlando-Ton gehaltenen freirhythmischen Verse, die häufig Elemente der Alltagssprache in Form von Montage verarbeiten, als auch die von Musikalität schwingenden, mit mythischen Assoziationen und oft mit fremdsprachlichem Wortmaterial angereicherten gereimten Gedichte Benns widersprechen den von kompakter Bildlichkeit und ausgewogener rhythmischer Form bestimmten Gedichten Georges. George ist denn auch eher für Benn der Kronzeuge für eine bestimmte Auffassung von Kunst, deren historische Wurzeln er im französischen Symbolismus erblickt, aber deren geistiges Fundament Benn im Denken Nietzsches erkennt. Nietzsche, der »die Kunst als die eigentliche Aufgabe des Lebens, ... als dessen metaphysische Tätigkeit«[60] begreift, hat bereits die Verabsolutierung der Artistik verkündet, die bei Benn nochmals zum ästhetischen Programm wird und die er ebenfalls in Georges Werk verwirklicht findet.

Es berührt jedoch merkwürdig, daß Benn in seiner zwei Jahre vorher verfaßten »Rede auf Heinrich Mann«, deren Motto das Nietzsche-Zitat »Nihilismus ist ein Glücksgefühl«[61] ist, bereits vom Frühwerk Heinrich Manns her, des »Meisters, der uns alle schuf« (981), die gleiche Glorifizierung des Artistentums verkündet, ohne an einer Stelle George zu erwähnen. Als einziger Vorläufer dieser Kunstauffassung wird hier ausdrücklich nur Nietzsche (976) genannt. Bereits diese Tatsache setzt hinter Benns George-Rezeption, wenn man sie eingehender betrachtet, ein Fragezeichen.[62]

In der Tat ist es ratsam, die in der George-Rede entwickelte Auffassung des Artistentums in den Überlegungen der Heinrich-Mann-Rede zu spiegeln, um die George-fremden Gedankengänge Benns von vornherein zu verdeutlichen. So sehr Formulierungen in der Heinrich-Mann-Rede wie diese, die in der Kunst eine »Synthese aus Rausch und Zucht« (980) erblickt, auf George vorauszudeuten scheinen, so sehr muß auf der andern Seite eine von aller verwandelnden Wirkung ausgeschlossene Dichtung, die als »letzte Transzendenz innerhalb des großen europäischen Nichts ... vielleicht auch sinnlos ist wie der Raum und die Zeit« (979), Georges eigener Sicht widersprechen. Während es George um Schaffung von geformter Wirklichkeit durch das geistsetzende Wort geht, sieht Benn die »Kunst als die hohe geistige Korruption« (979) mit dem Phänomen des europäischen Nihilismus verbunden.

Diese weltanschauliche, auf Nietzsche gründende Konzeption, der hier die Dichtung bei Benn eingeordnet wird, steht Georges Anschauung widersprüchlich gegenüber. In der Negation jeglicher Geschichte[63] wird für Benn die Kunst zur letzten Transzendenz, zum archimedischen Punkt, von dem aus sich die sinnlose Welt nicht bewegen, sondern überwinden läßt. Dieser Gedankengang führt bruchlos zur George-Rede weiter, in der es ganz ähnlich heißt: »Es ist das Formgefühl, das die große Transzendenz der neuen Epoche sein wird ... Das Formproblem wird nämlich, der Meinung bin ich, das Problem der kommenden Jahrhunderte sein.« (1038—39)

Die Antithese zur Geschichte wird zugleich nochmals mit aller Schärfe formuliert: »Die Kunst wird nicht tiefer, wenn die Geschichte sie bestätigt, die Idee nicht reiner, wenn eine Wirklichkeit sie deckt.« (1038) Das wird von Benn hier ausdrücklich gegen den späten George des »Neuen Reiches« gesagt, der schon mit dem »Siebenten Ring« die ästhetische Selbstbeschränkung seines Frühwerks aufgegeben und sich in Thematik und dichterischer Verkündigung an seine Zeitwirklichkeit gewandt hatte. Nicht das Spätwerk Georges zählt für Benn,[64] sondern die nach außen hin sichtbar werdende ästhetische Absolutsetzung in Georges Frühwerk. Die schon in der Heinrich-Mann-Rede irritierende Geste Benns, das Spätwerk Manns zugunsten des Frühwerks zu ignorieren, wiederholt sich hier bei George, wobei in beiden Fällen auch das Frühwerk in einer eher für Benn als für Mann und George charakteristischen Weise gedeutet wird.

Diese falsche Einschätzung des frühen George wird besonders da sichtbar, wo Benn selbst, ob bewußt oder unbewußt, dazu neigt, die ästhetische Autonomie in ideologische Bahnen zu drängen. So wird der Georgesche Formwille, »der im Kunstwerk eine Welt aufrichtet und eine überwindet, (der) George in die große abendländische Perspektive der Zukunft stellt« (1038), mit einer Formulierung Alfred Rosenbergs, als »ästhetischer Wille« (1038),[65] als »deutscher Wille« (1038) propagiert. Von dieser ideologischen Verfestigung ist es nur noch ein kleiner Schritt bis zur Verbindung des »Formproblems« mit dem »Züchtungsgedanken« (1039) und der Erkenntnis, daß der gleiche Geist »in der Kunst Georges wie im Kolonnenschritt der braunen Bataillone« (GW8,2182) lebt.[66] Hier wird also eine eigentümliche Dialektik sichtbar, die die Schwäche von Benns ästhetischem Programm beleuchtet. Die Verteufelung der Geschichte läßt Benn selbst in den

Bannkreis einer verteufelten Geschichte geraten. Die beanspruchte Autonomie des Ästhetischen wird objektiv widerlegt. Sie wird darüber hinaus widerlegt vom Beispiel des späten George, der die ästhetische Position seiner Frühzeit längst verlassen hatte und dessen selbstgewählte Flucht in die Schweiz eine politische Protesterklärung war, die eine Benn überlegene Einsicht verrät.

Freilich widerspricht die Einsicht des Dichters in Benn nicht selten dieser ideologischen Ausdeutung in der George-Rede. Da, wo Benn George zitiert und die dichterische Faszination Georges zu erhellen versucht, wird der ideologische Rahmen durchbrochen und der Akzent richtig gesetzt. Wenn es möglich ist, unabhängig von der programmatischen und widersprüchlich bleibenden kunsttheoretischen Beziehung Benns auf George, legitime künstlerische Berührung zwischen beiden Dichtern aufzudecken, dann am ehesten hier. Charakteristischerweise sind es Gedichte aus dem »Jahr der Seele«, die Benn zu den »wunderbarsten Gedichte der zwanzig Jahre von 1890 bis 1910« (1035) zählt. Benn zitiert das Eröffnungsgedicht aus dem »Jahr der Seele«, »Komm in den totgesagten park und schau«, betont die Blumenmotive der »späten Rosen« und »welken Astern« (1034), Motive, die aus seinen eigenen Gedichten vertraut genug sind, rühmt das Bild vom »unverhofften Blau« (1034) der Wolken. Auch hier handelt es sich um ein für Benn zentrales Motiv. Man erinnert sich an briefliche Äußerungen Benns über das »Südwort«: »Blau — ein äußerst wichtiges Thema in meinen Prozessen und Elevationen ...«[67] oder an eine Äußerung in seinem einflußreichen Vortrag »Probleme der Lyrik«, wo dasselbe Gedicht Georges nochmals zitiert (1072) wird: »Man denke dieses ewige und schöne Wort! Nicht umsonst sage ich Blau. Es ist das Südwort schlechthin ...« (1076) Die Faszination dieses George-Gedichtes kommt für Benn darin zum Ausdruck, daß Georges »Parkgefühl in logisch stilisierte Formen gebannt« (1037) worden ist.

Bemerkenswert ist auch, daß Benn Georges Weg hier von dem Nietzsches unterscheidet. Er zitiert aus Georges »Nietzsche«-Gedicht im »Siebenten Ring« den Vers:

> »... nun ist not:
> Sich bannen in den kreis den liebe schliesst« (1037)

und deutet ihn als ein Mißverstehen Nietzsches, dem in seiner Gipfeleinsamkeit die Rückkehr ins Menschliche nicht mehr möglich gewesen sei. »Das Dämonische mit dem Menschlichen zu besiegen« (1036) erscheint Benn als ein Weg, den nur George einzuschlagen vermochte. Den Vers »Apollon (!) lehnt geheim an Baldur« (1033)[68] aus dem »Krieg«-Gedicht des »Neuen Reiches« aufgreifend, betont Benn das Griechische an George, den Versuch einer Synthese aus deutschem und griechischem Geist: »Bei George ist alles zart, klar apollinisch, alles erscheint gesetzlich ...« (1035)

Problematisch wird diese Sicht Georges, sobald Benn es unternimmt, sie zu verallgemeinern. So bezieht er sich auf einige der frühen Merksprüche Georges in den »Blättern für die Kunst«, wo George aus der Abwehrstellung zum Naturalismus heraus jede bewußte Wirkung, jeden gewollten Sinn zugunsten von autonomer Form und künstlerischer Erregung zurückweist,[69] und verkündet von dorther sein ästhetisches Programm, das sich als »geistiges Weltbild« (1039) Georges ausgibt und das »über der Natur und Geschichte steht« (1039).

Doch wenn Benn Georges Dichtung »als metaphorische Überspannung des Seins« (1030) deutet, so ist das eine am Modell Georges durchgeführte Selbstinterpretation. George geht es um Verwandlung von Natur und Geschichte im dichterischen Wort, nicht um ihre Überwindung in einem der Wirklichkeit übergeordneten Bereich der reinen Form. In den »Problemen der Lyrik« hat Benn denn auch seine eigene Position klarer bezeichnet, wenn er »Wirklichkeitszertrümmerung« (1076) als Ziel der dichterischen Gestaltung betont.[70] Das erklärt die vom Montageprinzip organisierten verschiedenen Sprach- und Bewußtseinsschichten in Benns Lyrik, das begründet schließlich, warum die Kunst selbst in so starkem Maße bei Benn zum Gegenstand der Gestaltung wird. Es sind Gedichte über Gedichte, die z. B. in »Verse«, »Gedichte«, »Worte«, »Satzbau«, »Die Form«, »Ach, das Erhabene« oder »Ein Wort« vorliegen. Auch das ist ein Weg, den bereits George vorher beschritten hat. Das zuletzt genannte Gedicht, 1941 veröffentlicht,[71] läßt im Vergleich mit George Benns eigene künstlerische Einstellung sichtbar werden:

> »Ein Wort, ein Satz —: aus Chiffren steigen
> erkanntes Leben, jäher Sinn,
> die Sonne steht, die Sphären schweigen
> und alles ballt sich zu ihm hin.
>
> Ein Wort — ein Glanz, ein Flug, ein Feuer,
> ein Flammenwurf, ein Sternenstrich —
> und wieder Dunkel, ungeheuer,
> im leeren Raum um Welt und Ich.« (GW1,208)

Georges schon in anderem Zusammenhang interpretiertes spätes Gedicht aus den »Liedern« des »Neuen Reiches«, das bezeichnenderweise den Titel »Das Wort« und nicht »Ein Wort« wie bei Benn trägt, bezeichnet die Gegenposition:

> »Wunder von ferne oder traum
> Bracht ich an meines landes saum
>
> Und harrte bis die graue norn
> Den namen fand in ihrem born —
>
> Drauf konnt ichs greifen dicht und stark
> Nun blüht und glänzt es durch die mark ...

Einst langt ich an nach guter fahrt
Mit einem kleinod reich und zart

Sie suchte lang und gab mir kund:
›So schläft hier nichts auf tiefem grund‹

Worauf es meiner hand entrann
Und nie mein land den schatz gewann ...

So lernt ich traurig den verzicht:
Kein ding sei wo das wort gebricht.« (I,466—467)

Poetologische Reflexion dominiert in beiden Gedichten. Aber während
bei Benn die Reflexion in das Spannungsverhältnis von Bildern einge-
schmolzen ist, besitzt Georges Gedicht fast eine überdeutliche rationale, ja didaktische Struktur. Es ist in drei Teile untergliedert: Der
dreifache Punkt, der zweimal verwendet wird, markiert die Zäsuren.
Im bildlichen Rahmen der germanischen Mythologie[72] werden zwei
gegensätzliche Situationen gestaltet, aus denen dann in der letzten
Strophe gleichsam die Lehre gezogen wird. Das mythologische Bild der
Norne, die aus ihrem Brunnen die Wurzeln der Weltenesche begießt,
um den Baum, d. h. die Schöpfung grün zu erhalten, steht hier für die
Kraft der Dichtung. Der Brunnen wird zum Inbegriff von Schöp-
fungsmöglichkeiten. Zweimal versucht der Dichter, ein Wort für eine
vorher unbekannte Erfahrung, die einmal als »wunder von ferne« und
zum andern als »kleinod« bezeichnet wird, zu finden. Das erste Mal
gelingt es ihm, und die Erfahrung wird, in Sprache umgesetzt, zum
Teil der geformten Wirklichkeit, »blüht und glänzt«. Das zweite Mal
findet die Norne in der Tiefe des Brunnens kein Wort, und er verliert
das Kleinod wieder. Der Schlußvers:
»Kein ding sei wo das wort gebricht.«
enthält die Folgerung aus beiden Situationen und stellt zugleich Georges dichterische Formel für die Schöpfungskraft der Dichtung dar. Geformte Wirklichkeit entsteht erst durch das geistsetzende Wort. Dichtung erhält für George damit eine Erkenntnisaufgabe, die freilich hier
am Ende seines Werks vom Schicksal, verkörpert in der Norne, begrenzt wird. Diese Erkenntnisaufgabe bedeutet Wirklichkeitserschaf-
fung durch die Sprache. Die vorgegebene Wirklichkeit ist chaotisch,
bloße Möglichkeit, die sich verflüchtigt und erst in der Formung durch
das Wort Dauer erhält.
Der mythologische Rahmen, die offen liegende didaktische Struktur,
kurz der Spruchcharakter dieses Gedichtes lassen es im ästhetischen
Rang hinter Benns Gedicht zurücktreten. Auch dort findet man Reflexion über die Aufgabe der Dichtung, aber im dichterischen Bild selbst
vermittelt. Steht im Mittelpunkt von Georges Gedicht die didaktische
Konfrontation von zwei Situationen, so sind es bei Benn zwei Wirk-
lichkeiten, die in parallelen Bildern in beiden Strophen miteinander
konfrontiert werden.[73] Das zeigt sich in der Verwendung von kosmi-

schen Metaphern: »Sonne«, »Sphären«, »Glanz«, »Feuer«, »Flammenwurf«, »Sternenstrich«. Der zweite Vers der ersten Strophe:
»erkanntes Leben, jäher Sinn«
bedeutet nicht wie bei George Wirklichkeitserkenntnis, sondern ganz im Gegenteil ein Auslöschen der vorhandenen Schöpfung, der bestehenden Wirklichkeit:
»die Sonne steht, die Sphären schweigen«.
Vielmehr wird in der Sprache ein neuer Kosmos geschaffen, eine neue Wirklichkeit, die zu der vorhandenen in keiner Beziehung steht. Die Erkenntnis dieser neuen Schöpfung im Wort, in der Sprache bedeutet also »erkanntes Leben«.
Diese Erkenntnis führt zu einer augenblickhaften Selbstbestätigung des Ichs, für das die vorhandene Wirklichkeit ohne Bedeutung ist: Sie ist »leerer Raum«, »Dunkel«. Nur in der Dichtung vermag das Ich die Schranke niederzureißen, seine Einsamkeit zu überwinden. Dichten wird, wenn man es auf eine Formel bringen will, zu einem ontologischen Akt, es ist im Nietzscheschen Sinne letzte metaphysische Tätigkeit. Wort und Satz, die »Chiffren«, entstammen bei Benn nicht wie bei George dem Brunnen der Wirklichkeit, dem Inbegriff des Möglichen, der die vorhandene Wirklichkeit repräsentiert, sondern sie sind absolute Kunstprodukte, »schwarze Lettern«, wie Benn in den »Problemen der Lyrik« erläutert: »Diese schwarze Letter ist bereits ein Kunstprodukt, wir sehen also in eine Zwischenschicht zwischen Natur und Geist . . .« (1075)
Eine solche extreme Verneinung der Wirklichkeit träfe am ehesten auf den jungen George des »Algabal«-Zyklus zu, wo in der »grossen schwarzen blume« Algabals ein Pendant zu Benns »schwarzer Letter« erscheint. Aber George selbst hat frühzeitig, so in einem Gespräch mit Ernst Robert Curtius, darauf aufmerksam gemacht, daß die Beziehung auf die Wirklichkeit, die im »Siebenten Ring« offen zutage tritt, bereits für den »Algabal« gilt: »›Algabal‹ und der ›Siebente Ring‹ — das ist dieselbe Substanz nur auf eine geringere Fläche verbreitet«.[74]
Wenn Benn also glaubte, in seiner George-Rede betonen zu müssen: »George, auch wo er scheinbar politisch, scheinbar prophetisch, scheinbar aktuell und legislativ auftritt, verläßt niemals den formalen Standpunkt, ... bleibt Artist ...« (1038), so wird man Benns Sicht von Georges Standpunkt aus zu korrigieren haben: Auch da, wo George scheinbar bloß ästhetisch und bloß artistisch auftritt, ist nach der auf Wirklichkeitserkenntnis gerichteten Absicht seiner Dichtung zu fragen. Oder wie Adorno an einer Schlüsselstelle formuliert hat: »Wohl mag man den frühen ästhetischen George real nennen und schlecht ästhetisch den späten realen: dennoch ist dieser in jenem mitgesetzt.«[75]
Benns dichterische Verarbeitung Georges macht jedoch nicht nur auf Diskrepanzen und Unterschiede aufmerksam, die man bei seiner gene-

rellen Hochschätzung Georges leicht übersieht. Fern aller epigonalen
Einfühlung in die Haltung und Sprachform Georges wird die ge-
schichtsphilosophische Intention von Georges Gedichten aufgenommen
und aus der veränderten historischen Situation Benns nochmals gestaltet. Benn hat nicht von ungefähr in seiner George-Rede und in seinem Vortrag »Probleme der Lyrik« eines der zentralen Gedichte
Georges, das Anfangsgedicht aus dem »Jahr der Seele«, hochgerühmt:
»— drei Strophen zu vier Reihen, diese faszinieren kraft ihrer Form
das Jahrhundert« (1072):

> »Komm in den totgesagten park und schau:
> Der schimmer ferner lächelnder gestade ·
> Der reinen wolken unverhofftes blau
> Erhellt die weiher und die bunten pfade.
>
> Dort nimm das tiefe gelb · das weiche grau
> Von birken und von buchs · der wind ist lau ·
> Die späten rosen welkten noch nicht ganz ·
> Erlese küsse sie und flicht den kranz ·
>
> Vergiss auch diese lezten astern nicht ·
> Den purpur um die ranken wilder reben ·
> Und auch was übrig blieb von grünem leben
> Verwinde leicht im herbstlichen gesicht.« (I,121)

Benns Interpretation setzt den entscheidenden Akzent: »Es ist ein unendlich zartes, stilles Landschaftsgedicht, etwas japanisch, weggewen-
det von Verfall und Bösem, ganz eingestellt zu stiller Sammlung und
innerem Genügen.«[76] In der Tat scheint George den »Verfall«
noch einmal gebannt zu haben. Die bereits totgesagte Natur wird aus
den Elementen ihres Verfalls, bildlichen Zeichen des jahreszeitlichen
Sterbens im Herbst, nochmals vom Dichter erschaffen. In einer ver-
meintlichen Randzone der Wirklichkeit, im Park, vollzieht sich ihre
Neuschöpfung.
Wie bereits an anderer Stelle dargelegt wurde,[77] lassen das Bild des
Kranzes, der aus den herbstlichen Blumen, den »späten rosen« und
»lezten astern« vor allem, geflochten wird, und die Bildvorstellung des
»herbstlichen gesicht(s)«, die am Ende steht, beide Aspekte des poetischen Schöpfungsaktes hervortreten. Die Neuerschaffung durch den
Dichter erhebt die Natur auf der einen Seite zu einem Artefakt, zu
einem Kunstwerk, das zugleich seine Züge trägt, vermenschlicht ist.
Dieser intendierte Zusammenhang wird im bildlichen Kontext durch
das Verb, das beiden Metaphern zugeordnet ist, verstärkt hervorgehoben: flechten und verwinden. Der semantische Doppelsinn, den »verwinden« hat, nämlich »hineinflechten« und »Schmerz verwinden«,
entspricht durchaus dem Doppelgesicht des Schlußbildes im Gedicht.
Denn »herbstliches gesicht« meint auf der einen Seite die herbstliche
Vision der Natur und auf der andern die durch den Dichter aus den

Elementen des Verfalls neuerschaffene Natur, die als ein vom Menschen geschaffenes Artefakt menschliche Züge trägt. In der Tat hat George daran geglaubt und es in diesem Gedicht wahrgemacht: die Wirklichkeit, die von allen Symptomen der Auflösung gezeichnet ist, wird in dieser spätzeitlichen Stunde nochmals als Einheit erfahren und in einem Augenblick der Zeitenthobenheit als unvergänglich und bleibend erlebt.

Benn hat in seiner George-Rede ausdrücklich die Blumen-Bilder[78] als zentrale Bildelemente des Gedichtes hervorgehoben. Sie erscheinen in vielen seiner Herbst und Spätzeit reflektierenden Gedichte.[79] Das Gedicht »Astern« (174) nimmt bereits im Titel eines dieser Blumenbilder auf. Aber bereits ein 1912 in einer Königsberger Zeitung veröffentlichtes und noch bis vor kurzem verschollenes Gedicht, das also noch vor den Gedichten der Sammlung »Morgue« geschrieben wurde, die mit dem traditionellen Instrumentarium der Lyrik radikal brechen, variiert das Motiv des Herbstes in einer an George erinnernden Weise:

> »Todstumme Felder an mein Dorf gelehnt
> Vereinzelt trösten Wegwart und Skabiose.
> Indes am Zaune sich zur Erde dehnt
> blütenverwaist, rankenden Zweigs die Rose.
>
> Nirgend mehr Purpur oder junge Glut.
> Nur in der Georginen Sehnsuchtsaugen
> brennt noch des Sommers wundervolles Blut.
> Bald wird auch dies die Erde in sich saugen. —«[80]

Strophenform und Metrum, das noch wenig rhythmische Prägnanz besitzt und im Schlußvers der ersten Strophe deutlich ins Stolpern gerät, deuten auf Georges Gedicht zurück. Der totgesagte Park hat sich in die »todstummen Felder« verwandelt. Die herbstliche Stunde ist weiter vorangeschritten. Die noch nicht ganz verwelkten späten Rosen bei George haben in Benns Gedicht bereits ihre Blüten verloren. Spätsommerliche Blumen, deren eher bescheidene Blütenpracht durch ihre ausgesuchten und fremdklingenden Namen wettgemacht wird, sind nicht in der Lage, die Nostalgie des Herbstes zu brechen. Nur die Dahlien, die Georginen, erweisen sich als ein letzter Abglanz des Sommers, der in Kürze ebenfalls schwinden wird.

Sollte gar der bewußt für die Dahlien gewählte seltene Name Georgine ein verschlüsselter Hinweis auf das George-Gedicht sein, dem es noch einmal gelingt, die spätzeitliche Stunde aufzuheben und den Sommer augenblickhaft zurückzubringen? Sieht man jedoch von einem solchen spekulativen Bezug ab, so fällt auf, wie sehr sich das Gedicht in konventionellen Bahnen bewegt und als Ausdruck eines melancholischen Abschieds vom Sommer und herbstlicher Naturstimmung unzählige bereits vorhandene Muster nachgestaltet. Immerhin ist es sowohl für die Kontinuität von Benns Beschäftigung mit George als auch für die Kontinuität des Herbstmotivs in seiner Lyrik bemerkenswert, daß sich bereits so früh Züge einer Adaption Georges andeuten, die freilich weit hinter dem Rang der Vorlage zurückbleibt.

Erst mehr als zwei Jahrzehnte später gelingt es Benn in seinem »Astern«-Gedicht[81] eine eigene lyrische Antwort auf das George-Gedicht zu geben, die zugleich den historischen Abstand zwischen George und ihm sichtbar macht:

> »Astern — schwälende Tage,
> alte Beschwörung, Bann,
> die Götter halten die Waage
> eine zögernde Stunde an.
>
> Noch einmal die goldenen Herden,
> der Himmel, das Licht, der Flor,
> was brütet das alte Werden
> unter den sterbenden Flügeln vor?
>
> Noch einmal das Ersehnte,
> den Rausch, der Rosen Du —
> der Sommer stand und lehnte
> und sah den Schwalben zu,
>
> noch einmal ein Vermuten,
> wo längst Gewißheit wacht:
> die Schwalben streifen die Fluten
> und trinken Fahrt und Nacht.« (174)

Der über Benns Herbst- und Abschiedsgedichte geäußerte Satz: »Sie alle deuten die Endlage an ...«[82] schließt auch das »Astern«-Gedicht mit ein. In der ersten Strophe wird gleichsam nochmals die Summe dessen gezogen, was am Ende des George-Gedichtes zum Ausdruck kommt. Die Beschwörung der totgesagten Natur und ihre Wiedererweckung zum Leben gelingt für eine »zögernde Stunde«. Die Waage der Zeit ist im Gleichgewicht. Ein Zustand momentaner Zeitlosigkeit ist erreicht und damit ein Zustand der Glückserfüllung, in dem sich die Bilder nochmals zur Harmonie vereinen. Das unverhoffte Blau der Wolken, das Georges Gedicht wiederentdeckt, entspricht den goldenen Wolkenherden bei Benn. Die Anrufung des Lichtes deutet auf den Lichtschimmer des in der Ferne leuchtenden Meeres bei George zurück. Der von Benn evozierte Flor ist hier wohl nicht als Trauerflor, als dunkles, durchsichtiges Gewebe also, zu verstehen und damit als Andeutung von Schatten, sondern als Blüte und Blumenfülle (in denen freilich durch den semantischen Kunstgriff Vergänglichkeit bereits mitgesetzt ist) und entspricht damit den floralen Elementen, aus denen George die Schönheit der Natur, den Kranz, wiedererschafft.

Wo die von außen gesetzte Wertung der Natur als totgesagt von George in den einzelnen Strophen durch die Wiederentdeckung ihres geheimen Lebens und Glanzes schrittweise widerlegt wird, deutet sich jedoch bei Benn unüberhörbar die Skepsis seiner fortgeschrittenen geschichtlichen Stunde an. Die Zeitenthobenheit dieser Harmonie ist für ihn begrenzt, auch wenn alles noch einmal eintritt: die Erfüllung der Sehnsucht, die Euphorie, die Vertrautheit der späten Rosen. So, wie bei George in der letzten Strophe die Natur im Bild des herbstlichen Gesichtes personifiziert wird und menschliche Züge trägt, zeigt sich bei Benn die gleiche bildliche Mutation: Der Sommer wird mythisiert, er erscheint im zweiten Teil der dritten Strophe im Personengleichnis.

An diesem Punkt geht Benns Gedicht jedoch entscheidend über die Georgeschen Verse hinaus. Während George bei der Gewißheit der wiedererreichten Harmonie stehenbleibt, zeigt Benn in der letzten Strophe seines Gedichtes die Antiklimax. Der Bann der dichterischen Beschwörung schwächt sich ab. Die Schönheit des Natureindrucks wird nicht mehr von der Euphorie des Augenblicks getragen. Hoffnung und Vermutung werden nicht zur Gewißheit gesteigert, sondern von einer anderen Gewißheit abgelöst, der Gewißheit des Endes,[83] die im Bild der tief fliegenden Schwalben, die Fahrt und Nacht trinken, ausgedrückt wird. Dieser Kontrast zu George wird durch die Verwendung des Schwalben-Bildes zusätzlich verschärft, da Benn hier ein zentrales Bild aus dem Schlußgedicht von Georges »Algabal« aufgreift:

> »Weisse schwalben sah ich fliegen ·
> Schwalben schnee- und silberweiss ·« (I,59)

Aber während bei George der Schwalbenflug, silbern glänzend und hoch am Himmel, zur bildlichen Evokation der Befreiung und Zuversicht wird, hat sich das Bild auch hier zum Ausdruck der endzeitlichen Skepsis bei Benn verwandelt.

Was Benns Gedicht »Abschied« in den Versen ausdrückt:

> »mußt du dein Schweigen nehmen, Abwärtsführen
> zu Nacht und Trauer und den Rosen spät.« (233)

wird auch im »Astern«-Gedicht analog im Schlußbild akzentuiert: »die Mythe log« (215) und »— alles ist gesagt.« (234) — das ist Benns Antwort auf die Georgesche Vision. Benn hat in seinem »Astern«-Gedicht in gewisser Weise Georges Intention nochmals aufgegriffen. Aber in seiner alle Zeichen der Zuspitzung tragenden historischen Situation vermag er an die Hoffnung Georges nicht mehr zu glauben. Er gesteht ihre Vergänglichkeit ein, jedoch in einer Weise, die seine Faszination von dieser Hoffnung nochmals Ausdruck verleiht.

Benns euphorische Formulierung von George als dem »großartigsten Durchkreuzungs- und Ausstrahlungsphänomen, das die deutsche Geistesgeschichte je gesehen hat« (1030), wird von seiner eigenen George-Rezeption nur zum Teil bestätigt. Wo er sich dichtend mit George auseinandersetzt, die Intentionen Georges aufnimmt und sie aus seiner veränderten historischen Situation heraus gestaltet, erweist sich die Berührung zwischen beiden als produktive Begegnung. Seine poetologische Beziehung auf George, so wichtig sie generell für den Kontext des symbolistischen Gedichtes in Deutschland ist, bleibt, genauer betrachtet, ein problematischer Versuch, sich ein kunsttheoretisches Alibi zurechtzulegen, für das George ebenso Mittel zum Zweck wird, wie es kurz vorher Heinrich Mann gewesen ist. Benn, dessen Ruhm als einziger die expressionistische Generation überdauerte und bis in die jüngste Gegenwart ausstrahlte, scheint, äußerlich gesehen, die künstlerische Linie des jungen George am legitimsten fortzuführen, aber es handelt sich eher um eine Projektion seines eigenen Bildes, das er am Beispiel Georges beschreibt.

7. Georg Kaiser

Das Echo, das George im Werk Georg Kaisers gefunden hat, scheint ohne Nachdruck und läßt sich im Rückblick nur sehr indirekt belegen. Die poetologischen Dokumentationen Kaisers, die im Rahmen der neuen Werksausgabe kürzlich annähernd vollständig vorgelegt wurden,[84] stellen fragmentarische Bestandsaufnahmen dar, dem jeweiligen Augenblick und der jeweiligen Situation verschrieben und ohne den Anspruch einer Poetik, die aus einzelnen Bausteinen ein intendiertes systematisches Ganze zusammenträgt. Zwar ließe sich die eine oder andere theoretische Bekundung in die Nähe Georges rücken. So postuliert Kaiser etwa in seiner 1922 geschriebenen Skizze »Ein Dichtwerk in der Zeit«[85] mit einem an George erinnernden Gestus: »Die Entnahme des Stoffes aus der Zeit, die gegenwärtig ist, enthebt diesen Stoff über die Zeit. Die Zeit-Dichtung (insofern Dichtung!) spricht mit festen Akzenten gegen die Zeit ... Die große Zeit-Dichtung ist unzeitgemäß.« (566) Ähnliches gilt für Feststellungen in dem Aufsatz »Der kommende Mensch oder Dichtung und Energie«,[86] der aus demselben Jahr stammt: »Aus den Zufälligkeiten der Erscheinung — des Stoffes tut sich triumphierend die Idee auf: die Idee, die ein All ist — ein zeitlos Gegenwärtiges — ein gegenwärtig Unendliches: begriffen vom Menschen — n u r greifbar für Menschen.« (568)
Aber hinter dieser Absolutheit, die der Dichtung zugesprochen wird, läßt sich sehr viel stärker ein Platonischer Hintergrund erkennen, den George, dessen Kreis ja mit den Büchern von Friedemann, Salin und Hildebrandt[87] eine Renaissance Platons[88] einleitete, mit Kaiser gemeinsam hat. Kurt Hildebrandt ließe sich zugleich als ein möglicher Vermittler im Biographischen ansprechen, da Kaiser mit seinem älteren Bruder eng befreundet war, mit ihm zusammen den Leseverein »Sappho« begründet hatte und sich häufig in dem Magdeburger Elternhaus Hildebrandts aufhielt. Bezeichnenderweise berichtet Hildebrandt in seinen Erinnerungen[89] über ein solches Zusammentreffen, das im Jahre 1904 stattfand: »Mit Vorlesen und Improvisieren gab es

ernste und parodistische Unterhaltung. Von seinen naturalistischen Anfängen war Kaiser zur strengeren symbolistischen Form übergegangen, noch nicht zu seiner ›expressionistischen‹ Kunst.« (29) Freilich versucht Hildebrandt nicht den Eindruck zu erwecken, er habe den Älteren beeinflussen können. Das Umgekehrte scheint eher wahrscheinlich, zumal er nicht verleugnet, daß es damals noch grundsätzliche Unterschiede in ihrer geistigen Orientierung gab: »Ich, der jüngste, stand ihm weniger nahe, da mir Nietzsche viel wichtiger als Hauptmann war, doch gab er mir einmal den richtigen Wink, mich nicht pedantisch-systematisch in die Naturwissenschaft zu verlieren.« (29)

Allerdings hat Kaiser mit seiner späteren Hochschätzung Nietzsches erneut wie im Falle Platon ein Muster nachvollzogen, das George und sein Kreis vorgezeichnet haben.[90] Dennoch ist Hildebrandt selbst sehr skeptisch in der Beurteilung einer möglichen Annäherung Kaisers an Vorstellungen und Auffassungen des George-Kreises: »Er hat ... sein Urteil über unsern Kreis nicht schlecht zusammengefaßt: wir machten das Leben selbst zum Hymnos — er könne diesen Weg nicht gehen ... Seine Begegnung mit unserem Kreise blieb unfruchtbar, unsere Wege laufen auseinander. Nur Wolfskehl schätzt seine späteren Werke, expressionistische Dramen und gedankliche Konstruktionen, sehr hoch ...« (35) So scheint es plausibel, wenn Huder[91] eine »frühzeitige Distanzierung vom George-Kreis« (770) bei Kaiser feststellt. Ob in der Aneignung Platons und Nietzsches tatsächlich Denkanstöße Georges und seines Kreises aufgegriffen werden, bleibt fraglich. Die Platonischen Dialoge sind für Kaiser nicht in erster Linie Dokumente des sich im Menschlichen erfüllenden erhöhten Augenblicks, Zeugnisse des verwandelnden pädagogischen Eros, sondern vom Prinzip des Dialogischen ausgehende Dramen, in denen sich Sinnliches unmittelbar in Geistiges umsetzt.

Nicht so sehr der philosophische und pädagogische Gehalt Platons ist für Kaiser zentral, sondern das Beispielhafte seiner dramatischen Form: «Das Drama Platons legt Zeugnis ab. Es ist über allen Dramen.«[92] Kaiser hat denn auch in einem 1928 mit Hermann Kasack geführten Gespräch[93] als das Ziel seiner dramatischen Arbeit hervorgehoben: »Ich möchte mein ganzes bisheriges Werk ›Die Schule des Dramas‹ nennen. Der Zweck ist die Neugeburt des Platonischen Dialogs ...« (599) Hier sind die Unterschiede zur Platon-Rezeption des George-Kreises sicherlich beträchtlich.

Mit ähnlicher Zurückhaltung wird man wohl die Nietzsche-Nähe Kaisers als Symptom einer möglichen Annäherung an George beurteilen müssen, obwohl gerade hier die These aufgestellt worden ist, Hildebrandt habe wiederum als Vermittler gewirkt und Kaiser entsprechend beeinflußt.[94] Die Auskünfte Hildebrandts in seinen Erinnerungen unterstützen eine solche These kaum, zudem ist die Nietzsche-

Rezeption Georges und seines Kreises kein singuläres Phänomen, sondern in eine breite zeitgenössische Nietzsche-Renaissance eingebettet, an der nicht zuletzt die Expressionisten maßgeblichen Anteil hatten: »Der Einfluß von Nietzsches Sprachstil und Bildern ist nirgendwo so greifbar wie bei den Dichtern des Expressionismus.«[95]
Eine mögliche George-Nähe Kaisers scheint zudem dadurch eingeschränkt zu werden, daß die Gattung, die für George und seinen Kreis im Zentrum jeder literarischen Betätigung stand, nämlich die Lyrik, bei Kaiser eher an der Peripherie seines literarischen Schaffens auftaucht und erst in seiner Spätzeit im Schweizer Exil an Bedeutung gewinnt: »Wer aber den durchdrungenen Lyriker Georg Kaiser gewahren will, findet ihn erst in der vom Tode gezeichneten Einsamkeit jener letzten sechs Lebensmonate ...«[96]
Dennoch hat man bereits über den ersten literarischen Gehversuchen Kaisers den Schatten der symbolistischen Lyriker, vor allem Hofmannsthals und Georges, erkennen wollen. Kaisers literarischer Erstling, der Einakter »Schellenkönig«, den er 1895, siebzehnjährig also, schrieb, heißt zwar im Untertitel »eine blutige groteske« und desillusioniert von vornherein alle fin-de-siècle-Stimmung, die etwa aus Hofmannsthals »Der Tod und der Tod« spricht, wird aber dennoch mitunter als symbolistische Paraphrase ausgelegt.[97]
Aber ist der jugendliche König in Kaisers Stück, dem von einem »Ceremonien-Meister« die äußerlichen Gesten seiner Stellung eingedrillt werden, tatsächlich ein Verwandter von Hofmannsthals Claudio oder gar Georges Algabal? Die Attitüde des einzelnen, der sich und seine Sicht der Wirklichkeit ins Zentrum rückt, wird bei Kaiser von vornherein verneint. Nicht der König, sondern der »Ceremonien-Meister«, dessen äußerlicher Drill dem Volk die Würde des Königs garantiert, ist der eigentlich Herrschende. Dieser Widerspruch ist nicht nur in Kaisers Stück angelegt, sondern wird auch von dem Bedienten offen ausgesprochen, der das am König vorgeführte Zeremoniell nicht zu Unrecht mit der Dressur eines Affen vergleicht:

> »... dieses Reich
> weiß nichts von Unruh mehr — tanzt doch der König
> grad wie ein Aff'!« (I,14)

Die Handlungsentwicklung, die hier ihren Ausgang nimmt, scheint eher auf die Modellsituation des expressionistischen Aufbruchs vorauszudeuten. So, wie der Kassierer sich schlagartig aus einer kleinbürgerlichen Umwelt und der Arbeitswelt der Bank in Kaisers Stück »Von morgens bis mitternachts« löst, nimmt auch der jugendliche König den Erkenntnisanstoß des Bedienten auf. Er sieht sich selbst als Marionette des höfischen Zeremoniells:

> »... Man hing
> in starre Wämser ein mich, die mit Knistern

und Bauschen überwallten und verbargen,
daß auch ein Mensch darin. Und eine Puppe,
aufführend Gaukelkünste, willenlos,
war ich der König.« (I,21)

Seine Wandlung bleibt freilich äußerlich. Er glaubt, im Bürgerrock[98]
zum neuen Menschen geworden zu sein, und muß feststellen, daß das
Volk in Aufruhr gerät, weil es den König nicht mehr erkennt. Der
König, der seiner »Popanzrolle« (I,30) entrinnen und sich als Mensch
unter Menschen fühlen möchte, sieht sich von der im Aufruhr seinen
Palast bedrängenden Menge veranlaßt, sich in seine vorherige Rolle
zurückzuverwandeln, und sagt sich von dem Bedienten los, der die
äußerlichen Insignien der Macht als belanglos ansieht, während sie für
den »Ceremonien-Meister« das »Heiligste« (I,36) sind.
Dieses ganz und gar affirmative Ende des Einakters, das die vorher in
Frage gestellte gesellschaftliche Ordnung neu befestigt und den Zweif-
ler, den Bedienten, dem Tod überliefert — er fällt durch die Hand des
Königs —, hat man in die Nähe Georges gerückt. Paulsen[99] hat über
die Verse:

>»Doch ein Betrüger ist, wer ungestüm
>den Tempel schändet in entfachter Wut,
>den Altar umstößt und die Bilder stürmt,« (I,35)

gemeint: »Man glaubt aus Ton und Wortwahl viel mehr George her-
auszuhören:« (23) Doch diese Assoziation, die offenbar zwischen diesen Versen und dem Vers-Dialog Georges »Der Brand des Tempels« in
seinem letzten Buch »Das Neue Reich« eine Beziehung herstellt, wird
bereits durch ein zeitliches Indiz entkräftet, da der Georgesche Dialog
viel später als der Einakter Kaisers entstand. Wenn sich hier eine
Nähe zu George andeuten sollte, dann läßt sie sich wohl kaum an der
Sprachform belegen, der Huder nicht zu Unrecht »shakespearesche
Deftigkeit«[100] bescheinigt, sondern an thematischen Momenten.
Die Beziehungen, die sich so zwischen Kaiser und Georges Werk herstellen könnten, würden sich am ehesten auf Georges »Algabal« er-
strecken, den Gedichtzyklus, der Kaiser damals am ehesten bekannt
gewesen ist. Selbst wenn eine solche Beziehung vorausgesetzt werden
kann — eindeutige Belege dafür sind nicht zu erbringen —, handelt es
sich bei Kaiser keineswegs um eine unselbständige Paraphrase Georgescher Themen und Motive, sondern es läßt sich viel eher von einem
kritischen Gegenentwurf sprechen.
Äußerlich betrachtet, läßt sich Kaisers jugendlicher König ohne weiteres in die Galerie der fin-de-siècle-Heroen, angefangen bei Huysmans'
Des Esseintes über Villiers' Axel bis hin zu Georges Algabal, einrei-
hen. Aber die selbstherrliche Attitüde, mit der diese machttrunkenen
Ästheten ihr Kunstreich errichten und gegen die empirische Wirklichkeit auszuspielen versuchen, ist bei Kaiser einer Änderung der Per-

spektive gewichen, die zugleich deutlich kritische Akzente setzt. Kaisers jugendlichem König fehlt ihr omnipotentes Selbstbewußtsein, nur in der Gestik ist er ihnen vergleichbar, nur in der Vorliebe für kostbare Interieurs, prächtig ausgestattete Räume, Edelsteine und Farbenprunk[101] ist er ein Abkömmling desselben Geschlechtes.

Wo George nur sehr behutsam das Rollenhafte von Algabals Situation betont und in Zweifel zieht — so in dem Schlußgedicht des »unterreichs«[102] —, ist Kaisers Ästhet völlig veräußerlicht, gleichsam nur in seiner Rolle vorhanden. Die tatsächlichen Machtverhältnisse werden durch den »Ceremonien-Meister«, dessen Diktat er sich zu fügen hat, und die sechs Marschälle, die ihn umgeben, deutlich akzentuiert. Er ist auch im politischen Sinne eine Marionette. Von einer Identifikation des Dichters mit seiner Figur kann also bei Kaiser kaum die Rede sein. Der König wird von Anfang an in kritischer Beleuchtung präsentiert. Wie Algabal versucht auch der König, die Fesseln seiner Rolle abzuwerfen — hierin zeigt sich eine bedeutsame Parallele — und durch einen vollzogenen Kleidertausch jenen nahezukommen, von denen ihn seine Rolle ständig trennt. So heißt es im »Algabal«:

> »Wenn ich in ihrer tracht und mich vergessend
> Geheim in ihren leeren lärm gepasst
> — Ich fürchte — hab ich nie sie tief gehasst ·
> Der eignen artung härte recht ermessend.« (I,52)

Der König schlüpft in den Bürgerrock, um ein Mensch unter anderen Menschen zu werden. Beider Versuch mißlingt. Algabal kehrt zur narzißtischen Selbstbetrachtung zurück. Der König muß sich wieder in das abgelehnte Ritual einfügen, um die auf äußerliche Konventionen gedrillte Menge zufrieden zu stellen und die Sicherheit des Staates zu gewährleisten.

Die affirmative Geste, mit der sich der König am Ende wieder zu dem Ritual bekennt und den Bedienten, der ihn in Frage stellt, tötet:

> »Hier spricht nur Einer:
> Ich bin der König! Den Cadaver schafft
> zur Seit'. Er stört die Übung.« (I,36—37)

— dies ist die zweite merkwürdige Parallele zu George —scheint denn auch fast eine parodistische Überspitzung jener ästhetischen Immoralität, aus der heraus Algabal seinen Diener, den Lyder, der ihn und die Tauben erschreckte, opfert:

> »Ein breiter dolch ihm schon im busen stak ·
> Mit grünem flure spielt die rote lache.
>
> Der kaiser wich mit höhnender gebärde . .« (I,48)

Die Brutalität des Mordes und die ästhetische Glorifizierung gehen in beiden Fällen eine merkwürdige Verbindung ein. Was bei George jedoch eher aus einer pathetischen Selbstüberschätzung Algabals heraus, hinter dem sich deutlich Georges eigenes Bild zeigt, gerechtfertigt werden soll, trägt bei Kaiser alle Zeichen der parodistischen Überzeichnung. Nicht von ungefähr heißt der Einakter im Untertitel »eine blutige groteske«. Stärker als ein Einfluß Georges, der produktiv weiterverarbeitet wird, drängt sich der Eindruck einer kritischen, weil parodistischen Absage an den Ichkult des jungen George auf. Hier ließen sich denn auch in der Tat die Gründe für die ambivalente Orientierung Kaisers an George erkennen.

Noch 1902, als Kaiser nach einem Nervenzusammenbruch ein halbes Jahr in einem Berliner Sanatorium verbrachte, fehlte es offensichtlich nicht an Versuchen, in engeren Kontakt zum George-Kreis zu gelangen.[103] Daß es jedoch nicht zu einer wirklichen Annäherung kam, hat wohl weniger mit der Reserviertheit des Kreises zu tun als den inneren Widerständen, die in Kaiser angelegt waren.

Daß Georges Dichtung ihn zweifellos beschäftigt hat, dafür sprechen auch die Zeugnisse frühen lyrischen Schaffens, die seit kurzem in der neuen Kaiser-Ausgabe[104] zugänglich sind. Unter parodistischen Albumversen, epigonalen Naturgedichten oder situationsbedingter Gelegenheitspoesie stößt man mitunter auf Verse, in denen das Echo Georges deutlich nachklingt. Das gilt etwa für das folgende, im August 1908 entstandene Gedicht:

»Sei du dem Abend willig ein Gefährte
und so geleitet wirst du Wunder sehn,
durch Wiesen darfst du und auf Wegen gehn —
bis dahin dir und allen streng verwehrte.

Er leitet dich zum Fluß, er kennt die Kiesel —
du raffest wie vorm Tau nur das Gewand
und fühlst das milde Kühlen seiner Hand
erquickend eins dem unteren Geriesel.

Da leichte Sorge deine Stirn verschattet,
weiß er dich nach dem fernen Rot zu drehn:
verhofft vom Tag erneuert ein Geschehn,
die Liebe bleicht nicht, die ihr heute hattet.

Noch in der Nacht — dir scheinen zu ertrinken
die fahlen Leuchten in dem obern Meer —
will dir vom allertiefsten Dunkel her
des toten Zimmers eine Röte winken.« (IV,662—63)

Metrische Gliederung und rhythmischer Fluß verleugnen nicht das Vorbild zahlreicher Gedichte aus Georges »Jahr der Seele«. Darüber hinaus ist der Gestus des Gedichtes, das Gespräch des Dichters mit dem Gefährten oder der Gefährtin, die ihn begleiten, dem des Georgeschen Zyklus ähnlich. Situation und Motivarsenal wirken ebenfalls vertraut: ein Hinausschreiten in eine abendliche Natur, die in archetypischen Elementen (Wiesen, Wege, Fluß, im Hintergrund das Meer) vergegenwärtigt wird. Das zögernde Bekenntnis zu der Dauer der menschlichen Beziehung in dem unverkennbar Georgesch klingenden Vers:

»die Liebe bleicht nicht, die ihr heute hattet.«

nimmt ebenfalls den Gestus Georges aus dem »Jahr der Seele« auf. Ohne daß es möglich wäre, ein bestimmtes George-Gedicht als Vorlage für Kaisers Gedicht zu benennen, deuten dennoch auch sprachliche Elemente, nachgestellte Adjektive (»verwehrte«), ausgesuchtes, zum Teil archaisierendes Vokabular (»Gefährte«, »Gewand«, »verschattet«) bis hin zu Manierismen (»die fahlen Leuchten«) und die Getragenheit der Syntax auf George zurück. Freilich erreicht Kaiser trotz aller Anklänge nirgendwo die bildliche Eindringlichkeit, die aus analogen George-Gedichten — etwa »Ruhm diesen wipfeln!« (I,135) oder »Gemahnt dich noch das schöne bildnis dessen« (I,133) spricht. Kaiser arrangiert die nachempfundenen Georgeschen Elemente zu einem Wort-Mosaik, das zwar eine George verwandte Stimmung verrät, aber ohne dessen bildliche Geschlossenheit ist.

Zudem läßt sich der eklektizistische Rahmen dieser frühen Lyrik Kaisers nicht verkennen. Die verschiedensten Impulse werden von ihm aufgegriffen und sprachlich erprobt. Auf dieser Skala, die von Goethe bis zu Bertolt Brecht reicht,[105] taucht Georges Wirkung nur unter anderen auf, auch wenn sie sich in der Spätzeit neben der Rilkes dann deutlich verstärkt: »Rilkes Gedichte zählten dazumal zur verheimlichten Lektüre Georg Kaisers«.[106] Gedichte wie »Die Saite« (IV,697) oder »Ecce Poeta« (IV,728) weisen mit der Entliehenheit ihrer Sprache deutlich auf Rilke zurück. Dennoch steht auch über vielen dieser späten, im Schweizer Exil entstandenen Gedichte unverkennbar das Vorbild Georges.[107] Ein Gedicht wie »Vollendung«, das Ende 1944 entstand, scheint unmittelbar ein Reflex auf die Gedichte des »Vorspiels« im »Teppich des Lebens«, wo der Engel als Symbolfigur der poetischen Initiation dem Dichter gegenübertritt und ihm den Weg weist:

> »Der Engel rief mich und sein Ruf war Duft
> aus den gepriesnen Hainen rosenvoll:
> daß ich entstiege grauer Menschengruft
> und ihm auf goldner Fährte folgen soll ...« (IV,698)

Bei George heißt es im zweiten »Vorspiel«-Gedicht:

> »Ich mag nicht atmen als in deinem duft.
> Verschliess mich ganz in deinem heiligtume!
> Von deinem reichen tisch nur eine krume!
> So fleh ich heut aus meiner dunklen kluft!« (I,172)

Und so, wie sich der Engel bei Kaiser im Duft der Rosen offenbart, wird auch bei George im ersten »Vorspiel«-Gedicht der eigentliche Akt der Initiation im Rosenbild verdeutlicht:

»... ich badete beglückt
Mein ganzes antlitz in den frischen rosen.« (I,172)

Unmittelbar auf Georges »Teppich des Lebens« zugeordnet sind auch
die beiden Gedichte »Der Teppich I« und »Der Teppich II« (IV,709),
die wenige Tage nach dem Gedicht »Vollendung« entstanden. Es liegt
nahe, in dem am gleichen Tag geschriebenen Gedicht »Der Meister«
einen poetischen Appell an George zu sehen:

»Du Unbekannter, dem ich niemals nah,
betäubend mich im dunstigen Gedränge,
wo einer so und jener anders sah —
nur Sinn erhaschte statt der neuen Klänge.

Denn dies ist Weg — und meilenweites Ziel
bleibt zu erreichen. Da du früh erlegen
im dumpfen Kreis — wie alle, die zuviel
mit Halben Umgang und Belehrung pflegen.

Ich kam mit meinem Stern und weißem Licht
schon gleich vom innern Anbeginn entzündet:
nur diesen Stein nahm ich und sein Gewicht
hat einzig einen Pfeilerfuß begründet.« (IV,710)

Auch das Gedicht »Der Seher« (IV,706), das die poetische Selbststilisierung Georges übernimmt und auf Kaiser selbst überträgt, macht es
wahrscheinlich, daß Kaiser hier George, den er persönlich nicht kennengelernt hat, auszudeuten versucht. Im ersten Teil des Gedichtes
wird offensichtlich eine poetische Selbstaussage formuliert, die sich nun
rückblickend auf George beruft, der ja verkündet hatte: »Den wert
der dichtung entscheidet nicht der sinn (...) sondern die form ... jenes
tief erregende in maass und klang ...« (I,530). Das Mißverständnis,
das man George gegenüber an den Tag legte und das Kaiser anfänglich teilte, sieht er nun im Rückblick darin, daß man stets nach der
Botschaft, dem »Sinn« von Georges Versen suchte, anstatt in Georges
»neuen Klängen« die Besonderheit seiner Verse zu erkennen. Dieses
die Form der Lyrik zum Zentrum erhebende Bekenntnis wird von
Kaiser nun retrospektiv erkannt und als Ziel seines eigenen Dichtens
bestimmt, das selbst »im dumpfen Kreis« Georges, buchstäblich: im
George-Kreis verkannt worden sei, der das Pathos seiner konservativen Revolution, seiner Ideologie, vor Georges Dichtung gerückt habe.
Diese programmatische Deutlichkeit wird in den Bildern der letzten
Strophe verlassen. Kaiser, so scheint es, versucht, seine eigene Beziehung zu George deutlich zu machen. Im Unterschied zu vielen ande-
ren, für die die Berührung mit dem George-Kreis zum Beginn ihrer
dichterischen Selbstbesinnung wurde, die sich als Planeten dem Stern
Georges unterordneten, war seine poetische Initiation bereits vor
George vollzogen. Er war, wie metaphorisch betont wird, sein eigenes
Gestirn. Die Inspiration, die ihn wie ein Licht erleuchtete, entstammte
keiner fremden Quelle.

Schwer zu entschlüsseln sind die beiden letzten Verse. Worauf zielt das Bild des Steins? Tritt es in Beziehung zu den »neuen Klängen« in der ersten Strophe und bedeutet es auf der Folie von Georges Werk, wo der Edelstein häufig ein metaphorisches Korrelat der sich selbst verwirklichenden autonomen Poesie ist, eine bildliche Chiffre für dieses neue Verständnis einer sich nur in der Form erfüllenden Poesie? Dieser neue Zugang zur Poesie wird damit zur Basis, zum tragenden Pfeiler des lyrischen Werks, das bei Kaiser am Ausgang seines Lebens unübersehbar zum Mittelpunkt seiner schöpferischen Anstrengung wurde.

Eine solche Deutung deckt sich auch mit jenen autobiographischen Aussagen, die Huder aus dem Nachlaß mitgeteilt hat: »Ich begreife mich selbst nicht mehr.« »Ich fühle förmlich, wie ich von einem silbernen Licht umgeben bin.« Oder: »Jetzt bin ich ganz in den Zustand des Eremiten versetzt. Ein seltsames Leben in Selbstsein und Selbstsicherheit.« »Sonderbar, daß ich erst so spät im Leben diese dichterische Form ergriff.« »Hier wächst mir eine neue Stimme, um viel zu sagen. In meinen Tiefen bin ich sehr erregt über dieses unerwartete Ausdrucksmittel.«[108]

Oder spielt Kaiser im Bild des Steins auf die unterlegte semantische Bedeutungsvielfalt an wie »den Stein ins Rollen bringen« oder, positiv akzentuiert, »der Stein des Anstoßes«, was in beiden Fällen Georges Poesie zum auslösenden Moment einer neuen poetischen Selbstbestimmung erheben würde?

So sehr die Vorstellung des »Poeta Vates«, so auch der Titel eines späten Gedichtes,[109] das dichterische Selbstverständnis Kaisers in der Spätzeit bestimmt und deutlich von George herkommt, auch die späten Gedichte erreichen nicht die Geschlossenheit eines poetischen Stils, der ihnen Eigengewicht zuspräche. So bleibt es bei Kaiser letztlich bei einer George-Adaption, die zwar eine eindringliche, wenn auch ambivalente Orientierung an George bezeugt, aber sich nicht in einer eigengewichtigen produktiven Weiterentwicklung dieser Ansätze befreit.

8. Reinhard Goering

Der Epilog zu Georges Nachwirkung auf den Expressionismus findet sich im Werk von zwei Dramatikern, deren Ruhm sie zeitweise neben Kaiser und Sternheim in die vorderste Reihe der expressionistischen Dramatiker trug: Reinhard Goering und Fritz von Unruh. Der Erste Weltkrieg war für beide die entscheidende Erfahrung, aus der die Suche nach einem neuen Menschen erwuchs. Unruhs »Ein Geschlecht« und Goerings »Seeschlacht« sind unter diesem Aspekt als expressionistische Verkündigungsdramen bezeichnet worden. Beider Werk wurde von der Ausstrahlung Georges erfaßt. Aber es ist hier nicht so sehr die ästhetische Faszination, die vom dichterischen Wort Georges ausging, sondern das menschliche Vorbild von Georges Gestalt und Wirkung, die hier die selbstgesetzten Grenzen des Kreises überstieg und für Unruh und noch stärker für Goering zum entscheidenden Impuls wurde. Goering hat für George, wie Gundolf brieflich an den Dichter berichtete, »eine abgöttische Verehrung«[110] empfunden und George durch Gundolfs Vermittlung, den er Anfang 1915 in Darmstadt aufgesucht hatte, auch persönlich kennengelernt. Zu einer ersten Begegnung kam es offenbar 1916, als sich Goering (von 1915 an) in Davos in einem Lungensanatorium aufhielt und George in Klostern aufsuchte. Obwohl es an eindeutigen Berichten über diese Begegnung fehlt, läßt jedoch Georges brieflicher Hinweis an Gundolf darauf schließen, daß es auch zu Gesprächen gekommen ist. Ohne Kenntnis von Goerings dichterischem Werk zu haben,[111] schien George doch seinen Rang geahnt zu haben. »Etwas quer — aber er hat die Stirn des grossen Ernst — sieht auch Baudelaire ähnlich.«[112]

Als Goering sich 1930 dem Nationalsozialismus annäherte und auf zwei Jahre der Partei beitrat, kam es offenbar zu einer neuen Begegnung in Bingen, wo er George besuchte. Über ein unmittelbares Echo dieser Begegnung bei George ist nichts bekannt. Von Goering wird berichtet, daß dieses erneute Zusammentreffen enttäuschend verlaufen sein soll.[113] Dennoch bezeugen auch noch später entstandene Essays und Entwürfe, z. B. über Themen wie »Stefan George und die anderen Dichter«, »Nachruf auf Stefan George«, »Stefan Georges Vermächtnis«,[114] wie stark Goering an George orientiert blieb. Er hat ihn in seinem Aufsatz »Wandlung des Künstlers«[115] neben Goethe gestellt,[116] an ihm gerühmt, daß er »das Leben als Kunstwerk gelebt« (91) habe und in seinem Nachruf den Dichter als den »erste(n) Große(n)« genannt, »dank dessen es wieder sinnvoll ist, groß zu sein«.[117]

Nicht nur die ausgiebige Korrespondenz Goerings mit seinem Jugendfreund Walter Wolff bezeugt, »daß Stefan George das entscheidende geistige Erlebnis in Goerings Studentenjahren gewesen ist ... daß Goerings Verehrung für George ein ganzes Leben anhielt und die Auseinandersetzung mit dem ›Meister‹ bis zu Goerings Tod äußerst intensiv blieb«.[118] Goering hat darüber hinaus selbst in einem Gedicht (aus dem Jahre 1930), das im Nachlaß vorhanden ist, diesen Einfluß rückblickend reflektiert und in einer Sprache bekannt, deren Formelemente und Bilder unverkennbar auf George zurückdeuten:

> »war noch ein kind! ich stammelte vor eignen stufen,
> warf meines auges anker aufwärts in die blaue nacht,
> maß ferne sterne mit dem spann der schmalen finger
> und wölbte traum von welt zum kuß der runden lippe,
> doch keiner kam, dem ich mein herz entböte!
> schon wuchs ich in die fährlich flammen junger morgenröte
> da schwang von scheiteln einer glutumwogten klippe

herab mit steilem winde mir ein lächelnder bezwinger:
ich sah des aares flug, o heil'ge kreiserfüllte wacht
vom tagewerk und mir geschah wie ER gerufen!«[119]

Das erinnert durchaus an die Gedichte von Angehörigen des Kreises, die ihre poetische Initiation jeweils in der Begegnung mit George erfuhren. Goering stellt seine eigene Situation offenbar analog dar.

Ähnlich wie bei Kaiser erhärtet das, was von Goerings Lyrik bekannt ist, jedoch kaum den Eindruck einer wichtigen produktiven Aneignung Georges. Ganz andere Impulse, so etwa das Echo der Verse von August Stramm,[120] lassen sich ebenfalls in seiner Lyrik erkennen, wenn auch immer wieder Anklänge an George unüberhörbar sind. Das gilt etwa für das Gedicht »Konstanz« (582), dessen Anfangsverse:

> »Weiße Segel seh ich stürmen
> Über den smaragdnen See.
> Feuerfarbne Gipfel türmen
> Auf, in Sonnenhöh.« (582)

an das Schlußgedicht in Georges »Algabal« erinnern, das so beginnt:

> »Weisse schwalben sah ich fliegen ·
> Schwalben schnee- und silberweiss ·
> Sah sie sich im winde wiegen ·
> In dem winde hell und heiss.« (I,59)

Wichtiger ist für Goering die herrscherliche Haltung Georges, seine Heiligung des Lebens. Dieser Aspekt macht Georges Gestaltung für ihn vorbildlich: die menschliche Wirklichkeit, die George umgab, der »ewige Augenblick«, den Boehringer in seiner Schilderung der menschlichen Begegnung mit dem Dichter im Kreis festzuhalten versuchte.[121] Es ist dieser »ewige Augenblick«, den der fünfte Matrose in der »Seeschlacht«[122] im Gespräch mit dem ersten Matrosen meint, als er von dem »einen«, George,[123] berichtet, der dem jungen Kadetten beim Abschied sagte: »Gedenke dessen, was zwischen uns all war. Dessen, was sein kann zwischen Mensch und Mensch! Gedenke sein im letzten Augenblick. Nicht Hoffnung und nicht Götter nehmen dem Tod das Grauen. Nur dies: Gedenken dessen, was war und sein kann zwischen Mensch und Mensch.« (294)

Die sieben Matrosen, die, im Panzerturm des Kriegsschiffes gefangen, in die Schlacht fahren und in Erwartung ihres Todes ihr vorangegangenes Leben reflektieren, die Werte, die für sie von Bedeutung waren, Vitalität, Genuß,[124] Religion,[125] Macht und Besitz,[126] und die sich mit dem Näherrücken des Todes der Sinnlosigkeit ihres bisherigen Lebens bewußt werden, sich wie »Kälber, die abgestochen werden« (317), fühlen, werden hier mit einem neuen Wert konfrontiert, dem der Tod nichts anzuhaben vermag: »Mir war es, diese lebten schon, was ich erst ahnte! Und hielten Leben der höchsten Mühe wert. Als hätten sie ein Etwas, aber in diesem Leben selbst, das sie erhaben machte über Tod und Leben.« (295) Gemeint ist jene menschliche Realität, die George im Dialog der beiden Freunde, »Victor · Adalbert«, im »Neuen Reich« gestaltet hat, die aus freiem Entschluß gemeinsam in den Tod gehen:

> »Doch glaub ich alles dir was für Dich gilt..
> Und bleibe treu dem schwur der uns verbunden
> (...)
> Und wenn nach deinem schicksal du beschlossen
> Durchs dunkle tor zu gehn: so nimm mich mit!« (I,460)

Goerings 1919 erschienenes Drama »Scapa Flow«,[127] das äußerlich die Selbstversenkung der deutschen Hochseeflotte unter Admiral Reutter behandelt, schließt nur stofflich an die »Seeschlacht« an. Die Erhebung des Lebens zum Wert, der dem Grauen des erwarteten Todes ausgleichend gegenübertritt, hat ihre Gültigkeit nun eingebüßt. Zwar wiederholt der deutsche Offizier im ersten Akt leitmotivisch: »Haltet das Leben wach!« (325), aber ähnlich, wie sich die Matrosen in der »Seeschlacht« als zur Schlachtbank abgeführte Kälber sahen, heißt es auch hier:

> »Ob sie auch wissen,
> Daß wir Menschen sind?
> Das heißt doch Affen.
> Hoffnungslose.« (326)

Das bewußt an den Anfang gestellte Bekenntnis des ersten Matrosen wirkt wie eine Zurücknahme der Hoffnung in der »Seeschlacht«:

> »Es gibt ein Leben,
> Das ist auch nicht mehr.
> Es war uns etwas mitgegeben,
> Von uns erkannt,
> Von uns geliebt,
> Das eines Tages
> Wie Dunst zerstob.« (321)

Der junge deutsche Seekadett, der ins Wasser springt, um seinem Leben ein Ende zu setzen, und wiederholt, zuletzt von den Engländern, gerettet wird, gesteht kurz vor seinem Tod die abgrundtiefe Verzweiflung, die ihn bestimmt:

> »O Brüder, o Männer:
> Euer Leid ist es,
> Das mich getötet hat.
> Ich konnte es nicht sehen.
> Ich konnte so,
> Wie es da ist, nicht leben.« (352)

Die vage Hoffnung auf eine Änderung vermag sich nicht deutlich genug zu artikulieren. Der Gedankenstrich ersetzt gewissermaßen die sprachlos gewordene Utopie:

»Ihr dürft hoffen,
Ihr habt Grund!
Ich sah aus eurer Mitte,
Ich sah deutlich
Aus eurer Mitte sah ich —
Ja, ihr dürft hoffen
Ja, ihr dürft hoffen,
Die Zeit ist nahe —« (352)

Wenn man gesagt hat, dieses Drama weise »unter den Kriegsstücken
Goerings ... die größte Nähe zu George«[128] auf, so ist das mißverständlich, mißverständlich wie die Begründung: »Es ist getragen von
Georges Glauben an einen neuen Führer, an eine neue Jugend und —
als größtes Zugeständnis an die Vorstellung des George-Kreises —
vom Glauben an eine gewisse Auserwähltheit Deutschlands.«[129] Wird
der deutsche Admiral, der seine »dreiundfünfzig Schiffe« (357) ver-
senkte, nur, damit sie nicht den Engländern in die Hände fallen,
dergestalt zu einem Geistesverwandten Georges, wenn er seine Tat
vor den Engländern so zu rechtfertigen versucht:

»O mein Land, mein Land,
Männer, deren Herz
Dir in Treue schlägt,
So lange es Kraft hat.
Verkenne uns nicht.
Die Tat, die ich tat,
War dir zum Wohle gedacht,
Wie es Männern
Einzig natürlich ist.« (360)

Diese ideologische Selbstgerechtigkeit, die einen Massenmord einkalku-
liert, redet sich am Ende mit der fadenscheinigen Begründung heraus:

»O Heimat,
Heilige Erde, heiliges Vaterland,
Aus jeder Nacht wird Tag.« (363)

Eine solche sich in chauvinistische Klischees flüchtende Selbstvernich-
tungspsychose läßt sich schwerlich auf George zurückführen. Im
»Neuen Reich« hat er unmißverständlich seine Ahnung ausgesprochen:

»Glaubt an den Lenker nicht · braucht nicht den Sühner
Will sich mit list aus dem verhängnis ziehn.« (I,417)

Das sich verselbständigende, technisierte Morden des Ersten Weltkrieges hat er ohne Illusionen gesehen:
»Der alte Gott der schlachten ist nicht mehr.« (I,412)
Auch wenn George seine Hoffnung auf die Jugend nicht aufgibt und
im Glauben an diese Jugend auch noch an Deutschland zu glauben
vermag:

»... Land dem viel verheissung
Noch innewohnt — das drum nicht untergeht!« (I,414)

so erkennt er, in hybrider Übersteigerung, das eigentliche Verbrechen des Krieges in der Erniedrigung des Wertes, den das Leben darstellt:

»Was ist IHM mord von hunderttausenden
Vorm mord am Leben selbst?« (I,411)

George mag sich und die Selbststilisierung seiner Rolle zum Seher hier überschätzt haben, aber daß die monumentale Vernichtungsgeste des deutschen Admirals in Goerings Stück aus Georges Sicht positiv zu verstehen sei, käme einer doppelten Fehleinschätzung gleich. Weder argumentiert Goering hier auf der Basis von George, noch läßt er in der Gestaltung seines Stückes Zweifel an seiner negativen Sicht des Dargestellten. Und nur unter diesem sehr allgemeinen Aspekt wäre seine Haltung zu der Georges in Beziehung zu setzen, der den Krieg ebenfalls jeder falschen Würde entkleidet hat:

»Des schöpfers hand entwischt rast eigenmächtig
Unform von blei und blech · gestäng und rohr.
Der selbst lacht grimm wenn falsche heldenreden
Von vormals klingen der als brei und klumpen
Den bruder sinken sah ·« (I,412)

George, dessen politische Reflexion den Ersten Weltkrieg, unberührt von der chauvinistischen Welle, die sich 1914 in Deutschland verbreitete, in seinen Hintergründen erkannte und unpathetisch beurteilte, entzog sich auch der Umarmung des Nationalsozialismus, der ihn zum poetischen Staatsrepräsentanten mißbrauchen wollte. Gerade hier zeigt sich der Unterschied zu Goering, der den Dichter in seinem »Nachruf auf Stefan George« für den Nationalsozialismus vereinnahmt, nachdem sich George längst durch sein selbstgewähltes Exil in der Schweiz vom Nationalsozialismus distanziert hatte. Goering hingegen vollzieht posthum rhetorisch jene Gleichsetzung, die Goebbels praktisch erzielen wollte, als er George den Ehrenvorsitz der politisch gleichgeschalteten Preußischen Akademie der Künste antrug,[130] den jener ablehnte. Bei Goering heißt es hingegen mit politisch eindeutigem Pathos: »Ihr alten und jungen Kämpfer des Reiches, durch das ganze Weltall wirkend: grüßt ihn! Ihn, den ersten, den die wiedergewonnene Ehre unermeßlich grüßen darf. Hoch die Fahnen, er lebt, lebt in uns und für uns, lebt ewig! Und ewig das neue Reich.«[131]
Goering ist damit zugleich ein Beispiel für eine verhängnisvolle George-Rezeption, für den Versuch, die poetische und im Spätwerk gelegentlich fragwürdige poetische Botschaft Georges auf eine politische abzustimmen, die am Ende die monumentale Vernichtungsgeste in Goerings Stück »Scapa Flow« noch um ein Vielfaches übertraf. Wenn man George später präfaschistischer Tendenzen bezichtigte und zum getarnten Adepten des Nationalsozialismus erhob,[132] so lag die Be-

gründung dafür nicht zuletzt in einem fehlgeleiteten George-Verständnis, für das auch Goering ein Beispiel ist.

9. Fritz von Unruh

Auch Fritz von Unruh, der über die Absicht seines Werkes ausführte: »Die Schöpfung des Werkes, wie sie mir als Mission vorschwebt, ... ist durchaus keine bloß literarische, sondern eine ethisch-religiöse ...«,[133] hat in seinem 1913/14 begonnenen und 1921/22 abgeschlossenen Drama »Stürme« in der Gestalt des Grafen Stefan ein dichterisches Bild der menschlichen Ausstrahlung Georges zu entwerfen versucht.[134] Unruh, der bereits in seinem Spiel »Platz« in der Gestalt von Schleich den expressionistischen Sprachstil parodiert und die Erneuerungsemphase seiner Zeit selbstkritisch zu reflektieren begonnen hatte, führte in den »Stürmen« die in »Platz« aufgegriffene Problematik in vielem fort.[135] Die Verwandlung der Wirklichkeit, die Dietrich in »Platz« zu erreichen versuchte und die ihn in der Liebe zu Irene seinem Ziel nahebringt, wird in den »Stürmen« ganz ähnlich von Friedrich, dem Sohn des verstorbenen Fürsten, zu leisten versucht. Er sagt sich von aller Tradition los, verläßt seine Frau Helene und glaubt, in der Liebe zu Iris, der Frau seines Freundes Stefan, die gesuchte neue Erfüllung seines Lebens zu finden.

Dieser modellhafte expressionistische Aufbruch wird, wie in »Platz« von Schleich, hier in der Figur des Kammerherrn parodiert, der, Friedrichs Revolte äußerlich nachahmend, das expressionistische Vokabular ad absurdum führt.[136] Während Friedrich dem Freunde gegenüber von Schuldgefühlen geplagt wird, verzichtet Stefan mit einer an George anklingenden Formulierung ihrer Freundschaft wegen auf seine Frau:

> »Was ist das Weib? Vorhof, nicht Heiligtum.
> Wir aber stehn am Vorhang, an dem letzten,
> Dahinter Gott sich Sterblichen verbirgt.
> Das Weib trug Sturm und Not in unsre Kraft
> Erwachter Geistigkeit ...« (144)

Das neue Leben, das Friedrich in der Liebe mit Iris zu finden hoffte, erweist sich ihm als sinnliche Verlockung, als Trug. Er erkennt erst Iris' wahre Liebe, als sie sich tötet. Die äußere Wandlung, die Friedrich angestrebt hatte, wird nun durch die eigentliche Wandlung, durch eine Wandlung seines Innern, ersetzt. Er verzichtet auf seine Herrschaft und setzt Helene, seine Frau, und Stefan als seine Nachfolger ein, Stefan, der unerschütterlich zu ihm gestanden und versucht hatte, ihn aus seinem Glauben heraus innerlich aufzurichten:

> »Mein blonder Bruder ... tritt hinaus, mit mir!
> Apollon faßt durch mich dich bei der Schulter.

Du Baldur fühl den heiligen Griechenkuß ...
Die Mispel Lokis kann uns nicht verwunden,
Wenn Sein und Werden endlich ihren Bund
In unsrer Freundschaft schlossen ...« (218)

Das zielt auf eine Züge einer Utopie tragende Synthese, die zweifelsohne von der utopischen Prophetie am Ende von Georges großem
»Krieg«-Gedicht im »Neuen Reich« beeinflußt ist:

»... Apollo lehnt geheim
An Baldur: ›Eine weile währt noch nacht ·
Doch diesmal kommt von Osten nicht das licht.‹
Der kampf entschied sich schon auf sternen: Sieger
Bleibt wer das schutzschild birgt in seinen marken
Und Herr der zukunft wer sich wandeln kann.« (I,415)

Freilich ist dieses Echo der erzieherischen Wirkung Georges im expressionistischen Drama eine historische Reminiszenz, die im Rückblick zu
verblassen beginnt. Die Wirkung, die verwandelnd auf die Zukunft
ausstrahlte, ging in erster Linie von seinem dichterischen Wort aus und
stiftete hier, wenn auch nur in einigen wenigen Fällen, so besonders bei
Stadler, Heym und Benn, eine künstlerische Tradition, deren Geltung
sich auch heute noch dokumentiert.
Sichtbar geworden ist jedoch die erstaunlich weit gestreute Wirkung
eines Dichters, der sich wie wenige andere vom literarischen Leben seiner Zeit so fern hielt und dennoch in der literarischen Strömung, die
aus heutiger Sicht als die vielleicht wichtigste zu Beginn unseres Jahrhunderts erscheint, ein so umfassendes Echo auslöste.

VII. Symbolismus und Expressionismus. Der Modellfall Stefan George und Herwarth Walden

1. Über die Vergleichbarkeit von Kunstrichtungen

Die Stilpalette am Jahrhundertende war bunt. Die Chronologie bringt kaum Muster hinein, die das vielfarbige Neben- und Durcheinander unterscheiden helfen. Naturalismus, Neuromantik, Impressionismus, Neuklassik, Jugendstil, Dekadenz, Futurismus, Surrealismus und schließlich Symbolismus und Expressionismus stellen Stilformeln dar, die Disparates kennzeichnen wollen, das großenteils gleichzeitig auftrat und sich nur schwer in ein zeitliches Nach- und Hintereinander auflösen läßt. Lediglich der Naturalismus und Expressionismus lassen sich in eine gewisse zeitliche Abfolge bringen, wobei das Jahr 1914 mit dem Ausbruch des Ersten Weltkrieges eine ungefähre Zäsur abgibt. Alle anderen erwähnten Kunst- und Literaturströmungen bildeten dazu die Begleitmusik, die entweder im Hintergrund blieb und untermalte oder gelegentlich in den Vordergrund drang und die Hauptmelodie überlagerte.

Man hat daher mit dem Blick auf die Situation der deutschen Literatur am Jahrhundertwechsel dafür plädiert, die unterscheidenden Stilformeln als künstliche Abstraktionen gänzlich fallen zu lassen: »Man muß sich entschließen, die Literatur seit 1890 als zusammenhängende Entfaltung von verschiedenartigen Formungsmöglichkeiten zu sehen, die schon am Anfang der Bewegung nebeneinander vorhanden sind.«[1] Tendiert man in der Regel dazu, die deutsche Lyrik von George über Hofmannsthal bis hin zu Rilke als ein symbolistisches Pendant zu Mallarmé, Verlaine, Rimbaud und Valéry aufzufassen,[2] so hat man dennoch mitunter auch Rilke als expressionistischen Autor zu begreifen versucht.[3] Ja, selbst der frühe George der »Hängenden Gärten« wird solcherart gelegentlich unter die Expressionisten versetzt.[4]

Auf einem solchen Hintergrund scheint es ein tautologisches Unterfangen, strukturelle Ähnlichkeiten, Verwandtschaften oder mögliche Einflüsse zwischen Symbolismus und Expressionismus aufzeigen zu wollen. Nicht nur, daß sich die damit angesprochenen rezeptionsästhetischen Kategorien einer klaren begrifflichen Abgrenzung entziehen,[5] es werden darüber hinaus zwei Stilrichtungen einander gegenübergestellt, die sich nur sehr schwer isoliert beschreiben lassen. Die Probleme, die eine exakte begriffliche Deskription des Expressionismus aufwirft und die Richard Brinkmann in der Einleitung zu seinem Expressionismus-Forschungsbericht[6] dokumentiert, gelten ohne Einschränkung auf anderer Ebene auch für den Symbolismus. Gottfried Benns ironischer Kommentar über das Stiletikett Expressionismus: »Also was ist der Expressionismus? Ein Konglomerat, eine Seeschlange, das Ungeheuer von Loch Ness, eine Art Ku-Klux-Klan?«[7] ließe sich unschwer angesichts des Symbolismus variieren. Als Konglomerat wirkt der Symbolismus in der Tat, wenn man die literarische Situation in Deutschland zwischen 1890 und 1900 näher betrachtet.

Hat das Stiletikett Expressionismus immerhin einen gewissen terminologischen Gebrauchswert, was in der Häufigkeit, wenn auch nicht Genauigkeit seiner Verwendung zum Ausdruck kommt, so ist es um den Terminus Symbolismus unter diesem Aspekt von vornherein schlechter bestellt. René Wellek, der für die Brauchbarkeit des Begriffes »als allgemeine Bezeichnung für die Literatur aller westlichen Länder, die auf den Niedergang des Realismus und Naturalismus im neunzehnten Jahrhundert folgte ...«[8] plädiert, hat jedoch nicht zu Unrecht mit dem Blick auf Deutschland einräumen müssen: »Zweifellos hat sich der Ausdruck in der deutschen Literaturwissenschaft nicht durchgesetzt ...« (74) Verhindert also die terminologische Künstlichkeit, die dem Begriff Symbolismus im deutschen Kontext zu eigen ist,[9] nicht von vornherein eine Vergleichbarkeit beider Phänomene, die mit Expressionismus und Symbolismus angesprochen werden? Aber welche Phänomene sind damit eigentlich gemeint?

Den hier angedeuteten Schwierigkeiten ließe sich methodisch auf verschiedene Weise begegnen. Es wäre denkbar, in abstrakter Schematik so etwa wie einen Idealtypus des expressionistischen und symbolistischen Stils zu beschreiben und zu versuchen, die literarische Vielfalt mit diesen Idealtypen in Deckung zu bringen oder auf strukturelle Ähnlichkeit hinzuweisen. In dieser Weise hat man den Expressionismus in der Tat deduktiv definiert und, wie Gottfried Benn es tut, sämtliche historischen Differenzierungen verwischt: »Der Expressionismus drückte nichts anderes aus als die Dichter anderer Zeiten und Stilmethoden: sein Verhältnis zur Natur, seine Liebe, seine Trauer, seine Gedanken über Gott. Der Expressionismus war etwas absolut Natürliches, soweit Kunst und Stil etwas Natürliches sind ...«.[10] Solche inhaltlichen Merkmale ließen sich mit dem Blick auf die weltverbesserische Attitüde der Expressionisten, ihre appellative O-Mensch-Moral, ihre arienhafte Anrufung des neuen Menschen beliebig erweitern. Man könnte ebenso von formalen Charakteristika ausgehen und Formzerstörung, Ausdrucksballung oder »Entfesselung der Metapher«[11] als definierende Kennzeichen ausgeben.

In analoger Weise ließen sich beim Symbolismus ästhetischer Hermetismus, Verabsolutierung der Form, Schönheitsdienst, Tendenz zum

Ornamentalen, Negation des Sozialen als charakteristische Eigentümlichkeiten bezeichnen. Ein solches deduktives Verfahren läßt sich jedoch beliebig verändern, je nach dem Standpunkt des Betrachters und je nach dem selektiv ausgewerteten Material. Eine verläßliche Basis wird so kaum gewonnen.

Solche methodischen Schwierigkeiten sind nicht neu. Jeder Versuch einer Stilbeschreibung ist mit ihnen konfrontiert. Es ist daher zu fragen, ob die vorausgesetzte terminologische Plausibilität nicht eine Fiktion darstellt, der man mit dem Entwurf eines universal anwendbaren Idealtypus vergeblich nacheifert. Wäre es nicht überzeugender, daraus die Konsequenzen zu ziehen, daß Epochenetikette wie Expressionismus oder Symbolismus generell Kode-Bezeichnungen sind, die durch ihren Gebrauch definiert werden und als verbindliche Begriffsschemata zumeist nur in der Retrospektive Geltung erlangen?

Auf einem solchen Hintergrund ist nicht die abstrakt definierte Bedeutung solcher Termini entscheidend, sondern der konkrete historische Gebrauchswert, der sich hinter dem Wort verbirgt. Das aber deutet auf die Notwendigkeit eines induktiven Verfahrens. Denn der konkrete historische Gebrauchswert läßt sich nur ermitteln, wenn man, auf den Symbolismus bezogen, die literarische Szene in Deutschland zwischen 1890 und 1900 in allen ihren Aspekten erwägt und mit dem Blick auf den Expressionismus in den beiden ersten Jahrzehnten des 20. Jahrhunderts eingehend untersucht.

Um beim Beispiel des Symbolismus zu bleiben: Wie ist es um die konkrete historische Beweisbarkeit bestellt? Läßt sich der Terminus Symbolismus, geschweige ein von seinen Vertretern formuliertes Programm, überhaupt in Deutschland entdecken? Die Literaten und Kritiker, die an der komplexen und vielstimmigen Diskussion über die Aufgaben, Zielsetzungen und Erneuerungstendenzen der lyrischen Poesie am Jahrhundertende in Deutschland teilnahmen, haben den Terminus Symbolismus selbst nur selten benutzt. Nicht nur die spätere Literaturwissenschaft hat sich des Begriffs, wie Wellek betont,[12] so gut wie gar nicht bedient, das gilt bereits für die Beobachter der literarischen Szene in Deutschland, für die das Geschehen noch Gegenwart war.

Der Wiener Kritiker Hermann Bahr, der das literarische Geschehen im benachbarten Frankreich aufmerksam verfolgte, war einer der wenigen, die diesen Terminus gelegentlich verwendeten und ihn so, wie etwa Bahr in seinem Aufsatz »Symbolisten«,[13] auf Gedichte des jungen Hofmannsthal bezogen. Als Bahr 1891 das Absterben des Naturalismus und die Geburt einer neuen literarischen Bewegung verkündete, gebrauchte er dafür die verschiedenartigsten Begriffe synonym: Neue Romantik, Neuer Idealismus, Décadence und am häufigsten Impressionismus.[14] Julius Hart, ein einflußreicher Theoretiker des Naturalismus, veröffentlichte 1896 im »Pan« einen Aufsatz über »Die Entwicklung der neueren Lyrik in Deutschland«[15] und konzentrierte sich dort keineswegs auf den Symbolismus als die wichtigste neue Richtung in der Lyrik. Symbolismus wird eher beiläufig erwähnt, und zwar im Zusammenhang mit dem jungen Hofmannsthal, dessen »nahe Verwandtschaft mit den französischen Symbolisten« (15) er hervorhebt. Der Terminus taucht ebenfalls bei der Erwähnung des Einflusses auf, den die »Dekadenten- und Symbolistenlyrik Verlaines, Mallarmés, Maeterlincks« (13) auf poetae minores wie Robert Hamerling und Eduard Grisebach, Mitglieder der sogenannten »Münchener Dichterschule« (13), gehabt hat.

Der Name Stefan Georges wird nicht einmal genannt. Die vor allem von Arno Holz eingeführte sogenannte »Großstadtlyrik« (7), die Lyrik der, wie es im Blick auf Gustav Falke, Cäsar Flaischlen und Otto Erich Hartleben heißt, »germanischen Unmittelbarkeit« (10) oder die »Poesie des Sexualismus« (14), die vor allem Gedichte Otto Julius Bierbaums, Wilhelm Arents und Felix Dörmanns (den er ironischerweise einen »Baudelaire-Schüler« [14] nennt) für ihn repräsentieren, sind offensichtlich viel wichtiger für ihn als gewisse Ansätze einer symbolistischen Lyrik.

So überrascht es denn auch nicht, daß der heute so gut wie vergessene Detlef von Liliencron der Lyriker ist, der aus seiner Sicht am wichtigsten und gewichtigsten ist: »Liliencron ist der einzige unter den jüngeren Lyrikern, der in fertiger Entwicklung vor uns steht . . .« (10). Lediglich dem damals weit überschätzten Richard Dehmel ist er am ehesten bereit, einen vergleichbaren Rang zuzusprechen.[16]

Zum Zeitpunkt dieser Bestandsaufnahme Harts war Georges Zeitschrift »Die Blätter für die Kunst«, die viele seiner frühen Gedichte in Vorveröffentlichungen brachte, bereits in ihrem vierten Erscheinungsjahr. Darüber hinaus waren Georges frühe Gedichtbände, die am ehesten auf eine Nähe zum Symbolismus verweisen, bereits publiziert: »Hymnen« (1890), »Pilgerfahrten« (1891), »Algabal« (1892), »Die Bücher der Hirten- und Preisgedichte der Sagen und Sänge und der Hängenden Gärten« (1895). »Das Jahr der Seele«, der lyrische Zyklus Georges, der den stärksten Eindruck auf seine Zeitgenossen machen sollte, wurde im Jahr darauf veröffentlicht. Hart, durchaus ein gut informierter und einfühlsamer Kritiker, beweist mit seiner Bestandsaufnahme nur allzu deutlich, daß Georges literarische Initiation sich außerhalb der damaligen literarischen Öffentlichkeit vollzogen hatte, daß sein Name in der literarischen Szene der neunziger Jahre noch nahezu ohne Echo war.

Sicherlich läßt sich darauf hinweisen, daß diese verzögerte Rezeption Georges zum Teil dem Programm einer selbstgewählten Isolation entsprach, die George für sich und seine Anhänger gewählt hatte. Seine Zeitschrift trägt nicht von ungefähr auf der ersten Seite der ersten Nummer die programmatische Erklärung: »Die zeitschrift hat einen geschlossenen von den mitgliedern geladenen leserkreis.«[17] Diese stolze Geste ästhetischer Autarkie läßt sich jedoch unter zwei Aspekten betrachten: von dem um Selbstrechtfertigung bemühten Autor und von den Voraussetzungen der Situation her, die mit Georges literarischem Auftreten verbunden sind.

Wie es um diesen zweiten Aspekt bestellt war, läßt sich den Briefen entnehmen, die Carl August Klein, Georges Mitherausgeber der »Blätter«, mit Hofmannsthal wechselte, dem in der Frühzeit der »Blätter« neben George wohl wichtigsten Mitarbeiter. Hofmannsthal hatte in einem Brief vom Oktober 1892 angefragt: »Die financielle Seite unseres Unternehmens ist mir unverständlich; in welcher Weise kann ich etwas für seine Erhaltung thuen? soll ich (verständige) Abonnenten, oder Abnehmer einzelner Nummern suchen? ... Oder wird die Auflage wirklich nur für die Mitarbeiter berechnet?«[18] Klein entgegnete ihm in seiner Antwort mit aller Offenheit: »Gewiss — es ist mir um so angenehmer je mehr (geeignete) leser Sie werben. die abonnentenzahl die uns von den mitgliedern in den monaten bis zum neuen jahre überwiesen wird bedingt ja die weiterführung des unternehmens ... vorläufig soll jeder mitarbeiter eine nummer auf seine kosten herstellen.« (47)

Hinter der stolz verkündeten Distanz vom Literaturbetrieb der Zeit deuten sich die Gesetze des literarischen Marktes als eigentliche Motivation an. Die ökonomischen Barrieren, die zu Anfang schwer überwindbare Hindernisse darstellten, werden im Pathos ästhetizistischer Selbstgenügsamkeit verinnerlicht. Zudem läßt sich nicht übersehen, daß der Verlag der »Blätter für die Kunst«, ein Selbstverlag, der auf die ökonomischen Vorteile des ansonsten gut funktionierenden Buchvertriebsystems des deutschen Buchhandels verzichten mußte, mit zur Verschärfung dieser literarischen Isolation im Anfangsstadium seines Auftretens beitrug.

Diese Situation änderte sich grundlegend erst 1898, als George im Kontakt zu Georg Bondi und dessen Verlag die verlegerische Betreuung fand, die sich von da an höchst wirkungsvoll seiner Publikationen und der des Kreises annahm. Es ist bezeichnend, daß Bondi in einem einzigen Jahr, nämlich 1899, vier George-Bände herausbrachte; einen Band mit Auszügen aus den ersten Heften der »Blätter für die Kunst«, aus der Zeit von 1892 bis 1898, und drei Bände mit Gedichten Georges. Fast alle erlebten in der Folgezeit sieben oder acht Auflagen, übertroffen nur vom »Jahr der Seele«, das 1922 bereits in der elften Auflage vorlag.

Diese wirkungsgeschichtlichen Hinweise beleuchten einen eher paradoxen Sachverhalt. Die Wirkung von Georges früher symbolistischer Lyrik setzte nicht nur äußerst spät ein, sondern darüber hinaus zu einem Zeitpunkt, als George diese Phase seiner dichterischen Entwicklung bereits wieder verlassen hatte. Er identifizierte sich am Jahrhundertende bereits nicht mehr völlig mit dem Standpunkt, den er im »Alga-bal« oder selbst im »Jahr der Seele« einnahm. Seine Auffassung von der Aufgabe der lyrischen Poesie und sein ästhetischer Standort begannen sich entscheidend zu ändern.

Jetzt, wo er faktisch die Möglichkeit hatte, im literarischen Leben seiner Zeitgenossen Resonanz zu finden und Wirkung zu haben, nahm er von der Position einer autonomen Lyrik Abstand, die kein Ziel außer sich selbst kennt, in der die artistische Produktion die empirische Realität vergessen machen möchte und in gewisser Weise die ambivalente Flucht des Autors aus der Realität ästhetisch zu rechtfertigen versucht. Die Lehre, die George lange vorher in den »Merksprüchen«[19] der »Blätter für die Kunst« verkündet hatte, galt nicht mehr uneingeschränkt.

In der ersten Nummer der »Blätter« hatte es geheißen:

»Der name dieser veröffentlichung sagt schon zum teil was sie soll: der kunst und besonders der dichtung und dem schrifttum dienen, alles staatliche und gesellschaftliche ausscheidend. Sie will die GEISTIGE KUNST auf grund der neuen fühlweise und mache — eine kunst für die kunst —« (7)

Gilt für die Mallarmésche Poesie, daß das Symbol, das sprachliche Bild, stets jenseits der empirischen Welt verbleibt als die evokative Anrufung einer letztlich unübersetzbaren absoluten Idee, so wird das Symbol bei George schrittweise wieder in die empirische Realität integriert. Das sprachliche Bild meint nicht mehr allein sich selbst, sondern ist Träger einer bestimmten Botschaft. Mit der Veröffentlichung des Gedichtbuches »Der Teppich des Lebens und die Lieder von Traum und Tod mit einem Vorspiel« im Jahre 1899 beginnt die lyrische Poesie Georges ihren früheren Anspruch auf Absolutheit und ästhetische Autonomie aufzugeben. Das Wort erhält eine didaktische Funktion, die der Engel-Bote aus dem »Vorspiel« mit den Worten umschreibt:[20]

»Das schöne Leben sendet mich an dich
Als boten:« (I,172)

Die theoretische Entsprechung zu dieser Doktrin des »schönen Lebens« wird 1901 im fünften Band der »Blätter für die Kunst« so formuliert: »Langsam sehen wir aus kleinem kreise sich in unsern deutschen mittelpunkten entwickeln ... eine geistige und künstlerische gesellschaft die sich verbunden fühlt durch ganz bestimmte ablehnungen und bejahungen: durch ein besonderes lebensgefühl.« (28) In einem weiteren Merkspruch, der »Neue Träume« betitelt ist, antizipierte George die nächste Stufe der Entwicklung, die sich in der Zukunft daran anschließen sollte: »Die jugend die wir vor uns sehen gestattet uns den glauben an eine nächste zukunft mit höherer lebensauffassung vornehmerer führung und innigerem schönheitsbedürfnis.« (31)

Georges poetische Vision einer idealisierten Jugend, in der sich die ästhetischen Träume seiner Lyrik erfüllen sollten, wurde später von Maximin, dem zum vollkommenen Menschen vergöttlichten Jüngling, verkörpert. Maximins dichterische Apotheose wurde zum Brückenschlag zwischen Poesie und Leben: In ihm wird das Symbol, von dem Georges träumt, konkret. Die zu Anfang für unübersteigbar gehaltene Schwelle zwischen Dichtung und Leben ist damit überschritten. Georges poetische Vision hat sich in eine mythisch gesehene Realität verwandelt. Maximin tritt an die Stelle des poetischen Sinnbildes. Der Schleier, der, wie gezeigt wurde, in vielen Gedichten Georges die künstlerische Form symbolisiert, ist nicht mehr notwendig. Die didaktische Aufgabe, die George nun seiner Dichtung auferlegt und die Maximin verkörpert, kommt in einem späten Gedicht aus dem »Stern des Bundes« deutlich zum Ausdruck:

> »Wo du erschienen bist als schleierloser
> Als herz der runde als geburt als bild
> Du geist der heiligen jugend unsres volks!« (I,353)

Ganz analog heißt es nun in der Einleitung zum zehnten Band der »Blätter für die Kunst«, der 1914 erschien: »Sie (die Blätter für die Kunst) haben zu zeigen dass in zeiten eines kräftigen gesamtlebens die Dichtung keine gelegenheitsmache und spielerei · sondern innerste seele des volkes ist.« (56)
Schaut man an dieser Stelle auf Georges Ausgangspunkt in den »Blättern für die Kunst« zurück, als er in den ersten Merksprüchen des ersten Heftes eine Kunst für die Kunst jenseits aller politischen und sozialen Zwecksetzungen proklamierte, so wird deutlich, daß seine Position sich nun in ihr Gegenteil verkehrt hat. Nach 1900, so läßt sich sagen, geht George seinen eigenen Weg, der sich nur noch sehr schwer mit einer symbolistischen Route in Übereinstimmung bringen läßt.
Dennoch ist diese Situation mit dem paradoxen wirkungsgeschichtlichen Sachverhalt gekoppelt, daß auch die Wirkung seiner als symbolistisch zu bezeichnenden frühen Lyrik erst kurz vorher eingesetzt hat. Die historische Wirkung von Georges Frühwerk und die programmatisch von ihm gesteuerte Wirkung, die die Dichtung nach seinem Willen nun finden soll, überlagern sich also. Die Widersprüchlichkeit dieser Rezeption reicht noch weiter. Während die Gedichte aus dem »Jahr der Seele« die Bewunderung vieler Kritiker und Leser fanden, wurde die poetische Inthronisation Maximins von den meisten als unverständliche Provokation und Irrweg aufgefaßt und entsprechend abgelehnt.
Rezeption in Georges spezifischem Fall umfaßt zugleich Aspekte, die in der Regel in der Wirkungsgeschichte von lyrischer Poesie keine Rolle spielen. Die Resonanz, die George auslöste, ist kaum mit dem

Echo anderer Dichter seiner Zeit zu vergleichen. Jene lösten Wirkung aus, die sich an der Veröffentlichung ihrer Werke kristallisierte. Georges Einflußmöglichkeiten reichten weiter, da zwischen Autor und Werk ein Rezeptionsvermittler eingeschaltet war, nämlich der sogenannte George-Kreis, der zu Beginn des Jahrhunderts seine dominierende Rolle zu spielen begann. Dieser rezeptionsästhetische Sachverhalt macht also auf einen nicht gerade häufigen Tatbestand aufmerksam, den man mit der Formel kontrollierte oder gesteuerte Rezeption umschreiben könnte.

Es erübrigt sich, an dieser Stelle deskriptiv zu veranschaulichen, welch wichtiger Stellenwert dem George-Kreis und seiner pädagogisch-poetischen Doktrin am Jahrhundertbeginn in den deutschen Universitäten zukam, wie George hier durch begabte und auch berühmte Vertreter in den verschiedenartigsten Fachgebieten eine Streuung seiner Wirkung erreichte, die die Möglichkeiten einer rein literarischen Rezeption weit überstieg. Verständlicherweise spielte dabei die von George beeinflußte Literaturwissenschaft, für die Namen wie Gundolf und Kommerell beispielhaft stehen, eine besonders wichtige Rolle. Und es ist keineswegs übertrieben, in Gundolf, der jahrzehntelang Georges vertrautester und engster Anhänger blieb, den vielleicht berühmtesten Literaturwissenschaftler der zwanziger Jahre zu sehen. An Rang, wenn auch nicht an Ruhm, wurde ihm Kommerell darin gleich, der sich zwar, von den Manipulationen des Kreis-Statthalters Wolters verschreckt und abgestoßen, später von George trennte, aber dessen spätere Arbeiten dennoch nicht die Herkunft von George verleugnen können. Neben Gundolf und Kommerell ist noch eine ganze Reihe anderer Namen zu erwähnen — Ernst Kantorowicz, Heinz Friedemann, Kurt Singer u. a. —, die zumindest zeitweise Georges Glauben an eine geistige Wiedergeburt Deutschlands durch eine ästhetisch verwandelte Jugend geteilt haben.

Nicht nur, daß sich in Georges Rezeption, die ab 1900 massiv einsetzte, die Wirkung seiner frühen symbolistischen Lyrik widersprüchlich überlagerte, es fällt darüber hinaus schwer, zwischen der Wirkung Georges als Dichter und als erzieherischer Gestalt zu unterscheiden. Im Vergleich zu Hofmannsthal und Rilke sind seine Rezeptionsvoraussetzungen ganz anders. Die in symbolistischem Kontext gesehene lyrische Produktion des jungen Loris ist in ihrer Wirkung den Arbeiten des Dramatikers, vom Librettisten für Richard Strauss ganz zu schweigen, weit unterlegen.[21] Bei Rilke wiederum setzte die massive Wirkung, die sich dann zu einer Rilke-Mode in der Nachkriegszeit steigerte, erst um Jahrzehnte später ein. Die symbolistische Komponente seines Werkes, die man schon in der Phase der Ding-Gedichte in den »Neuen Gedichten« erkennen könnte, die aber vor allem dann in der Annäherung an Valéry substantieller wird, entfaltet sich gewissermaßen in der Nachhut der symbolistischen Bewegung.[22] Als symbolistischer Lyriker von

einiger Konsequenz hat sich wohl nur George in seinen Gedicht-
büchern bis hin zum »Jahr der Seele« profiliert und als Lyriker
auch große Wirkung gehabt. In dieser Wirkung vermischen sich jedoch, wie bereits angedeutet wurde, die verschiedenartigsten Aspekte.

Gottfried Benn, der aus sehr mannigfaltigen und komplexen Gründen
in den fünfziger Jahren zum weitaus einflußreichsten und repräsenta-
tiven Lyriker in Westdeutschland wurde und der in seiner George-
Rede und seinem vielbeachteten Marburger Manifest »Probleme der
Lyrik« Georges große Wirkung auf ihn eingestanden hat, hob nicht zu
Unrecht hervor: »George war das großartigste Durchkreuzungs- und
Ausstrahlungsphänomen . . .«[23] Aber das ist lediglich eine summarische
Formel für einen sehr vielschichtigen und in sich gebrochenen Sachver-
halt, wie, bezogen auf Benn selbst, bereits im einzelnen dargelegt
wurde.

Das Dilemma, das sich im Rahmen dieser Untersuchung stellt, läßt
sich nochmals so zusammenfassen: Zu der Zeit, als Georges frühe, als
symbolistisch zu bezeichnende Lyrik entstand, hatte er so gut wie
keine Wirkung. Als die literarische Öffentlichkeit auf ihn aufmerksam
zu werden begann und er in der Tat zu einer wichtigen Kraft im
künstlerischen Zusammenspiel des kulturellen Lebens in Deutschland
wurde, war die Wirkung seiner Poesie eng gekoppelt mit dem Einfluß
seiner ästhetischen Religion und der organisatorischen Vermittlerrolle
wichtiger Mitglieder seines Kreises.

Seine symbolistische Lyrik — und damit ist in erster Linie der Erfolg
seines Zyklus »Jahr der Seele« gemeint — stellt nur einen Wirkungsaspekt unter vielen anderen dar. George war darüber hinaus sogar
daran interessiert, das ihm von seinen Anfängen her anhaftende
»Image« des symbolistischen Dichters, der sich von der Gesellschaft ab-
kapselt, seiner Kunstreligion lebt und dessen Leben von seiner Kunst
absorbiert wird, als falsch zurückzuweisen. Nicht von ungefähr wird
diese Vorstellung im ersten »Zeitgedicht« des 1907 erschienenen »Siebenten Ringes« scharf attackiert:

> »Als ihr in lärm und wüster gier des lebens
> Mit plumpem tritt und rohem finger ranntet:
> Da galt ich für den salbentrunknen prinzen
> Der sanft geschaukelt seine takte zählte
> In schlanker anmut oder kühler würde ·
> In blasser erdenferner festlichkeit.
>
> Von einer ganzen jugend rauhen werken
> Ihr rietet nichts von qualen durch den sturm« (I,227)

Als die literarische Öffentlichkeit auch seiner frühen symbolistischen
Lyrik Aufmerksamkeit zu zollen begann, versuchte er diese Aufmerk-
samkeit zu steuern, indem er die Deutung dieser Lyrik seiner eigenen
Interpretation unterordnete.

Dennoch hat es den Anschein, als könnte die verzögerte Rezeption von Georges früher symbolistischer Lyrik auf den ersten Blick eine mögliche Wechselwirkung zwischen Symbolismus und Expressionismus, dargestellt hier an dem Echo, das seine Poesie bei verschiedenen expressionistischen Autoren fand, unterstützen. Dafür scheint vor allem das zeitliche Moment zu sprechen. Der Beginn des Expressionismus läßt sich ungefähr auf den Beginn des zweiten Jahrzehnts in diesem Jahrhundert datieren. Nach dem Ersten Weltkrieg wurde der Expressionismus dann die dominierende künstlerische Bewegung, nicht zuletzt in der Literatur. Das Erstarken dieser Bewegung läuft also in etwa der Rezeptionskurve Georges parallel. In der Tat hat es hier verschiedene Berührungspunkte zwischen George und angesehenen expressionistischen Vertretern gegeben, wie bereits ausführlich dargelegt wurde.

Trotz dieser Fülle von Belegen, die das produktive Echo Georges bei einer Reihe von bedeutenden expressionistischen Autoren erkennen lassen, geht der Rezeptionsanstoß nicht nur von der symbolistischen Lyrik des frühen George aus. Konzentriert man sich auf die Frage der Weiterentwicklung von Georges symbolistischen Ansätzen, so bleibt eigentlich nur das Beispiel des späten Benn, der Georges symbolistische Position wieder verlebendigte und ausbaute. Benn hat jedoch nicht nur auf den übernationalen Kontext dieser Position aufmerksam gemacht und Verbindungslinien zu Poe, Pound, Eliot oder Valéry skizziert, sondern gehört zugleich in einen spezifischen literarischen Zusammenhang, der sich nach 1945 in der deutschen Situation abzeichnete.[24] So läßt sich mit dem Blick auf Autoren wie Paul Celan oder auch Stephan Hermlin von einer spezifisch postsymbolistischen Bewegung in der deutschen Nachkriegslyrik sprechen. Ähnlichkeiten im Bildmaterial, thematische Analogien und Entsprechungen in der ästhetischen Reflexion, wenn auch zum Teil unfreiwillig zustande gekommen, deuten stärker auf die von George initiierte Tradition des symbolistischen Gedichtes zurück,[25] als das der Fall ist, wenn man nach analogen Berührungspunkten der Georgeschen Dichtung mit dem Expressionismus sucht. Nicht von ungefähr ist in diesem Zusammenhang die Vermittlerrolle von Benn so zentral, der in den fünfziger Jahren kometenhaft zum angesehensten Lyriker in Westdeutschland aufstieg.

Wenn man also die erste Schaffensphase Georges von einer symbolistischen Position aus versteht und unter diesem Aspekt nach möglichen Einflüssen auf expressionistische Lyriker Ausschau hält, so gelangt man großenteils zu historisch zu relativierenden Ergebnissen.[26] Das tatsächliche Ausmaß von Georges Wirkung wird dadurch eingeschränkt, da die symbolistischen Anklänge nur ein Segment der tatsächlichen Rezeption darstellen. Es scheint daher lohnend, von der Arbeitshypothese einer möglichen direkten Beeinflussung im Rahmen dieser Untersuchung einmal Abstand zu nehmen und sich statt dessen auf strukturelle Analogien zu konzentrieren, die zwischen Georges ästhetischer

Position, dokumentiert in den »Blättern für die Kunst«, und der expressionistischer Autoren, die gleichzeitig schrieben und ihren Standort auch theoretisch definierten, sich abzeichnen.

In einem Überblick über den Symbolismus ist kürzlich darauf hingewiesen worden, daß George den Symbolismus von Frankreich nach Deutschland verpflanzt und dergestalt eine neue Epoche deutscher Lyrik eingeleitet habe.[27] Eine solche Verwendung der Stilkategorie Symbolismus für George stützt sich auf die schon häufig ausgebreitete und allgemein bekannte Evidenz biographischen Belegmaterials. George reiste im März 1889 zum ersten Mal nach Paris, er lernte Albert Saint-Paul kennen, der ihn mit der neuen französischen Lyrik bekannt machte.[28] Er wurde in den Zirkel Mallarmés eingeladen, er traf mit Gide, de Regnier, Merrill, Moréas, Vielé-Griffin und anderen jungen französischen Autoren zusammen. George stellte sich eine eigene Anthologie seiner französischen Lieblingsgedichte gleichsam als Musterkollektion zusammen, indem er die schönsten Gedichte handschriftlich kopierte und so ein Manuskriptkonvolut von 365 Seiten zustandekam.[29] Er übersetzte Baudelaire und Mallarmé. Die Gedichte Georges, die bald darauf entstanden, zeugen in der Verwendung von Motiven und Bildern deutlich von einer gewissen Nähe zu den französischen Vorlagen. All dies ist bereits gründlich untersucht worden,[30] und es scheint wenig dagegen zu sprechen, George in dieser Frühzeit in der Tat als Symbolisten zu bezeichnen: »Es gibt wohl keinen einzigen deutschen Schriftsteller seiner Generation, dessen Anfänge derart vom Geist des französischen Symbolismus durchdrungen waren.«[31]

Aber deutet eine solche Konsequenz nicht auf einen Analogieschluß hin? Könnte man nicht argumentieren, daß der Begriff Symbolismus lediglich als historische Kategorie, getragen von der französischen Dichtung und der bei ihr vorausgesetzten Deutung, auf George übertragen wird? Müßte man nicht zuerst im einzelnen darlegen, was der Begriff Symbolismus bei den französischen Vorlagen bedeutet und inwieweit die damit herausgestellten Merkmale sich auch in der frühen Dichtung Georges abzeichnen? Freilich würde damit das in der Einleitung beschriebene Dilemma, das mit solchen Stilformeln allgemein verbunden ist, nur auf die französische Lyrik verlagert, mit dem Ergebnis, daß der Begriff sich auch hier als abstrakte Kategorie, als ein Stilschema erweist. Es scheint daher sinnvoll, einen anderen Ausgangspunkt zu wählen.

Wie hat George selbst seine Nähe zur französischen Dichtung gesehen? War er selbst bereit, die Stildefinition Symbolismus für sich zu akzeptieren, und inwieweit leitet er diese Definition von den französischen Vorlagen ab? Es ist, mit andern Worten, danach zu fragen: Wie ist es um Georges in der Theorie reflektierten Standort bestellt, wenn man den Blick auf die theoretischen Aussagen in den Merksprüchen der »Blätter für die Kunst« richtet, wo theoretische Reflexion und poetische Demonstration mehr oder minder gleichzeitig präsentiert werden?

Zunächst einmal ist festzustellen, daß George bemüht war, die Abhängigkeit von der französischen Dichtung möglichst einzuschränken. Bereits 1892 ließ er den »Blätter«-Mitherausgeber Carl August Klein einen Aufsatz mit dem charakteristischen Titel »Über Stefan George, Eine Neue Kunst«[32] in seiner Zeitschrift publizieren. Klein wendet sich dort gegen Ausführungen,[33] die Albert Saint-Paul kurz vorher in der Zeitschrift »Ermitage« im Oktober 1891 veröffentlicht hatte. Während Saint-Paul dort die Abhängigkeit Georges von der französischen Bewegung nachdrücklich hervorhebt, weist Klein darauf hin:

»Wer die werke und den entwicklungsgang unseres dichters genau besieht dem wird seine ursprünglichkeit klar werden. das grundverschiedene seines verfahrens von dem der Franzosen (insonderheit Baudelaire's) bekundet sich am ehsten durch das fehlen aller reflexion und rhetorik. im gegensatz zu den Jüngsten die die formen auflösen sind die seinigen streng regelmässig, und er lässt nie die verständigkeit und die zusammenfassende beschränkung vermissen. — Wenn der Deutsche sich zu den verfassern des jungen Belgien, Frankreich und England hingezogen fühlt, so hat es seinen grund darin dass es ihm wie Ihnen aufgegangen ist worin das wesen der modernen Dichtung liegt: das wort aus seinem gemeinsamen alltäglichen kreis zu reissen und in eine leuchtende sfäre zu erheben. jeder versucht das nach dem bau und den gesetzen seiner sprache.« (I/2,46—47)

Klein spricht hier für George selbst. Saint-Pauls These von Georges Schülerschaft beim französischen Symbolismus wird in ihr Gegenteil verkehrt, wenn Klein ausdrücklich betont: »Übrigens liegen die urquellen der ›Nouvelle Poésie‹ — (. . .) — in Deutschland, in der deutschen Romantik, man denke an Hardenberg's hellsichtige aussprüche.« (47) In der Tat sind die Zitate von Novalis vor allem, die er erwähnt — u. a. der wichtige Satz: »Alle darstellung des dichtens muss symbolisch oder rührend sein . . .« (47) — geeignet, Kleins bzw. Georges Argumentation über eine Geste der Selbstverteidigung hinaus sachliche Berechtigung zu verleihen. Die neue Poetik, die er am Ende seines Essays andeutet, ließe sich möglicherweise als theoretisches Äquivalent zu Georges Dichtung auffassen.

Hier könnte zugleich der Ausgangspunkt für die Beantwortung der Frage liegen, wie Georges Dichtung und kunsttheoretische Position im literarischen Kontext seiner Zeit darzustellen und zu beurteilen sind. Der permanente Dialog zwischen Reflexion und poetischem Schaffen, die enge Allianz zwischen Poesie und Poetik dürfte eine plausible Basis für einen Vergleich zwischen symbolistischer und expressionistischer Intention im Bereich der Lyrik abgeben. Dieses erkenntnistheoretische Element trägt damit einer Entwicklung Rechnung, die man im Symbolismus so charakterisiert hat: »Als Bewegung hat sich der Symbolismus vor allem in der Berufung auf die Theorien seiner größten Meister verstanden. Die Theorien entsprechen den Werken ihrer Verfasser nur zum Teil, sie besitzen aber als Zeugnisse des Selbstverständnisses des Symbolismus ... einen Vorrang vor den Werken.«[34]

Analog stellt sich die Situation beim Expressionismus dar, wenn man beispielsweise den Blick auf den Dialog richtet, der sich im Zuge der Expressionismus-Diskussion[35] entspann, die in der im Moskauer Exil erscheinenden Zeitschrift »Das Wort« u. a. zwischen Ernst Bloch und Georg Lukács ausgetragen wurde. Bloch[36] hatte Lukács' Verdikt des Expressionismus als einer, um es vereinfacht zu sagen, auf den Faschismus zusteuernden geistigen Bewegung vorgeworfen: »Was aber ist nun das Material, an dem Lukács seine Expressionismus-Auffassung kenntlich macht? Es sind Vorworte oder Nachworte zu Anthologien, ›Einleitungen‹ ..., Zeitschriften-Artikel ... und dergleichen mehr. Es ist derart nicht die Sache selbst mit ihrem konkreten Eindruck an Ort und Stelle ...« (182) Lukács hat auf diesen Vorwurf nicht unberechtigt erwidert: »... ich glaube nicht, daß die theoretischen Formulierungen von künstlerischen Tendenzen unwichtig sind — auch wenn sie theoretisch Unrichtiges aussagen. Gerade in solchen Fällen sprechen sie sonst sorgsam verdeckte ›Geheimnisse‹ der Richtung aus.« (194 bis 195)[37]

Die Theorie läßt sich in beiden Fällen nicht von den konkreten Erscheinungen lösen. Als Intentionsbestimmung der künstlerischen Produktion mag sie im Rückblick wichtiger sein als das konkrete Kunstwerk. Im Unterschied zu einer abstrakt gewonnenen Typologie, die spekulativ erschlossene Merkmale miteinander konfrontiert — bei der Symbolismus-Expressionismus-Gegenüberstellung etwa den Drang nach der absoluten Idee mit der sozialen Revolution, die Verneinung der Geschichte mit einem tiefgreifenden Interesse an politischen Problemen und ähnliches mehr —, werden hier die unterscheidenden Momente aus der theoretischen Selbstbestimmung der Autoren selbst gewonnen. Der Verlust an theoretischer Geschlossenheit wird dabei durch den Gewinn historischer Authentizität aufgewogen.

2. Ablehnung und Nähe

Die Symbolismus-Expressionismus-Konstellation soll daher im folgenden an einem Modellfall dargestellt werden. Die Besonderheit beider Kunstströmungen, nämlich die enge Verschmelzung von theoretischer Aussage und künstlerischer Demonstration, wird dabei die Untersuchungsperspektive bestimmen. Georges Standpunkt soll an den theoretischen Selbstaussagen der »Blätter für die Kunst« dargestellt werden. Das gleiche gilt für die literarische Gegenfigur, die, mit der Entwicklung des Expressionismus engstens assoziiert, ihm gegenübergestellt wird: Herwarth Walden[38] und die von ihm und seinem Vertrauten

Lothar Schreyer[39] vertretene Poesie und Poetik in der einflußreichen Zeitschrift »Der Sturm«.

Vergegenwärtigt man sich die literarische Szene in Deutschland zwischen 1890 und 1900 und in den beiden Jahrzehnten danach, so fällt auf, daß George keineswegs der einzige war, der die lyrische Dichtung in Deutschland zu erneuern versuchte. Der Dichter, der am Jahrhundertbeginn zumindest in der Theorie die bei weitem größte Resonanz erzielte, war nicht George, sondern Arno Holz, dessen »Revolution der Lyrik« von 1899 »das bedeutendste Literaturprogramm der Zeit«[40] genannt wurde. Holz' Theorie eines natürlichen Rhythmus, seine Ablehnung konventioneller Formelemente in der Lyrik wie Reim, Metrum und Strophe, das von ihm eingeführte Prinzip der Mittelachse, das seinen von einem natürlichen Rhythmus getragenen Gedichten eine neue sichtbare Struktur geben sollte, wurden intensiv diskutiert. Der spätere Anthroposoph Rudolf Steiner führte im Jahre 1900 in einem Aufsatz[41] über Holz' Buch im »Magazin für Litteratur« bezeichnenderweise aus: »Holz' Logik ist ... so klar, daß hundert Professoren und dreihundert Privatdozenten fünfzig Kongresse abhalten könnten, und sie würden vergeblich nach einem Trugschluß fahnden.« (66)

Holz, der George verschiedentlich attackierte und in seiner »Blechschmiede« parodiert[42] hat, läßt sich in ähnlicher Weise als Antipode Georges auffassen wie später Walden. So hat auch Holz in den neunziger Jahren einen Dichterkreis um sich entstehen lassen,[43] der trotz aller selbstparodistischen Anlage »in der inneren Struktur der Abhängigkeiten«[44] dem George-Kreis überraschend ähnlich war. Der von George selbst als sein negatives Gegenbild empfundene Richard Dehmel hat Holz bezeichnenderweise »Stefan Georges Gegenkreisler«[45] genannt.

Bei Herwarth Walden, der selbst wiederum in Beziehung zu Holz stand[46] und seinerseits George als dichterischen Antipoden ansah, zeigt sich im »Sturm«-Kreis ein ähnliches Phänomen. Die Analogie zu George wird noch dadurch verschärft, daß auch hier eine Zeitschrift, nämlich der ab 1910 erscheinende »Sturm«, das Forum darstellt, auf dem die eigene Kunstanschauung theoretisch vertreten und verteidigt und darüber hinaus mit der Veröffentlichung der künstlerischen Arbeiten der dem »Sturm« nahestehenden Schriftsteller und bildenden Künstler zugleich konkret demonstriert wurde. Die expressionistische Zeitschrift, die im Rückblick die stärkste Aufmerksamkeit gefunden hat, ist Franz Pfemferts »Die Aktion«, die sich besonders nach dem Ende des Weltkrieges als das politisch engagierteste Blatt profilierte und Literatur von Anfang an innerhalb gesellschaftlicher Zusammenhänge begriff.[47]

Walden nahm mit seiner Zeitschrift »Der Sturm« dazu eher die Gegenposition ein und näherte sich damit George an. Hatte George in den ersten Jahrgängen der »Blätter für die Kunst« politische und gesellschaftliche Zielsetzungen strikt von der Dichtung getrennt, so berichtet Nell Walden analog über die Absichten Waldens und seiner Zeitschrift:

»Da wir im ›Sturm‹ aber an der Politik absolut uninteressiert waren — für uns gab es ja nur eines: Den Kampf um die Durchsetzung der neuen Kunstrichtung — sahen wir die drohenden Wolken nicht. Kunst und Politik haben nichts gemeinsam, so dekretierte Herwarth Walden, und nach diesem sicherlich richtigen Prinzip lebten und arbeiteten wir alle.«[48]

Der in den späten zwanziger Jahren zum Marxismus konvertierende — eine Entwicklung, die analog auch Franz Pfemfert vollzog — Walden hat diese unpolitische Phase seiner Zeitschrift und Kunsttheorie im Rückblick umzudeuten versucht und 1938 im »Wort« geschrieben:

»Das Wort ›Expressionismus‹ ist ein Kampfwort ... Gemeint ist damit: die Kunst zu revolutionieren. Die künstlerischen Ausdrucksmittel zu finden, die den Gemeinschaftswillen der fortschrittlichen Menschheit versinnlichen. D i e Ausdrucksmittel zu finden, die den sozialistischen Realismus des Lebens zur sinnlich gestalteten Komposition bringen. Mit der politischen Freiheit der geistigen, unsymbolischen, unmittelbaren Äußerung, mit der Anwendung der höchsten technischen Kenntnisse und Erkenntnisse der Gegenwart.«[49]

Von »Gemeinschaftswillen der fortschrittlichen Menschheit« oder gar »sozialistischem Realismus« ist in den kunsttheoretischen Proklamationen Waldens in den ersten »Sturm«-Jahrgängen nirgendwo die Rede. Kein Zweifel, daß Walden, der sich hier gegen den Vorwurf der Wegbereitung des Faschismus im Expressionismus zur Wehr setzt, einen Akt der Ehrenrettung versucht, der seine unpolitische Saulus-Phase aus der Paulus-Perspektive seiner Spätzeit umstilisiert. Die Darstellung Nell Waldens ist hier zutreffender.

In seinen wesentlichen kunsttheoretischen Abhandlungen im »Sturm« konzentrierte sich Walden wie George in seiner Zeitschrift auf die Herausarbeitung der ihm vorschwebenden Literatur und Kunst. An künstlerischer Empfänglichkeit ist er allerdings George, der sich streng auf die Lyrik beschränkt, die Musik weitgehend ablehnt und zur bildenden Kunst seiner Zeit, abgesehen von Klassizisten wie Boecklin, Klinger und Lenbach, kaum Kontakt besitzt, weit überlegen. Der ausgebildete Pianist und Komponist Walden ist nicht nur an der Musik seiner Zeit sehr interessiert, sondern besitzt vor allem stärkste Kontakte zur expressionistischen Malerei, die in den sogenannten »Sturm«-Ausstellungen der Öffentlichkeit vorgestellt wurde und an deren Durchbruch er so mitbeteiligt war.[50]

Das gesamte Spektrum der Kunsttheorie Waldens kann hier kaum berücksichtigt werden. Vielmehr tritt seine Theorie der Wortkunst, wie sie von ihm und seinem Freund und Schüler Lothar Schreyer in zahlreichen Aufsätzen begründet und vertreten wurde, in den Mittelpunkt. Unter diesem Aspekt werden auch die Kontrast- und Vergleichslinien zu George gezogen. Wie Arno Holz, so hat auch Walden George abgelehnt und wiederholt angegriffen, aber nichtsdestoweniger klingt in seinen theoretischen Äußerungen mitunter sogar in wörtlicher Entsprechung das Echo Georges nach. Dafür sprechen etwa die folgenden Beispiele, die Äußerungen Waldens aus seiner ab 1920 im »Sturm« veröffentlichten Studie »Kritik der vorexpressionistischen Dichtung«[51] Merksprüchen der »Blätter für die Kunst« gegenüberstellen, deren zentrale theoretische Maximen George unter dem Titel »Über Dichtung«[52] in seinen Prosaband »Tage und Taten« aufnahm.

Wie für George hat auch für Walden Deskription der Realität nichts mit Kunst zu tun. Walden: »Daher haben Beschreibungen nichts zu tun mit Kunst, auch wenn es Beschreibungen der Seele sind, auch wenn die Sprache noch so schön und edel ist, wie man es nennt.« (XI,100) George: »Wir wollen keine erfindung von geschichten sondern wiedergabe von stimmungen keine betrachtung sondern darstellung keine unterhaltung sondern eindruck.« (10)

Bei Walden wie bei George geht damit Hand in Hand eine Ablehnung aller rational-logischen Zweckmäßigkeiten, denen die Dichtung untergeordnet wird. Walden: »Man sucht in der Dichtung etwas Kunstfremdes. Nämlich Übermittlung von Gedanken.« (XI,100) Und in dem Vortrag »Einblick in Kunst«:[53] »Jedes Wort sagt etwas aus, aber nicht durch Aussage, sondern durch das Mittel der Wortkunst, durch das künstlerisch logische Bild ... Diese künstlerische Logik hat mit der Logik des Verstandes nichts zu tun.« (VI,123) George. »In der dichtung — wie in aller kunst-betätigung — ist jeder der noch von der sucht ergriffen ist etwas ›sagen‹ etwas ›wirken‹ zu wollen nicht einmal wert in den vorhof der kunst einzutreten.« (I,530)

Beide sind sich einig — wie übrigens auch mit Holz, bei dem die parallele Kritik auftaucht — in der Kritik an einem zum formalistischen Schema heruntergekommenen Reim in der Lyrik. Walden: »Keine Frage ist es, daß der Reim nicht das Gedicht, sondern daß das Gedicht den Reim macht ... Hieraus ergibt sich, daß dieses Endwort eine innere Betonung haben muß, um das Recht auf äußere Betonung zu erlangen.« (VI,123) George: »Reim ist bloss ein wortspiel wenn zwischen den durch den reim verbundenen worten keine innere verbindung besteht.« (I,530)

Beide vertreten trotz der Herauslösung der Kunst aus allen rationalen Zweckbindungen die Auffassung einer funktionalen und notwendigen Form des einzelnen Kunstwerkes. Walden: »Die Zusammenstellung der Wörter, ihre Komposition, ist das dichterische Kunstwerk.« (XI,100) George: »die zusammenstellung · das verhältnis der einzelnen teile zueinander · die notwendige folge des einen aus dem andern kennzeichnet erst hohe dichtung.« (I,530)

Im Rhythmus und in dem von ihm ausgelösten inneren und äußeren Erregungszustand erblicken beide die Wirkung eines Kunstwerks. Walden: »Es ist die undeutbare Wirkung eines Kunstwerks, körperlich und seelisch zu bewegen ... Deshalb ist das Wesen jedes Kunstwerks sein Rhythmus.« (XI,100) George: »kunstverständnis ist nur da zu finden wo ein kunstwerk als gebilde (rhythmisch) ergreift und ergriffen wird.« (24)

In seiner Apologie des Expressionismus von 1938 hat Walden spöttisch ausgeführt: »Es gab noch ganz andere ›Expressionisten‹. Max Klinger zum Beispiel. Goethe, Stefan George ...«[54] Auf dem Hintergrund solcher stichwortartig beleuchteten Parallelen nimmt Waldens intendierte Ironie eine Bedeutung an, von deren Gegenteil er offensichtlich überzeugt war. Denn George — daran läßt sich nicht zweifeln — hat er wiederholt und mit Erbitterung als künstlerischen Gegentypus attakkiert und zu widerlegen versucht.

Das zeigt sich bereits 1918 in dem Aufsatz »Das Begriffliche in der Dichtung«,[55] wo er George spöttisch unter die »Meisterschaftsringer der deutschen Lyrik« (56) einstuft und die Angehörigen des Kreises, die »Wortverfechter meisterlicher Kunst« (66), bewußt provoziert. Indem er eine Strophe Georges aus dem ersten der »Sänge eines fahrenden Spielmanns«[56] im »Buch der Sagen und Sänge« mit einer metrisch gleichgebauten Strophe von Heine und Goethe zu einem neuen »Gedicht« kompiliert, geht es ihm darum nachzuweisen, daß auch George zu jenen gehört, die metrische Regelmäßigkeit an Stelle von Rhythmus verwenden und damit formale Konvention vor sprachliche Gestaltung rücken. In dem 1924 veröffentlichten Aufsatz »Über allen Gipfeln«,[57] der sich polemisch mit der Dichtung und den Dichtern seiner Zeit, u. a. den Lyrikern Dauthendey, Rilke, Hofmannsthal, aber auch Expressionisten wie Werfel, R. Becher, Hasenclever und Georg Kaiser auseinandersetzt, wird George erneut, diesmal mit einer Strophe aus dem Gedicht »Südlicher Strand: Tänzer« im »Siebenten Ring«,[58] als negatives Beispiel zitiert für »das primitiv alogische Element der Impressionslyrik«: »Die Impressionslyriker haben etwas mit dem Klang. Das Instrument, mit dem sie Klänge schaffen, ist der Leierkasten ... Sie schreiben metrische Begleitung und halten sie für rhythmische Gestaltung. Sie glauben das Gedankliche zu entfernen indem sie gedankenlos interpunktieren.« (XV,56)

Bei Walden ergibt sich also das wirkungsgeschichtliche Paradox einer konstanten Ablehnung Georgescher Verskunst bei gleichzeitiger bemerkenswerter Nähe zu George in grundlegenden Aspekten seiner theoretisch dargelegten Kunstauffassung. Diesem Widerspruch gesellt sich ein anderer hinzu: nämlich die offenkundige Unvereinbarkeit von theoretischer Überzeugung und eigener künstlerischer Demonstration,[59] wie sie in zahlreichen Gedichten Waldens im »Sturm« zu finden ist, aber auch in den Gedichten August Stramms, den er stolz war ent-

deckt zu haben und über den es überschwenglich heißt: »August
Stramm ist der entscheidende und größte Wortkünstler dieser Zeit.
Seit Heinrich von Kleist hat es in Deutschland keinen bedeutenderen
gegeben.« (XIV,150)
Da aber sowohl im Symbolismus als auch im Expressionismus die
theoretische Reflexion und Fundierung der Kunstbestrebungen das
eigentliche Bindeglied zwischen den Positionen der verschiedenen
Künstler abgeben, ist es gerechtfertigt, die Gegenüberstellung beider
Stilbewegungen am Beispiel des in der Theorie fixierten Standpunktes
von George und Walden zu beleuchten.

3. Waldens Wortkunsttheorie

Wie sieht nun diese Wortkunsttheorie Waldens im einzelnen aus? Walden hat sie vor allem polemisch dargestellt, so in dem langen von 1920
bis 1922 in Fortsetzungen im »Sturm« publizierten Essay »Kritik der
vorexpressionistischen Dichtung«, der sich mit den Maßstäben der
lyrischen Tradition in Deutschland beschäftigt. Hier werden nicht nur
die lyrischen Epigonen des 19. Jahrhunderts von Uhland bis Geibel
widerlegt, sondern auch die kanonisierten Lyriker des romantischen
und klassischen Gedichtes wie Eichendorff und Goethe. Aber die bei
weitem größte Energie verwendet Walden darauf, den neben Goethe
damals populärsten Lyriker deutscher Sprache zu entlarven, nämlich
Heine.
Der 1924 folgende Aufsatz »Über allen Gipfeln. Die metergroßen
Dichter der Gegenwart« vervollständigt diese durch Polemik gefilterte
Literaturgeschichte im Blick auf die literarischen Größen der Zeitgeschichte. Die kritischen Einwände Waldens, die jeweils darin gipfeln,
metrische Konvention ruiniere die rhythmische Gestalt der Gedichte,
setzt allerdings bereits eine Theorie der Gedichte voraus, die freilich in
keinem von Waldens oder Schreyers zahlreichen theoretischen Abhandlungen geschlossen entwickelt wird. Sie läßt sich nur aus zahlreichen verstreuten Darlegungen erschließen.
Das gleiche gilt in gewisser Weise auch für George, der ja selbst in den
Merksprüchen der »Blätter für die Kunst« oder in überlieferten Äußerungen seinen Schülern gegenüber nur eine fragmentarische Theorie
seiner Dichtung hinterlassen hat, auch wenn die Intention dieser Theorie stets deutlich bleibt. Wie George in den »Blättern« geht es auch
Walden von Anfang an darum, die Kunst von den populären Mißver-
ständnissen der Öffentlichkeit zu befreien: »Die Kunst soll alles Mögliche. Sie soll sie befreien, indem sie sie erdrückt. Sie soll ihnen Gedanken geben. Und die Mehrheit soll sie erheitern. Das Alles soll die
Kunst.« (VI,122) Mit einer durchaus dem frühen George vergleichbaren Radikalität wird die Trennung von Kunst und Leben vollzogen,

indem die übliche Wertrelation zwischen Kunst und Leben umgekehrt wird: »Die schöpferische Tätigkeit ist durchaus primär. Sie kommt also aus dem Unbewußten. Alles Bewußte ist stets sekundär. Der grundsätzliche Unterschied zwischen Kunst und Leben beruht darauf, daß die Kunst eben primär und das Leben sekundär ist.« (VI,122) In der dritten Folge der »Blätter für die Kunst« wird dieser Sachverhalt so dargestellt: »Einfach liegt was wir teils erstrebten teils verewigten: eine kunst frei von jedem dienst: über dem leben nachdem sie das leben durchdrungen hat:« (13)

Noch schärfer wird das 1919/20 in einem Aufsatz von Lothar Schreyer im »Sturm« ausgedrückt. Seine Ausführungen tragen den bezeichnenden Titel »Die neue Kunst«.[60] Hatte George mit deutlicher Frontstellung gegen den Naturalismus 1892 in den »Blättern« verkündet, Dichtung und Schrifttum müßten »alles staatliche und gesellschaftliche« (7) ausscheiden, so heißt es dementsprechend bei Schreyer:

»Der Künstler will sein Gesicht niemandem vermitteln, wenn er schafft. Er will mit seinem Kunstwerk nicht irgendeiner Idee oder Sache dienen. Es gibt keine ethische Kunst. Es gibt keine politische Kunst. Ethik und Politik sind Grundsätze, nach denen der Mensch sein tätiges Leben gestaltet. Das Gesicht aber ist die Abkehr vom tätigen Leben.« (X,67)

Was ist das anderes als eine Umschreibung der auf den Symbolismus und George bezogenen Formel einer Kunst für die Kunst, einer Kunst, die sich absolutsetzt und keinerlei übergeordnete Zwecksetzung anzuerkennen bereit ist?

Auch das Moment der Irrationalität, das zum Vorgang des künstlerischen Schöpfungsaktes gehört, ergibt eine Verbindung zu George. Für Walden kommt die schöpferische Tätigkeit aus dem Unbewußten: »Die Feier der Kunstwerdung ist die Feier des Einsamen.« (VI,122) »Die Kunst begreift das Unbegreifliche, nicht aber das Begriffliche.« (IX,66) Analog heißt es bei Schreyer: »Das Geheimnis der Kunst enträtselt uns auch der Künstler nicht.« (X,66) Aber diese Aura des Irrationalen, die aus der Ursprungssituation des Kunstwerkes und aus seiner Verneinung aller rationalen Zwecksetzungen abgeleitet wird, mündet auch für Walden und Schreyer keineswegs in eine unfruchtbare, weil tautologische Gegensätzlichkeit zwischen Bewußtem und Unbewußtem. In der Reflexion der einzelnen Stadien des künstlerischen Gestaltungsprozesses und im Hinweis auf eine notwendige Form des Kunstwerkes wird der Logik des diskursiven Verstandes eine andere Logik gegenübergestellt: die Logik der Form.

Nicht viel anders verhält sich George. Über ihn wird berichtet, »dass die Inspiration, die den Grundrhythmus und Inhalt eines Gedichtes bestimme, eine Sache des Geistes sei und sich nicht künstlich hervorrufen lasse ...«,[61] daß jedoch der Akt der Formung und Gestaltung nicht ohne den Kunstverstand des Dichters und seine bewußte Kontrolle denkbar sei. In den »Blättern«[62] heißt es entsprechend: »Wir wissen nichts von der empfängnis des kunstwerks im künstler.« (85), aber ebenso wird die Notwendigkeit einer »neuen fühlweise und mache« (7) verkündet.

Diese Logik der Form wird von Walden lapidar so beschrieben: »Das Material der Dichtung ist das Wort. Die Form der Dichtung ist der Rhythmus ... Die Bindung der Kunst ist aber ihre Bewegung. Der Rhythmus.« (IX,66—67) Rhythmus wird dabei sowohl von allen metrischen Konventionen unterschieden als auch von syntaktischer Gliederung, d. h. also von der grammatischen Zuordnung der Wörter. Er wird zu einer Qualität jedes einzelnen Wortes: »Die Sätze werden in Absätze aufgeteilt und der Rhythmus ist fertig. Nur ist das kein Rhythmus ... Jedes Wort hat seine Bewegung in sich. Es wird durch die Bewegung sichtbar.« (IX,67) Rhythmus meint also die sinnlich-körperhafte Qualität des Wortes. Das Wort ist also nicht mehr Bedeutungsträger, vielmehr wird seine semantische Qualität sekundär. Das Wort *ist* Bedeutung.

Der Rhythmus läßt sich also als die poetologische Zentralkategorie Waldens bezeichnen. Seine zahlreichen Angriffe gegen die lyrischen Muster der literarischen Tradition und die Gedichte seiner Zeitgenossen haben hier immer wieder ihre Wurzel und ihr Ziel: nachzuweisen, daß die rhythmische Verlebendigung des Wortes unter metrischer Willkür erstickt und statt Gestaltung lediglich die Erfüllung metrischer Schemata vorliegt. Walden bringt damit erneut eine Kategorie in die ästhetische Diskussion, die schon bei Arno Holz eine große Rolle spielt. Ja, in Waldens Forderung nach einer rhythmisch notwendigen Gestaltung läßt sich Holz' Postulat des natürlichen Rhythmus als des einzig möglichen Rhythmus im Gedicht wiedererkennen.[63]

Es ist bereits darauf hingewiesen worden,[64] daß sich im Formelement des Rhythmus, der auch für George eine zentrale Bedeutung hat, eine unterirdische poetologische Verbindungslinie abzeichnet, die bis zu Poes berühmter Definition des Gedichtes als »rhythmical creation of beauty«[65] zurückreicht. Weder läßt sich bei Walden von einer epigonalen Adaption der Holz'schen Kategorie sprechen, noch läßt sich eine direkte Ableitung zwischen George und Poe postulieren. Hier stellen sich vielmehr poetologische Affinitäten heraus, die auf parallele Strukturmuster aufmerksam machen. Eine analoge poetologische Verwandtschaft läßt sich offensichtlich auch bei George und Walden erkennen.

George hat gleichfalls postuliert, daß »ein kunstwerk als gebilde (rhythmisch) ergreift und ergriffen wird«. (24) Seine Beschreibung der notwendigen Form gipfelt auch bei ihm im Rhythmus, der in die formalen Einzelaspekte Auswahl, Maß und Klang aufgegliedert wird: »Das GEDICHT ist der höchste der endgültige ausdruck eines geschehens: nicht wiedergabe eines gedankens sondern einer stimmung. was in der malerei wirkt ist verteilung linie und farbe, in der dichtung:

auswahl maass und klang.« (10) Und an anderer Stelle wird die Form, die allein den Wert der Dichtung ausmacht, ganz parallel definiert als »durchaus nichts äusserliches sondern jenes tief erregende in maass und klang wodurch zu allen zeiten die Ursprünglichen die Meister sich von den nachfahren den künstlern zweiter ordnung unterschieden haben.« (I,530)

Das entspricht exakt der Einstellung von Walden, ungeachtet der Tatsache, daß er George in seinen Dichtungen als einen solchen Künstler zweiter Ordnung ansah. Die von George angesprochene Analogie zur Malerei, die die künstlerische Wirkung des Rhythmus in der Dichtung verdeutlichen soll, findet sich ebenfalls bei Schreyer. Auch er äußert: »Der Rhythmus des Kunstwerks ist eine Bewegung, eine zwangvolle und notwendige Bewegung.« (X,34) Das bedeutet in bezug auf die malerische Gestaltung: »Der Farbrhythmus entsteht aus den Leuchtunterschieden der Farben und der Flächenausdehnung der einzelnen Farbe.« (X,34) In Hinblick auf die Dichtung heißt es entsprechend: »Jedes Wortwerk hat sein rhythmisches Gesetz. Der Rhythmus bewegt Worte.« (X,119) Und genauer definiert: »Die Logik des Rhythmus ist das Verhältnis, in dem Zwischenräume und Schnelligkeiten in der Bewegung zueinander stehen.« (X,34)

Hat sich George mit seiner Auffassung von der rhythmischen Erschaffung der Schönheit in einer notwendigen Form des Gedichtes dabei zugleich gegen die sogenannten freien Rhythmen als Selbstwiderspruch gewandt und verkündet: »Freie rhythmen heisst soviel als weisse schwärze · wer sich nicht gut im rhythmus bewegen kann der schreite ungebunden.« (I,530), so findet sich diese Ablehnung auch bei Walden: ». . . so kümmern sich die Herren von den freien deutschen Rhythmen im günstigsten Fall um äußere Betonung, wenn auch nicht immer, nie aber um die innere Betonung.« (VI,123) Die abstrakte Definition der im Gedicht vollzogenen künstlerischen Gestaltung lautet also für ihn: »Die Gestaltung für ein Gedicht wäre, diese Bilder rhythmisch einwandfrei in künstlerisch logischen Zusammenhang zu bringen.« (VI,123) Was er damit konkret meint, hat er einmal am Beispiel eines Stramm-Verses:[66]

»Durch die Büsche winden Sterne«

zu verdeutlichen gesucht: »Rhythmisch gibt diese Zeile sinnlich die Vorstellung des Windens.« (VI,124) Das Gedicht ist also nicht verdeutlichende Darstellung, sprachlicher Demonstrationsvorgang, sondern sinnliches Ereignis, mit anderen Worten: Es ist das, was es sagt, Form und Bedeutung sind identisch.

Deutet das nicht auf das gleiche hin, was George bereits in der zweiten Folge der »Blätter« in einem Merkspruch präzisiert hat, der offensichtlich auf den symbolistischen Stilkontext zugeordnet ist: »Das SINNBILD (symbol) ist so alt wie sprache und dichtung selbst. es gibt sinnbild der einzelnen worte der einzelnen teile und des gesamt-inhalts einer kunst-schöpfung. das lezte nennt man auch die tiefere meinung die jedem bedeutenden werk innewohnt.« (10)

Das Gedicht konstituiert also in allen Aspekten seiner Form eine eigene Wirklichkeit, die als symbolisch begriffen wird: als rhythmisch verlebendigte Bildlichkeit. Bei Walden wird auf den gleichen Sachverhalt aufmerksam gemacht, indem er zwischen Gleichnis und Vergleich unterscheidet. Gleichnis entspricht hier durchaus dem von George gebrauchten Begriff des Sinnbilds oder Symbols. Es deutet nicht auf etwas hin, sondern es steht konkret für etwas. Walden schreibt: »Der Vergleich wird hingestellt statt daß ein Gleichnis steht. Diese Dichter betrachten statt zu schauen. Sie berichten Übersinnliches unsinnlich, statt Übersinnliches den Sinnen sichtbar zu machen ... Das Gegenständliche in der Dichtung ist stets Gleichnis und darf nie Vergleich sein. Der Vergleich hängt von dem Vergleichenden ab, er ist also persönlich gebunden. Das Gleichnis aber ist unpersönlich und ungebunden. Sichtbar wird es nur durch seine innere Bindung.« (IX,66—67)

Das meint im einzelnen die Komposition des Kunstwerks, mit anderen Worten: seinen Rhythmus. Noch deutlicher ist Schreyer an einer Stelle: »Der Dichter der nichtkünstlerischen Zeit dichtet nicht. Er verbreitet das Bild und die Tatsache, indem er die Tatsache mit Bildern schmückt ... Die Bilder sind ihm keine Wirklichkeit, sondern ein Kunstmittel. Er hat nicht das innere Gesicht, sondern das äußere Anschauen. Die Bilder sind ihm daher Vergleiche.« (X,120)

Wie zentral für George die rhythmische Verlebendigung des Gedichtes als Maßstab des künstlerischen Wertes ist, bezeugt auch die von ihm initiierte Vortragsart seiner Verse, die im rhythmischen Lesen[67] das Gedicht gleichsam zum Leben erweckte. Für George war das Lesen seiner Verse und nicht ihr interpretierendes Verstehen der Maßstab für das eigentliche Begreifen. Der gleiche Gedanke klingt bei Schreyer an, der ausführt: »Der Rhythmus der Wortreihe als Ausdrucksmittel verbindet sich mit dem Rhythmus des Tonfalls zur rhythmischen Gestalt des Worttonwerkes.« (X,121—22)

Noch in einem weiteren Punkt läßt sich eine überraschende strukturelle Ähnlichkeit zwischen Georges und Waldens theoretischer Position aufdecken. In den Darlegungen über George und Poe wurde bereits darauf aufmerksam gemacht, daß sich George in einem wesentlichen Aspekt seiner Poetik stärker auf Poe beziehen läßt als auf die Position des französischen Symbolismus, nämlich in der Sichtbarmachung eines Platonischen Ideenhintergrundes in der rhythmisch verlebendigten Bildlichkeit des Gedichtes.[68] In den »Blättern für die Kunst« wird verschiedentlich auf die Platonische Zuordnung von Bild und Idee, von Subjekt und Objekt aufmerksam gemacht. So heißt es in einer zentralen Äußerung: »Dass das kunstwerk — in worten tönen farben — verständlich zu uns redet, eine spiegelung unseres erlebens zu sein scheint, das widerlegt nicht sein dasein in der wahrheit. Jedes ding kann nur insoweit erkannt werden als es dem erkennenden wesensverwandt ist.« (IV/3,85)[69] In Georges Aphorismus »Kunst und menschliches Urbild« wird ausgeführt: »Unsere lebensfliessung (rhythmus) verlangt ausser uns das urbild das in den vielen menschlichen gestalten oft einzelne züge und zeit- und näherungsweise eine verkörperung findet.« (I,532)

Dieser Platonischen Zuordnung der Kunst wird am deutlichsten von Schreyer in seiner Studie »Anschauung und Gleichnis: Die Gegenwart der Kunst«[70] Ausdruck verliehen:

»Jedes Kunstwerk hat ein höheres unsichtbares Vorbild. Ihm entgegen bildet sich das Bild. In ihm eingebildet ist der Strahl des unbegreiflichen Urbildes ... Wer in einem Kunstwerk, das ein Gleichnis der inneren Welt ist, das Abbild einer Erscheinung der äusseren Welt sucht, wird weder dieses Abbild finden, noch je die innere Welt erkennen ... Das Kunstwerk, das Gleichnis, vergeht. Das Angeschaute, das Bild, das im Gleichnis gekündet wird, besteht auch ohne Gleichnis.« (XIV, 84 u. 86)

Lassen die hier aufgewiesenen Übereinstimmungen nun den Schluß zu, Walden nähere sich zumindest in der Theorie dem Symbolismus an oder George bezeuge umgekehrt eine Nähe zum Expressionismus? Walden hat jedoch nicht erst 1938 seinen Expressionismus von dem damals populären Expressionismus, den er als »Vulgär-Expressionismus« charakterisiert, unterschieden und Autoren wie Gottfried Benn, Kurt Hiller, ja Georg Heym[71] als unkünstlerisch abgelehnt, das gleiche geschah bereits 1924,[72] nämlich am Beispiel von Franz Werfel und Johannes R. Becher. Selbst bei den als expressionistischen Paradestücken gedeuteten Dramen »Die Koralle« und »Der Sohn« von Georg Kaiser und Walter Hasenclever sieht er sich in seiner Anschauung bestärkt,

»daß Professoren und andere Fachleute für Expressionismus halten, was Quatsch ist. Diese Verkitschung der christlichen Idee wird für eine neue Ethik, diese tatenlose Rhetorik für neue Kunst gehalten ... Das große Menschentum dieser Dichter besteht darin, daß sie sich für große Menschen halten und daß sie die anderen zum Glauben an ihre Größe überreden wollen.« (66 u. 68)

Damit betont Walden nochmals mit aller Schärfe seine Distanz von dem, was man die großen Themen des Expressionismus genannt hat: die Anrufung des neuen Menschen, der vitalistische Aktivismus, der Appell zur Umkehr durch Wandlung des einzelnen, die emotionale Kritik an der damaligen Gesellschaft, das steile Erneuerungspathos. All diese inhaltlichen Bestimmungen haben für ihn keine Bedeutung. Entscheidend ist für ihn allein die poetologische Definition des Expressionismus als einer neuen Wortkunst: »Das, was man Expressionismus nennt, hat mit diesen Dingen und mit diesen Dichtern nichts zu tun. Expressionismus ist Kunst. Weiter nichts. Kunst aber ist die sinnliche Gestaltung optischer und akustischer Phänomene.« (69)

Es wäre müßig darüber entscheiden zu wollen, welche Definition des Expressionismus zutreffender ist. Das Kode-Wort Expressionismus nimmt offensichtlich bei Walden eine spezifische Bedeutung an, die nicht unbedingt mit der von der Konvention geprägten Bedeutung des Begriffes übereinzustimmen braucht.

So, wie Walden den Symbolismus als primitive Impressionslyrik mißverstand und ablehnte, hat auch George über die Wortstammeleien der »Monosyllaben« seinen Spott ausgegossen. Aber auch vom Symbolismus hat sich George, wie bereits dargelegt wurde, distanziert. Das geschieht nicht nur in bezug auf die Abhängigkeit vom französischen Symbolismus, was der bereits erwähnte frühe Aufsatz von Klein nachdrücklich akzentuiert, sondern wird verschiedentlich auch in den Merksprüchen der »Blätter« direkt betont. Bereits im ersten Heft wird Stellung gegen jene kategorisierenden Schlagwörter bezogen, »die auch bei uns schon auftauchen und dazu angetan sind die köpfe zu verwirren.« (7) Unter diesen Schlagwörtern werden ausdrücklich genannt: »Symbolismus, Dekadentismus, Okkultismus usw.« (7)

Die gleiche Distanzierung wird nochmals 1904 in der Einleitung zur siebenten Folge der »Blätter ausgesprochen:

»Als wir vor etwa zwölf Jahren einsezten war die gesamte uns wichtige europäische poesie der zeit (von den taglöhnern der feder wurde sie später abwechselnd Neu-romantik Symbolismus genannt) für die Deutschen ein noch unbekanntes gebiet. wir haben nach und nach die Engländer Franzosen Niederländer in entsprechenden übertragungen eingeführt und uns dann mehr und mehr auf die dichter unsres landes beschränkt die den neuen dichterischen gedanken erschufen oder weitertragen halfen.« (33)

Obwohl der europäische Kontext der eigenen Dichtung nicht verneint wird, soll dennoch der Aspekt der symbolistischen Adaption zurückgewiesen und die Ursprünglichkeit des eigenen Ansatzes betont werden.

Sowenig sich Expressionismus und Symbolismus am Beispiel des Vergleiches zwischen George und Walden ineinander auflösen lassen, sowenig deckt sich Georges oder Waldens Position mit dem, was man gemeinhin als Symbolismus oder Expressionismus bezeichnet. An der poetologischen Nähe zwischen der Kunsttheorie beider Autoren ist dennoch nicht zu zweifeln.

Die sich rapide ändernde literarische Szene in Deutschland zeigt zwischen 1880 und 1920 eine eng ineinandergreifende Stilvielfalt von Naturalismus, Impressionismus, Neuromantik, Jugendstil, Dekadenz, Futurismus, Expressionismus, Surrealismus, Neue Sachlichkeit, die großenteils simultan auftreten und jeden Versuch scheitern lassen, dieses verwirrende Bild auf Hauptlinien hin zu vereinheitlichen. Aber wie sich beispielsweise an der kunsttheoretischen Diskussion des Rhythmus, die von Poe zu George, Arno Holz und Walden reicht, belegen läßt, gibt es dennoch unterirdische Verbindungslinien und strukturelle Gemeinsamkeiten, die den immer wieder initiierten Änderungen und Neuansätzen widerstehen.

Hinter der verwirrenden Oberflächenstruktur läßt sich so etwas entdecken, was man die Tiefenstruktur nennen könnte. Es wäre in der Tat ein lohnendes Unterfangen im einzelnen darzulegen, wie diese Tiefenstruktur sich zu jenen Kode-Bezeichnungen verhält, die in der Regel gebraucht werden, literarische Epochen zu definieren.

Nachwort

Die Untersuchungen dieses Bandes, die über einen Zeitraum von etwa sieben Jahren entstanden, hatten von Anfang an ein bestimmtes methodisches Ziel: aus einer völlig veränderten literarischen Situation in der Gegenwart heraus und aus der zeitlichen Distanz gegenüber George und seinem dichterischen Werk die Frage nach einer Bewertung dieses Werkes neu zu stellen.

Dabei schien es unumgänglich, die bisher gewählten Wege zu einer Lösung dieser Aufgabe zu verlassen. Diese Wege geben sich, vereinfacht charakterisiert, in der folgenden Alternative zu erkennen: entweder aus einer Bejahung der Georgeschen Selbstdeutung heraus und deren Sanktionierung durch den George-Kreis und dessen bis in die jüngste Gegenwart erscheinenden Veröffentlichungen den Weg Georges als den einer konsequenten dichterischen Erfüllung nachzuzeichnen oder in der strikten Ablehnung dieses Anspruchs Georges und seiner Schüler das Scheitern des Autors an seinem dichterischen Werk abzulesen. In beiden Fällen wird die grundsätzliche Einstellung von einem außerhalb der Dichtung liegenden Tatbestand bestimmt, nämlich von der Georgeschen Selbstinszenierung im Kreis und dessen Wirkungsaura. Die affirmative oder polemische Einstellung dazu verhalten sich komplementär zueinander und verraten im Kern die gleiche methodische Orientierung. Dieses Muster läßt sich, bei aller Modifizierung und Differenzierung im Einzelfall, bis in die jüngste Gegenwart hinein verfolgen, wie etwa die Gegenüberstellung von zwei Untersuchungen, wie der »Stefan-George«-Monographie Eckhard Heftrichs (1968) mit dem Buch Gert Mattenklotts »Bilderdienst. Ästhetische Opposition bei Beardsley und George« (1970) bezeugt.

Das vorliegende Buch versucht, einen andern Weg zu beschreiten. Indem hier die Voraussetzungen Georges im literarischen Zusammenhang seiner Zeit und der literarischen Tradition (sowohl für seine Theorie als auch für sein Verhältnis zum dichterischen Wort) analysiert werden, stellt sich ein komparatistischer Kontext her, der besonders unter dem Aspekt von Georges Wirkung konkretisiert werden konnte. Die Frage nach dem literarischen Rang Georges läßt sich so in der Relation zu seinen Voraussetzungen und zu seinen Nachwirkungen neu präzisieren. Die Antwort auf die Frage nach dem literarischen

Stellenwert von Georges Werk ergibt sich daher nicht als Resultat einer isoliert betriebenen Werkanalyse, die zumeist von einer im voraus gefällten Entscheidung zur Georgeschen Selbstexegese bestimmt ist, sondern als Spiegelung der aufgewiesenen Beziehungen und Wirkungsaspekte.

Damit verbunden war zugleich der Verzicht auf monographische Geschlossenheit und die Entscheidung für thematische Querschnitte. Sicherlich ließ sich dabei die Gefahr gelegentlicher Überschneidungen nicht ganz vermeiden, aber vermieden wurde zugleich die Gefahr einer von außen aufgezwungenen Systematisierung, die aus der vorliegenden George-Literatur, entweder im Nachweis einer entelechialen Entwicklung oder einer ständigen Diskrepanz zwischen Anspruch und künstlerischer Leistung Georges, nur allzu vertraut ist.

Vorformen bzw. Teile dieser Studien wurden als Vorträge gehalten, so 1968 auf dem George-Symposium der Northwestern University, 1968 an der University of Toronto, 1972 auf dem Deutschen Germanistentag an der Universität Stuttgart und 1973 auf dem Symbolismus-Symposium der Internationalen Komparatistischen Gesellschaft an der New York University.

Einzelne Kapitel wurden (großenteils in Auszügen) auch schon vorher veröffentlicht, in den Zeitschriften »Sprachkunst«, »arcadia«, »German Quarterly« und dem »Jahrbuch der deutschen Schillergesellschaft«, deren Herausgebern für die Genehmigung zur Aufnahme in diesen Band gedankt sei.

Daß mir jedoch die Überarbeitung, Erweiterung und Ergänzung dieser Untersuchungen möglich war, verdanke ich einem mir von der Indiana University gewährten Forschungsjahr, für das ich zu großem Dank verpflichtet bin.

Plön/Bloomington, im Februar 1974   *Manfred Durzak*

Anmerkungen

I. Autonomes Gedicht und politische Verkündigung im Werk Stefan Georges

1 So lautet der Titel von Urs Jaeggis Vortrag in: »Stefan George Kolloquium«, hrsg. v. E. Heftrich u. a., Köln 1971, S. 100—105.
2 Vgl. dazu im einzelnen »Stefan George und sein Kreis. Eine Bibliographie«, hrsg. v. G. P. Landmann, Hamburg 1960 und Michael Winkler: »George-Kreis«, Stuttgart 1972.
3 Im folgenden zitiert nach der von Robert Boehringer herausgegebenen zweibändigen Ausgabe Stefan George: »Werke« (I, II), Düsseldorf—München, 2. Aufl. 1968.
4 »Stefan George heute«, Darmstadt 1969.
5 So Bernhard Böschenstein in einem Diskussionsbeitrag in: »Stefan George Kolloquium«, S. 194.
6 Vgl. Heißenbüttels Beitrag in: »Stefan George. Kein ding sei wo das wort gebricht«, hrsg. v. M. Schlösser, Stuttgart, 2. Aufl. 1961, S. 138; vgl. ebenfalls den in die gleiche Richtung weisenden Beitrag von Eugen Gomringer im selben Heft, S. 137. Die Wirkung Georges auf Heißenbüttel und Franz Mon wird auch von Peter Pütz in einem Diskussionsbeitrag im »Stefan George Kolloquium« (vgl. S. 194) hervorgehoben.
7 »Linguistische Bemerkungen zur modernen Lyrik«, in: H. W., »Literatur für Leser«, Stuttgart 1971, S. 109—123.
8 »Literatur und Grammatik«, S. 219, in: H. H., »Über Literatur«, Olten 1966.
9 Das betont Weinrich, vgl. S. 117.
10 Zitiert nach Robert Boehringer: »Mein Bild von Stefan George«, Düsseldorf—München, 2. Aufl. 1967, S. 244.
11 Vgl. dazu auch Jaeggi: »Daß diese Zitate von marxistischen oder dem Marxismus nahestehenden Autoren stammen — Lukács, Benjamin, Adorno — ist nicht zufällig. Die Entfremdungsphänomene, die George aufgedeckt hat, mußten gerade diese Autoren stark ansprechen.« (»Stefan George Kolloquium«, S. 110).
12 Weinrich, S. 111.
13 Vgl. Weinrich, S. 110 f.
14 Vgl. I, S. 201.
15 Vgl. I, S. 201.
16 Vgl. I, S. 285.
17 Vgl. dazu Claus Victor Bock: »Wort-Konkordanz zur Dichtung Stefan Georges«, Amsterdam 1964, S. 620.
18 »Probleme der Lyrik«, S. 508, in: G. B., »Essays, Reden, Vorträge«, Wiesbaden 1959, S. 494—532.
19 Vgl. dazu die Erläuterungen von Ernst Morwitz: »Kommentar zu dem Werk Stefan Georges«, Düsseldorf—München, 2. Aufl. 1969, S. 477 bis 478. Vgl. dazu auch die Deutung von Gadamer in seinem Vortrag »Hölderlin und George« (vgl. S. 130—131, in: »Stefan George Kolloquium«, S. 118—132) und die Diskussion über diese Deutung, die sich im Anschluß daran zwischen Gadamer, Klussmann, Böschenstein, Heftrich und David entspann (vgl. S. 133—137).
20 Theodor W. Adorno: »George und Hofmannsthal. Zum Briefwechsel: 1891—1906«, S. 226, in: Th. W. A., »Prismen«, München 1963, S. 190 bis 231. Walter Müller-Seidel weist in einem Diskussionsbeitrag im

»Stefan George Kolloquium« in die gleiche Richtung: »Ist der spätere George nicht viel gesellschaftsfremder oder gesellschaftsunwahrer als der frühe?« (S. 107).

II. Anrufung der Muse. Die künstlerische Ausgangsposition Stefan Georges.

1 Zitiert hier nach dem 1. Band des Faksimile-Drucks der achtzehnbändigen Gesamtausgabe, »Die Fibel. Auswahl erster Verse«, Düsseldorf—München 1969. Diese Ausgabe enthält einen Anhang, der in der zweibändigen Werkausgabe Georges nicht enthalten ist.

2 Vgl. hierzu und im folgenden Ernst Morwitz: »Kommentar zu den Prosa-, Drama- und Jugend-Dichtungen Stefan Georges«, München—Düsseldorf 1962, S. 77 ff.

3 Vgl. Morwitz, S. 78.

4 Vgl. Morwitz, S. 90.

5 Vgl. dazu die beiden handschriftlichen Faksimiles in der »Fibel«, S. 136 bis 137.

6 Vgl. dazu die Ausführungen des Verf.s in seinem Buch »Der junge Stefan George. Kunsttheorie und Dichtung« (München 1968), besonders das 2. Kapitel: »Sprache und Wirklichkeit«, S. 21—57.

7 Claude David: »Stefan George. Sein dichterisches Werk«, München 1967, S. 30.

8 Auf den weit verästelten Hintergrund des Musen-Topos hat Ernst Robert Curtius im 13. Kapitel seines Buches »Europäische Literatur und lateinisches Mittelalter« (Bern, 4. Aufl. 1963, S. 235—252) aufmerksam gemacht. Die epische Funktion der Musen-Anrufung behandelt Volker Klotz in seinem Aufsatz »Muse und Helios. Über epische Anfangsweisen und -nöte«, in: »Romananfänge. Versuch zu einer Poetik des Romans«, hrsg. v. N. Miller, Berlin 1965, S. 11—36.

9 Zitiert nach »Lyrik des 18. Jahrhunderts«, hrsg. v. K. O. Conrady, Reinbek 1968, S. 115.

10 Im folgenden wird wiederum zitiert nach der zweibändigen, von Robert Boehringer betreuten Ausgabe: Stefan George: »Werke« (= I, II), Düsseldorf—München, 2. Aufl. 1968.

11 Zur Bedeutung der Gattungsbezeichnung »Hymnen« vgl. die Ausführungen von Ernst Morwitz: »Der Titel ›Hymnen‹ ist nicht im heutigen deutschen oder englischen Sinn des Wortes gemeint, der oft darunter kirchliche Lieder versteht, sondern in der jetzigen Bedeutung des Wortes ›Ode‹, die sich bei Stefan George wiederum dem antiken Preislied, der griechischen Hymne ... nähert.« (»Kommentar zu dem Werk Stefan Georges«, Düsseldorf—München, 2. Aufl. 1969, S. 7.)

12 Morwitz, S. 8.

13 Volker Klotz: »Jugendstil in der Lyrik«, S. 360, in: »Jugendstil«, hrsg. v. J. Hermand, Darmstadt 1971, S. 358—367.

14 Wilhelm Emrich: »Zur Genealogie des Jugendstils«, S. 347, in: »Jugendstil«, S. 346—348.

15 Ohne auf den Bezug zu Goethe einzugehen, weist Claude David (vgl. »Stefan George. Sein dichterisches Werk«, S. 51) auf vage Analogien zu einem Eichendorff- und Novalis-Gedicht hin, die George in seine Anthologie »Das Jahrhundert Goethes« aufgenommen hat. Die von David erwähnten Gedichte finden sich in der Neuauflage der Anthologie (Düsseldorf—München 1964) auf S. 86 und 63 f.

16 »Sämtliche Gedichte. Erster Teil« (= dtv Gesamtausgabe 1), München 1961, S. 7.

17 Vgl. dazu die Ausführungen von Heinrich Henel: »Erlebnisdichtung und Symbolismus«, in: »Zur Lyrik-Diskussion«, hrsg. v. R. Grimm, Darmstadt 1966, S. 218—254, besonders S. 219 f.

18 In einem schon im vorangegangenen Kapitel erwähnten Gedicht aus dem »Jahr der Seele« wird diese spätzeitliche Bedeutung, die im Mond-Bild ausgedrückt wird, ganz deutlich hervorgehoben:

> »Licht war nur an der erde
> Vom monde leichenfarb.
>
> . . .
>
> Seht was mit trostgebärde
> Der mond euch rät:
> Tretet weg vom herde ·
> Es ist worden spät.« (I,165)

19 Vgl. dazu die Deutung bei Morwitz: »Kommentar zu dem Werk Stefan Georges«, S. 9.

20 Vgl. dazu die Ausführungen des Verf.s in seinem Buch »Der junge Stefan George. Kunsttheorie und Dichtung«, S. 118, desgleichen die Untersuchung von Hubert Arbogast: »Die Erneuerung der deutschen Dichtersprache in den Frühwerken Stefan Georges«, Köln—Graz 1967, S. 56 ff.

21 Vgl. dazu den Hinweis bei Claude David: »Stefan George und der Jugendstil«, S. 393, in: »Zur Lyrik-Diskussion«, S. 382—401.

22 Die biblische Vorlage dazu ist Mos. 32, 27: »Ich lasse dich nicht, du segnetest mich denn.« Vgl. dazu auch Karl Pestalozzi: »Die Entstehung des lyrischen Ich. Studien zum Motiv der Erhebung in der Lyrik«, Berlin 1970, S. 314 f.

23 Morwitz: »Kommentar zu dem Werk Stefan Georges«, S. 193. Vgl. dazu auch die Anmerkung von Morwitz: »Dass es sich hier um Tränen handelt, hat der Dichter selbst erklärend gesagt.« (S. 193).

24 Vgl. I, S. 276/7.

III. Die kunsttheoretische Ausgangsposition Stefan Georges. Zur Wirkung Edgar Allan Poes.

1 Die Zeitschrift wird im folgenden stets nach der sechsbändigen, von Robert Boehringer betreuten Neuausgabe im Verlag Helmut Küpper (München—Düsseldorf 1968) zitiert, und zwar in folgender Abkürzung nach dem Muster: I/1 = Folge/Band, 1 = Seitenzahl. Bei Zitaten aus Georges Werk wird wiederum die zweibändige Ausgabe »Werke« (I, II), München—Düsseldorf 1958, 2. Aufl. 1968, zugrunde gelegt.

2 Ansätze finden sich lediglich in den Dissertationen von Guido Glur: »Kunstlehre und Kunstanschauung des Georgekreises und die Ästhetik von Oscar Wilde« (Bern 1957) und G. R. Urban: »Kinesis and Stasis. A Study in the Attitude of Stefan George and his Circle to the Musical Arts« (The Hague 1962).

3 Neben zahlreichen Einzeluntersuchungen, die in Georg Peter Landmanns Bibliographie »Stefan George und sein Kreis« (Hamburg 1960) und zum Teil in dem Materialienband von Michael Winkler »Stefan George« (Stuttgart 1970) aufgeführt werden, seien hier besonders die Bücher von Enid L. Duthie »L'influence du symbolisme français dans le renouveau poétique de l'Allemagne« (Paris 1933), die sehr reichhaltiges Material zusammengetragen hat, und von Claude David »Stefan George. Son oeuvre poétique« (Lyon—Paris 1952: deutsche Übersetzung: »Stefan George. Sein dichterisches Werk«, München 1967) vermerkt.

4 Auf die Beziehung zwischen Baudelaires »Rêve parisien« und Algabals »Unterreich« hat zuerst Richard M. Meyer: »Ein neuer Dichterkreis« (in: »Preußische Jahrbücher« 88 [1897], S. 35—54) hingewiesen. Den Einfluß von Mallarmés »Hérodiade« auf den »Algabal«-Zyklus hat Curt von Faber du Faur in seinem Aufsatz »Stefan George et le symbolisme français« (in: »Comparative Literature« 5/2 [1953], S. 151 bis 166) überzeugend belegt. Vgl. zu diesem Fragenkomplex auch das zweite Kapitel (»Einfluß des französischen Symbolismus«) in der Untersuchung des Verf.s »Der junge Stefan George. Kunsttheorie und Dichtung«, München 1968, S. 58 ff.

5 »Wirkungen des französischen Symbolismus auf die deutsche Lyrik der Jahrhundertwende«, in: »Euphorion« 58 (1964), S. 375—395.

6 Böschensteins These ist inzwischen indirekt bestätigt worden. Die Neuauflage von Robert Boehringers Buch »Mein Bild von Stefan George« (München—Düsseldorf 1967), die zum ersten Mal die Sammlung französischer Lieblingsgedichte, die George während seines ersten Paris-Aufenthaltes eigenhändig für sich zusammenstellte, nach Titeln aufschlüsselt, führt auch Vielé-Griffins Gedicht auf, vgl. S. 216.

7 T. S. Eliot bestätigt das prinzipiell, wenn er ausführt: »The poets from generation to generation were not so much influenced by each other's poetry, but deeply influenced by each other's attitude towards poetry ...« (»Foreword«, S. VI, in: Joseph Chiari, »Symbolisme from Poe to Mallarmé. The Growth of a Myth«, London 1956).

8 Vgl. »Deux Poèmes de Stefan George«, in: »L'Ermitage« 2/10 (1891), S. 585—589.

9 »Über Stefan George. Eine neue Kunst«, S. 46, in: I/2, S. 45—50.

10 Zitiert nach Kurt Breysig: »Gespräche. Dokumente«, Amsterdam 1950, S. 16.

11 Baudelaire hat Poe in »L'Art romantique« (Paris 1925, vgl. S. 59) als den wichtigsten Dichter seiner Zeit bezeichnet. Eine ähnliche Hochschätzung haben auch Mallarmé (vgl. Henri Mondor: »Vie de Mallarmé«, Paris 1941, S. 104) und Valéry bezeugt, so in einem Brief an Gide: »Poe ... is the only writer — without any fault. He never makes a false move — he is not guided by instinct — but with lucidity and to advantage, he creates form out of void.« (Zitiert nach Eric W. Carlson: »The Recognition of Edgar Allan Poe. Selected Criticism Since 1829«, Ann Arbor 1966, S. 102.)

12 Baudelaire hat fast zwanzig Jahre an seinen Poe-Übersetzungen gearbeitet und fünf Bände Poe-Übertragungen veröffentlicht, vgl. dazu Patrick F. Quinn: »The French Response to Poe«, S. 64, in: »Poe. A Collection of Critical Essays, hrsg. v. R. Reagan, Englewood Cliffs 1967, S. 64 bis 68. Mallarmé hat Baudelaires Übersetzungsarbeit bewußt fortzuführen versucht und besonders Poes Gedichte übertragen, vgl. dazu Joseph Chiari: »Symbolisme from Poe to Mallarmé«, London 1956, S. 67. Daß auch Valéry Poes Dichtung hoch eingeschätzt hat, bezeugt sein Essay »Au sujet d'Eureka«.

13 Von ihm stammt wohl der schärfste Angriff auf Poe: »E. A. Poe, although he achieved, as his admirers have claimed, a remarkable agreement between his theory and his practise, is exceptionally bad in both.« (»Edgar Allan Poe: A Crisis in the History of American Obscurantism«, S. 176, in: »The Recognition of Edgar Allan Poe«, hrsg. v. Eric W. Carlson, S. 176—202).

14 »From ›Vulgarity in Literature‹«, in: »Poe. A Collection of Critical Essays«, hrsg. v. R. Reagan, S. 31—37.

15 »Axel's Castle«, New York 1959, S. 17.

16 Brief an W. T. Horton vom 3. 9. 1899, in: »Letters of W. B. Yeats«, hrsg. v. Allan Wade, New York 1955, S. 325.

17 Vgl. dazu Joseph Wood Krutch: »It has been often stated that his master was Coleridge and the statement is true ...« (»Edgar Allan Poe. A Study in Genius«, New York 1926, S. 231).

18 Daß diese beiden Essays entgegen der geläufigen Abwertung Poes im angelsächsischen Sprachraum für die Dichtungstheorie der Moderne objektiv wichtig sind, hat noch kürzlich René Wellek hervorgehoben: »Whatever the merits of this enormous activity in its time and place (there are 258 articles in the Virginia edition), they would not give Poe a claim to a place in an international history of criticism. But the claim is justified and can be substantiated by an appeal to two essays, ›The Philosophy of Composition‹ and ›The Poetic Principle‹.« (»A History of Modern Criticism. III. The Age of Transition«, New Haven 1965, S. 154).

19 Vgl. dazu Valérys treffende Ausführungen: »Baudelaire was so deeply struck by this essay, he received so intense an impression from it, that he considered its contents — and not only the contents but the form itself — as his own property.« (»The Position of Baudelaire«, S. 15, in: »Baudelaire. A Collection of Critical Essays«, hrsg. v. H. Peyre, Englewood Cliffs 1962, S. 7—18.

20 Übertragungen aus dem Englischen finden sich bereits unter den ersten Gedichten Georges in der »Fibel«, vgl. II, S. 489 f.

21 »Mein Bild von Stefan George«, Neuaufl. S. 34.

22 Im zweiten Band der ersten »Blätter«-Folge ist das Gedicht »Psyche« von Hofmannsthal abgedruckt. Das Motto des Gedichtes lautet: »Psyche, my soul. Edgar Poe.« (I/2, S. 37).

23 »Kommentar zu dem Werk Stefan Georges«, Düsseldorf—München, 2. Aufl. 1969, S. 392.

24 »A History of Modern Criticism. III. The Age of Transition«, New Haven 1965, S. 154.

25 Wie im folgenden stets zitiert nach: »The Complete Works of Edgar Allan Poe«, Band I: »Poems. Essays on the Poet's Art«, hrsg. v. C. F. Richardson, New York 1902, S. 290.

26 Vgl. Poes ausdrücklichen Hinweis: »When, indeed, men speak of beauty, they mean, precisely, not a quality, as is supposed, but an effect.« (S. 292).

27 »Edgar Allan Poe: A Crisis in the History of American Obscurantism«, S. 182.

28 Vgl. »That pleasure which is at once the most intense, the most elevating, and the most pure, is found in the contemplation of the beautiful.« (S. 292).

29 »From Poe to Valéry«, S. 211, in: »The Recognition of Edgar Allan Poe«, S. 205—219.

30 Vgl. »›A long poem‹ is simply a flat contradiction in terms ...« (S. 164).

31 Vgl. »The value of the poem is in the ratio of this elevating excitement.« (S. 165).

32 Freilich handelt es sich hier um ein indirektes Kant-Echo, das durch Coleridge vermittelt wurde, über den Poe z. B. in seinem Essay »The Purpose of Poetry« geäußert hat: »Of Coleridge I cannot speak but with reverence. His towering intellect! his gigantic power!« (S. 162).

33 Wellek hat zu Recht ausgeführt: »His concept of beauty is not ... completely divorced from knowledge; it is Neoplatonic in its reference to harmony, to mathematical proportions, to the ideal or ideality.« (S. 156).

34 Wellek bezeichnet diesen Essay als »strangely confused even on element-
ary matters« (S. 163).
35 Vgl. dazu die Analyse dieses Essays bei Gay Wilson Allan: »American
Prosody«, New York 1935, S. 55—61.
36 »Kommentar zu dem Werk Stefan Georges«, S. 22—23.
37 Robert Boehringer: »Über Hersagen von Gedichten«, S. 93, in: »Der
George-Kreis«, hrsg. v. G. P. Landmann, Köln 1965, S. 93—100.
38 »Mein Bild von Stefan George«, Neuaufl. S. 10.
39 Zitiert nach der Dokumentensammlung symbolistischer Kunsttheorien
von Guy Michaud: »La doctrine symboliste«, Paris 1947, S. 25. In deutscher Übersetzung veröffentlicht bei Hans H. Hofstätter: »Symbolismus
und die Kunst der Jahrhundertwende«, Köln, 2. Aufl. 1965, S. 227—229
(in Auszügen).
40 »Die Struktur der modernen Lyrik«, veränderte Neuaufl., Hamburg
1967, S. 48.
41 Vgl. dazu die Darlegungen des Verf.s im Kapitel »Auseinandersetzung
mit dem Naturalismus« der erwähnten Untersuchung »Der junge Stefan George. Kunsttheorie und Dichtung«, S. 88 ff.
42 »Foreword«, S. VI, in: Joseph Chiari, »Symbolisme from Poe to Mallarmé«, London 1956.
43 »Reden und Aufsätze«, 4. Bd. der Gesammelten Werke, Wiesbaden
1968, S. 1039. Nach diesem Band wird auch im folgenden zitiert.
44 Vgl. »Er hat nie zurückgenommen, was er in einem seiner Aufsätze
schrieb: ›In der Dichtung — wie in aller Kunstbetätigung — ist jeder,
der noch von der Sucht ergriffen ist, etwas ‚sagen‘, etwas ‚wirken‘ zu
wollen, nicht einmal wert, in den Vorhof der Kunst einzutreten.‹ Ein
andermal, in jedem Ereignis, in jedem Zeitalter erblickte er nur ein
Mittel künstlerischer Erregung. Ein drittes Mal: ›In der Dichtung entscheidet nicht der Sinn, sondern die Form — …‹« (S. 1038—39).
45 Hans M. Enzensberger: »Scherenschleifer und Poeten«, S. 144, in: »Mein
Gedicht ist mein Messer«, hrsg. v. H. Bender, München 1961, S. 144 bis
148. Enzensberger hat sich in seinen eigenen kunsttheoretischen Reflexionen interessanterweise selbst wiederum auf Poe bezogen, und zwar
besonders auf Poes »The Philosophy of Composition«, vgl. »Wie entsteht ein Gedicht?«, S. 6, in: »Ars Poetica«, hrsg. v. B. Allemann,
Darmstadt 1966, S. 6—9.
46 »Die Struktur der modernen Lyrik«, Neuaufl. S. 10.

IV. Poetik im Gedicht. Stefan Georges Theorie der Lyrik.

1 Friedrich Gundolf: »George«, Berlin 1920, S. 1.
2 George hat Teile dieses Dramas im letzten Band seiner Gesamtausgabe
veröffentlicht und in der Vorrede die einzelnen Fassungen, die in der
Zeit zwischen 1886 und 1894/5 entstanden sind, im einzelnen datiert,
vgl. II, S. 523 ff. Georges Werke werden im folgenden wiederum nach
der zweibändigen Gesamtausgabe, die von Robert Boehringer herausgegeben wurde (Düsseldorf—München 1958, 2. Aufl. 1968), zitiert: I, II.
3 Die Merksprüche erschienen anonym in den »Blättern für die Kunst«.
George hat sich zu seiner Autorschaft bekannt, indem er einige der
wichtigsten unter dem Titel »Betrachtungen« in seinen Prosaband »Tage
und Taten« aufnahm, vgl. I, S. 529—533. Zu Georges Autorschaft der
Merksprüche vgl. auch die Ausführungen von G. P. Landmann in der
Einleitung (S. 5) der von ihm in einem Sammelband herausgegebenen
»Einleitungen und Merksprüche der Blätter für die Kunst«, Düsseldorf—München 1964.

4 Die Zeitschrift wird wiederum im folgenden nach dem von Robert Boehringer betreuten fotomechanischen Nachdruck in sechs Bänden (Düsseldorf—München 1968) zitiert, und zwar wieder nach dem folgenden
  Muster: I/1 = Folge/Band, 1 = Seitenzahl.

5 Die große geschmackbildende Leistung dieser Anthologie hat ein im Zusammenhang mit George so unverfänglicher Zeuge wie Arnold Zweig
  hervorgehoben, vgl. »Standbild und Einsturz des Stefan George«,
  S. 107, in: »Neue Deutsche Literatur« II (1957), S. 107—116.

6 Vgl. dazu den Titel der Arbeit von Hubert Arbogast: »Die Erneuerung
  der deutschen Dichtersprache in den Frühwerken Stefan Georges«,
  Köln—Graz 1967.

7 »Kunsttheoretische Schriften«, Band V der Werke, Neuwied 1962, S. 21.

8 So W. Emrich in seinem Aufsatz »Arno Holz und die moderne Kunst«,
  S. 166, in: W. E., »Protest und Verheißung«, Frankfurt/Main 1960,
  S. 155—168.

9 Vgl. Hugo Friedrich: »Die Struktur der modernen Lyrik«, Hamburg,
  Neuaufl. 1968, S. 10. In eine ähnliche Richtung weist auch Michael
  Hamburger in seinem Buch »The Truth of Poetry«, New York 1969,
  S. 70—71.

10 Bernhard Böschenstein: »Symbolismus«, S. 546, in: »Literatur II« (= Fischer Lexikon), v. W.-H. Friedrich u. W. Killy, Frankfurt/Main 1965,
   S. 539—549.

11 Vgl. dazu vor allem die Ausführungen von Volker Klotz: »Jugendstil in
   der Lyrik«, in: »Jugendstil«, hrsg. v. J. Hermand, Darmstadt 1971,
   S. 358—367, ferner Claude David: »Stefan George und der Jugendstil«,
   in: »Jugendstil«, S. 382—401.

12 Der in Ernst Haeckels damals vielgelesenen »Welträtseln« ausgedrückte
   Naturmonismus ist ein paralleles Beispiel dafür. Holz hat sich zu der
   dahinter zum Vorschein kommenden positivistischen Fortschrittsgläu-
   bigkeit ebenso bekannt und als Ziel aufgestellt, »tatkräftig an die Verwirklichung jener großen Idee von einer einzigen, einheitlichen Wissenschaft zu schreiten ...« (»Die neue Wortkunst«, Band X der Werke,
   Berlin 1925, S. 65).

13 Vgl. dazu beispielsweise die Äußerung von Brecht: »Ich will Stefan
   George nicht für den Weltkrieg verantwortlich machen. Aber ich sehe
   keinen Grund dafür, daß er sich isolierte. Ich denke, daß dieser naive
   Weise allen Gleichgesinnten zeigen wollte, daß er seinesgleichen nicht
   hatte.« (»Über Lyrik«, Frankfurt/Main 1964, S. 12).

14 Vgl. dazu Brechts Ausführungen: »Lyrik ist niemals bloßer Ausdruck
   ... Das Dichten muß als menschliche Tätigkeit angesehen werden, als
   gesellschaftliche Praxis ...« (»Über Lyrik«, S. 73).

15 »Über Lyrik«, S. 64.

16 »Über Lyrik«, S. 8.

17 »Prosa I«, Frankfurt/Main 1956, S. 306 f.

18 Hugo Friedrich, S. 162.

19 Vgl. »Probleme der Lyrik«, Wiesbaden 1951, S. 22.

20 Elisabeth Klein: »Jugendstil in deutscher Lyrik«, Diss. Köln 1957, S. 9.

21 Vgl. dazu etwa den Aufsatz von Dolf Sternberger: »Jugendstil. Begriff
   und Physiognomik«, in: »Jugendstil«, S. 27—46.

22 »Ihr sehet wechsel · doch ich tat das gleiche.« (I,228), so heißt es bezeichnenderweise sentenzenhaft im ersten »Zeitgedicht« des »Siebenten
   Ringes«.

23 Vgl. dazu — neben dem vorangegangenen Kapitel dieses Buches — u. a.
   die Ausführungen zu Poe bei Charles Feidelson: »Symbolism and American Literature«, Chicago—London, 8. Aufl. 1970, S. 35 ff.

24 Dazu im einzelnen Hugo Friedrich in seinem Buch »Die Struktur der modernen Lyrik«, desgleichen die beiden Aufsätze von Werner Günther: »Über die absolute Poesie« und Ernst Howald: »Die absolute Dichtung im 19. Jahrhundert«, in: »Zur Lyrik-Diskussion«, hrsg. v. R. Grimm, Darmstadt 1966, S. 1—45 u. S. 46—74.

25 Vgl. dazu u. a. die Ausführungen bei Michael Hamburger in »The Truth of Poetry«.

26 Vgl. dazu das Kapitel »The Maker and the Seer: Two Russian Symbolists« in Victor Erlichs Buch: »The Double Image. Concepts of the Poet in Slavic Literature«, Baltimore 1964, S. 68—119.

27 Vgl. dazu die Ausführungen von Paul Gerhard Klussmann: »Stefan George. Zum Selbstverständnis der Kunst und des Dichters in der Moderne«, Bonn 1961, ferner Hubert Arbogast: »Die Erneuerung der deutschen Dichtersprache in den Frühwerken Stefan Georges« und die detaillierten Darlegungen des Verf.s in seinem Buch »Der junge Stefan George. Kunsttheorie und Dichtung« (München 1968), wo der theoretische Standort Georges zwischen Symbolismus und Naturalismus im einzelnen bestimmt und zugleich seine in den »Blättern für die Kunst« enthaltene Kunsttheorie analysiert wird.

28 Edgar Lohner schlägt in seinem Aufsatz »Wege zum modernen Gedicht. Strukturelle Analysen« (in: »Zur Lyrik-Diskussion«, S. 368—389) im Hinweis auf lediglich »fragmentarische Poetiken« (S. 368) in der Theorie einen ähnlichen Weg ein. Auch die Abhandlungen von Victor Erlich in seinem Buch »The Double Image« gehen von einer poetischen Selbstreflexion in Gedichtform aus, freilich konzentriert auf die Selbstdeutung der Dichtergestalt: »... the image or self-image of the poet will be interpreted here primarily as an element of a literary ideology, as a facet of an over-all aesthetic and intellectual orientation, of a poetics.« (S. 2.)

29 Harald Weinrich: »Linguistische Bemerkungen zur modernen Lyrik«, S. 116, in: H. W., »Literatur für Leser«, Stuttgart 1971, S. 109—123.

30 Hugo Friedrich, S. 51.

31 »Stefan George und die Blätter für die Kunst«, Berlin 1930.

32 Ein Rückfall in eine völlig konventionelle poetologische Reflexion läßt sich hingegen im ersten Gedicht der »Sänge eines fahrenden Spielmanns« im »Buch der Sagen und Sänge« erkennen. Daran mag auch das Rollen-Ich des fahrenden Spielmanns beteiligt sein, der in historischer Kostümierung einer vergangenen Situation die von ihm verehrte »frouwe« ansingt:

> »Worte trügen · worte fliehen
> Nur das lied ergreift die seele ·
> Wenn ich dennoch dich verfehle
> Sei mein mangel mir verziehen.« (I,93)

»Wort« bezieht sich hier noch auf die gesellschaftliche Kommunikation, während mit »Lied« die poetische Sprache gemeint ist. Dieser konventionelle Gegensatz spielt für George später keine Rolle mehr.

33 Im ersten Merkspruch der »Blätter für die Kunst« wird das Postulat einer »neuen fühlweise und mache« (I/1, S. 1) aufgestellt.

34 Benn zitiert in den »Problemen der Lyrik« voll Zustimmung Mallarmés Maxime: »ein Gedicht entsteht nicht aus Gefühlen, sondern aus Worten«. (S. 22).

35 Das ist die Haltung der romantischen Lyrik, der sogenannten »Erlebnisdichtung«, vgl. dazu den Aufsatz von Heinrich Henel: »Erlebnisdichtung und Symbolismus«, in: »Zur Lyrik-Diskussion«, S. 218—254,

ferner die Studie von C. M. Bowra: »The Romantic Imagination« in seinem Buch »The Romantic Imagination«, London 1969, S. 1—24.

36 Vgl. I, S. 318.
37 Vgl. dazu auch den Aufsatz von Heinrich Henel: »Epigonen-Lyrik: Rückert und Platen«, in: »Euphorion« 55 (1961), S. 260—278.
38 Vgl. dazu die Analyse des Verf.s im ersten Kapitel »Sprache und Wirklichkeit« seines Buches »Der junge Stefan George. Kunsttheorie und Dichtung«, S. 21—57.
39 Vgl. I, S. 295.
40 Vgl. Ernst Morwitz: »Kommentar zu dem Werk Stefan Georges«, Düsseldorf—München, 2. Aufl. 1969, S. 126.
41 Vgl. I, S. 69—70.
42 Vgl. Georges Übersetzung in: II, S. 238.
43 »Probleme der Lyrik«, S. 21.
44 Vgl. »Kommentar zu dem Werk Stefan Georges«, S. 129.
45 Vgl. Claude David: »Stefan George und der Jugendstil«, S. 395—396.
46 Zitiert nach »Sämtliche Gedichte. Erster Teil« (= dtv Gesamtausgabe I), München 1961, S. 9.
47 Vgl. dazu den Hinweis von Morwitz zu der Schlußstrophe: »Das ist eine Vorahnung des Schreitens Maximins aus dem Siegesbogen in München...« (»Kommentar zu dem Werk Stefan Georges«, S. 197).
48 Vgl. Morwitz, S. 353.
49 Claus Victor Bock: »Wort-Konkordanz zur Dichtung Stefan Georges«, Amsterdam 1964, S. 432.

V. Epigonenlyrik? Zur Dichtung des George-Kreises.

1 »Um Stefan George. Erinnerung und Zeugnis«, München—Düsseldorf 1954, S. 237.
2 »Stefan George und die Blätter für die Kunst«, Berlin 1930.
3 »Jean Paul«, Frankfurt/Main 1933.
4 Berlin 1911.
5 Berlin 1918.
6 Berlin 1927.
7 (= Neue wissenschaftliche Bibliothek 8, Literaturwissenschaft), Köln—Berlin 1965.
8 Vgl. dazu Frank Jolles: »Die Entwicklung der wissenschaftlichen Grundsätze des George-Kreises«, in: »Etudes Germaniques« 22/3 (1967), S. 346—358.
9 Das gilt, um nur zwei Beispiele zu nennen, für Gundolf und vor allem für Kommerell. Morwitz' Bericht mag freilich nicht frei von Parteilichkeit sein: Kommerell, »der, wie bekannt ist, es opportun fand, sich vom Dichter loszusagen, nachdem er mit Hilfe von dessen Geist das Ziel seines Ehrgeizes (venia legendi) erreicht hatte.« (»Kommentar zu dem Werk Stefan Georges«, Düsseldorf—München 1960. 2. Aufl. 1969, S. 465).
10 »Werke. Ausgabe in zwei Bänden« (= I, II), München—Düsseldorf 1958, 2. Aufl. 1968, hier zitiert: I, S. 324. Zur Datierung vgl. den Kommentar von Morwitz, S. 316.
11 Vgl. dazu das von Robert Boehringer mitgeteilte Urteil Georges über Gundolf: »Er war der begabteste von euch allen.« (»Ewiger Augenblick«, München—Düsseldorf 1965, S. 29).
12 Vgl. dazu auch die Deutung bei Salin: »Um Stefan George«, S. 249.
13 Zitiert nach Kurt Hildebrandt: »Erinnerungen an Stefan George und seinen Kreis«, Hamburg 1965, S. 70. Noch schärfer ist der folgende

George-Ausspruch, den ebenfalls Hildebrandt mitteilt: George »erzählt, daß Gundolf sich in Heidelberg habilitiere, und meint dazu, daß er wohl aus jedem seiner Buben einen Bonzen, aber aus zehn Bonzen noch keinen Dichter schnitzen könne.« (S. 73).

14 Salin, S. 249. Vgl. dazu auch die von Salin mitgeteilte Einschätzung der Literaturwissenschaft bei George, S. 251. Hildebrandt hat allerdings demgegenüber behauptet, »daß George die Wissenschaft schätzt, die in ihm selber wieder Grund und Sinn gefunden hat.« (S. 129) Allerdings handelt es sich hier um einen an George selbst ausgerichteten Wissenschaftsbegriff, der keineswegs mit der an den damaligen Hochschulen z. B. herrschenden Wissenschaftsvorstellung in Deckung gebracht werden kann. Auf die Heidelberger Wissenschaftsdiskussion mit Max Weber soll hier nicht eingegangen werden, vgl. dazu die Arbeiten von Max Weber: »Wissenschaft als Beruf« (München—Leipzig 1919), Erich Kahler: »Der Beruf der Wissenschaft« (Berlin 1920), Arthur Salz: »Für die Wissenschaft« (München 1921) und die über diese Auseinandersetzung handelnde Studie von Michael Landmann: »Um die Wissenschaft« (in: Kurt Breysig, »Stefan George. Gespräche, Dokumente«, Amsterdam 1959, S. 65—90).

15 Vgl. dazu die alphabetische Aufschlüsselung dieser Namen in: Georg Peter Landmann, »Stefan George und sein Kreis. Eine Bibliographie«, Hamburg 1960, S. 15—16.

16 Vgl. »Ludwig Derleth. Gestaltung und Leistung«, Stuttgart 1965.

17 »Briefwechsel zwischen George und Hofmannsthal«, München—Düsseldorf, 2. Aufl. 1953, S. 58.

18 Zitiert nach Vallentin: »Gespräche mit Stefan George«, Amsterdam 1967.

19 Der Vergleich bezieht sich auf die Gedichte Rudolf Alexander Schröders.

20 Zitiert nach Vallentin, S. 90.

21 »Stefan George. Sein dichterisches Werk«, München 1967, S. 309.

22 Vgl. dazu Boehringer, S. 7; Salin, S. 17; Thormaehlen: »Erinnerungen an Stefan George«, Hamburg 1962, S. 20—21.

23 Zitiert nach Percy Gothein: »Erste Begegnung mit dem Dichter«, in: »Castrum Peregrini« I (1951), S. 36.

24 Vgl. dazu u. a. Thormaehlen, S. 21.

25 Boehringer hat eine ausführliche Theorie dieser Vortragsart in zwei Aufsätzen entworfen: »Über Hersagen von Gedichten« und »Das Leben von Gedichten«, in: »Der George-Kreis«, S. 93—100 u. S. 101—111.

26 »Das Werk Stefan Georges«, Hamburg 1960, S. 9.

27 Boehringer: »Das Leben von Gedichten«, S. 111.

28 »Ewiger Augenblick«, S. 58.

29 Vgl. dazu Boehringer: »Mein Bild von Stefan George«, Neuaufl., S. 124.

30 Vgl. dazu den Bericht Boehringers in »Ewiger Augenblick«: »Auslegung kann falsch sein, aber auslegung muss sein.« (S. 35)

31 Zitiert nach Boehringer: »Ewiger Augenblick«, S. 25.

32 Ebd., S. 33.

33 Es sei stellvertretend auf die erst vor einiger Zeit zugänglich gemachte Sammlung der Gedichte Alexander von Stauffenbergs hingewiesen: Der Band »Denkmal« (München—Düsseldorf 1964) enthält außer dem Vers-Dialog »Vorabend« (vgl. S. 21) zweiundvierzig Gedichte. Davon sind allein zwölf Widmungsgedichte, die großenteils Freunden aus dem Kreis gelten (vgl. S. 2—20). Eine Reihe von Gedichten behandelt mythologische Themen, z. B. »Erinnerung an Hellas. Marathon« (S. 27), »Homerische Botschaft I« (S. 32), »Homerische Botschaft II« (S. 33) oder »Arion« (S. 49). Daneben gibt es noch eine ganze Reihe von Natur-

gedichten, z. B. »Vorfrühling« (S. 42), »Anacapri« (S. 43), »Ermattung« (S. 46), »Verheissung« (S. 47), »Traumbild« (S. 48) u. a. Ein ähnliches Bild, um ein weiteres Beispiel zu nennen, bietet der Band »Gedichte« von Bernhard Uxkull (München—Düsseldorf 1964). Die Gedichte, die unter dem Obertitel »Erste Fahrt« zusammengefaßt sind, stellen durchweg Widmungsgedichte dar (vgl. S. 12—17). Die Aufnahme in den Kreis steht im Zentrum der »Zwölf Gedichte« (S. 18—21). Widmungsgedichte sind in gewisser Weise auch die »Preisgedichte« (S. 32—37), während die Gedichte des »Sternwandel«-Zyklus das Bild Georges und des Kreises gestalten (vgl. S. 28—31).

34 »Über Lyrik«, Frankfurt/Main 1964, S. 90.
35 »Ästhetizismus und technische Welt«, S. 193, in: »Übergänge. Probleme und Gestalten der Literatur«, Bern—München 1966, S. 189—208.
36 Vgl. dazu die Analyse in dem bereits erwähnten Buch des Verf.s »Der junge Stefan George. Kunsttheorie und Dichtung«, München 1968, S. 113—124.
37 Vgl. dazu die Begründung im Nachwort der hier wiederum nach dem sechsbändigen Nachdruck von 1968 zitierten »Blätter für die Kunst«, zehnte Folge: »Wie in den vorigen folgen einige so sind in dieser lezten alle verfassernamen als nicht unbedingt zur sache gehörig unterblieben.« (X/5, S. 156).
38 Vgl. I, S. 408—409.
39 Vgl. I, S. 406—408.
40 Vgl. dazu den Bericht von Morwitz: »Er sandte mir die Ode ›An die Kinder des Meeres‹ ... im Frühjahr 1914 wiederum aus Italien, darauf dichtete ich den ›Nachklang‹, den er unverändert in sein Werk aufnahm.« (S. 414).
41 Berlin 1927.
42 Vgl. dazu Landmanns Bericht: »An Salin hat Wolfskehl berichtet, George habe ihm vor Erscheinen der Folge gesagt: ›Karl, Sie werden an der Spitze Ihres Beitrages ein unbekanntes Gedicht von Ihnen finden.‹ George hätte es als schwächere Wiederholung des ›Widerchrist‹ verschenkt.« (»Stefan George und sein Kreis«, S. 113) Vgl. dazu auch den Bericht von Fritz Usinger: »Nova Apocalypsis«, in: »Castrum Peregrini« 34 (1957), S. 96—99.
43 »Ewiger Augenblick«, S. 50.
44 Zitiert nach Boehringer: »Mein Bild von Stefan George«, S. 159.
45 Ebd.
46 Linke glaubt, in seiner Untersuchung »Das Kultische in der Dichtung Stefan Georges und seiner Schule« (I, II, München—Düsseldorf 1960) sogar so weit gehen zu können zu behaupten: »Die Kette dieser Beweise scheint mir die Behauptung zu rechtfertigen, daß George jederzeit in der Zurückhaltung einer recht skeptischen Distanz zu den einzelnen Angehörigen seines Kreises verharrte, ausgenommen ein paar originale Köpfe ...« (I, S. 147).
47 »George«, Berlin 1930, S. 187.
48 Eine polemische Fehldeutung findet sich bei Brecht: »Die Spiegelung einer Lämmerherde in den reinen Augen eines Menschen von großer Natur müßte einen großen Wert haben, ebenso der Gesang eines in den Genuß seiner eigenen Stimme versunkenen Sängers. Aber diese Leute haben weder reine Augen noch schöne Stimmen. Und gar keine Natur. Es sind Besitzer von Lämmerherden oder solche, die auf Lämmerherden infolge seelischer Überbeschäftigung verzichten.« (»Schriften zur Literatur I« [= Gesammelte Werke 18], Frankfurt/Main 1967, S. 58).
49 Vgl. dazu die Belege bei Bock: »Wort-Konkordanz zur Dichtung Stefan Georges«, Amsterdam 1964, S. 85.

50 Zum Licht-Symbol vgl. auch die eindrucksvolle Studie von H. Stefan Schultz: »Wellen und Flammen«, in: H. St. Sch., »Studien zur Dichtung Stefan Georges«, Heidelberg 1967, S. 125—145.

51 Eine solche relative Einschätzung der Geltung des Kreises hat auch Helbing, der in der Spätphase des Kreises über Morwitz zu George Verbindung hatte, angedeutet: George sah »aber auch, wie den Geistern zweiter Ordnung unersetzliche Bedeutung zukommt, wenn sie im Bewahren und Weitertragen der hier empfangenen Bilder und Erhellungen das Wort eines Meisters Mit- und Späterlebenden hörbar machen ...« (»Stefan George und Ernst Morwitz. Die Dichtung und der Kommentar«, S. 6—7, in: »Castrum Peregrini« 80 [1967], S. 5—75). Freilich wird hier die Einschränkung Georges allzu selbstbewußt ins Positive umgemünzt.

52 »Briefwechsel zwischen George und Hofmannsthal«, S. 153—154.

53 »Ludwig Derleth. Gestaltung und Leistung«, Stuttgart 1965.

54 In: »Übergänge. Probleme und Gestalten der Literatur«, Bern—München 1966, S. 189—208.

55 »Gundolf. Eine Einführung in sein Werk«, München—Düsseldorf 1965, S. 137—153. Vgl. dazu auch Salins Bemerkungen über Gundolfs Dichtungen im Gundolf-Kapitel seines Buches »Um Stefan George«, S. 67 bis 69.

56 »Max Kommerell und die deutsche Klassik«, in: H. E. H., »Das Schöne und das Wahre. Neue Studien zur modernen Literatur«, München 1958, S. 38—182, vgl. besonders den Abschnitt »Eigene Dichtungen«, S. 154 bis 182.

57 Vgl. S. 162—232.

58 Boehringer: »Ewiger Augenblick«, S. 25.

59 Georges Äußerung stammt aus dem Jahre 1927.

60 George hat dieses Wort nur ein einziges Mal in seinen Gedichten verwendet, vgl. Bock: »Wort-Konkordanz zur Dichtung Stefan Georges«, S. 306.

61 »Blühe« ist ein ungewöhnlicher Ersatz für »Blüte« und findet sich noch in zwei weiteren Gedichten Georges. Im »Stern des Bundes« stehen die Verse:

> »Verhülltes sprossen keusche blühe
> Ein kühles licht ein herber hauch.« (I, S. 380)

Und im »Neuen Reich« heißt es einmal:

> »... gingst du zwischen uns
> In deiner vollen blühe ..« (I, S. 452)

Auch der nominale Gebrauch des Adjektivs »schroff« läßt sich bei George noch an anderer Stelle belegen. Im »Siebenten Ring« beginnt ein Gedicht mit dem Vers:
> »Schimmernd ragt der turm noch auf den schroffen« (I, S. 317)

62 »Briefe und Aufzeichnungen 1919—1944«, hrsg. v. I. Jens, Olten 1967, S. 122.

63 »Mein Bild von Stefan George«, S. 170. Kommerell hat offensichtlich Georges Gedicht nach seiner Trennung vom Dichter in seinem 1933 erschienenen Gedicht »Das Urteil der Gewalten« (in: »Das letzte Lied«, Frankfurt/Main 1933, S. 7) zu widerrufen versucht:

> »Sanduhr Tierkreis Stab und Glas
> Hölzer streng im Brand verriechend
> Ließen mich gelähmt und siechend
> Nur allmählich ich genas

Und nach reinerm Dasein arte
Rüttelt unwirsch mir der Wind
Des Gebirgs am falschen Barte:
'Fort vom Kinne das! Sei Kind!«
Die Metaphorik, die Georges Gedicht zugrunde liegt, wird hier ver-
tauscht. Was George als zauberische Wirklichkeit sah, wird nun als die
eigentliche Natur glorifiziert, während die Georgesche Erweckung zur
eigentlichen Wirklichkeit nun für Kommerell die Züge der Verzaube-
rung trägt. Identisch ist in beiden Fällen die metaphorische Wendung
zum Kindlichen als Charakteristik des Neubeginns.

64 »Stefan George«, Frankfurt/Main 1968, S. 74.
65 XI/XII, S. 6.
66 Die bildliche Funktion des Taus im vorangegangenen Gedicht wird hier
   im Bild des Stromes gesteigert.
67 »Besinnung auf Stefan George«, München—Düsseldorf 1964, S. 53.
68 In einem anderen Morgen-Gedicht, »Morgenschauer«, das in den »Liedern von Traum und Tod« steht, heißt es:

   »Ein weisses festtag-glimmen
   Der kirschenzweig der überhängt« (I, S. 217).

69 Lützeler weist in seiner Interpretation wohl grundsätzlich auf das
   gleiche hin, wenn er betont: »Georges Frühlingslied gehört zu denjeni-
   gen Gedichten, deren Wesentliches man verkennt, wenn man nicht die
   Form als Sinnbild, die Komposition als Ausdruck zu erfassen weiss.«
   (In: »Castrum Peregrini« 35 [1957], S. 31—34, hier S. 31.) Morwitz'
   genereller Hinweis auf die Gruppe von sechs Liedern, zu denen das
   Frühlingslied gehört: »Verschiedenartiges Fühlen gegenüber verschiedenen Menschen wird mittelbar mit Hilfe von Landschaftsschilderung
   sanghaft zum Ausdruck gebracht ...« (S. 302) scheint eine auf das »Jahr
   der Seele« zutreffende Prämisse auf dieses Gedicht zu übertragen. Aber
   während eine solche Erklärung bei dem Kommerell-Gedicht Georges
   z. B. einleuchtet, dürfte sie bei dem vorliegenden Gedicht kaum zu halten sein.
70 »Sang der Jahre«, Godesberg 1944, S. 25. Inzwischen erschien auch als
   Druck der »Stefan George Stiftung« der Band: »Gedichte für Frau,
   Kind und Kindes Kinder«, Düsseldorf—München 1973. Zu Boehringer
   vgl. die eindrucksvolle Beschreibung bei Thormaehlen, S. 53.
71 Das Partizip »triumphierend« hat George nirgendwo in ähnlicher Funktion verwendet. Das Adjektiv »unerhört« — Abstraktionen stellen auch
   die beiden anderen Wörter dieses Bildes dar — taucht nur einmal in
   analoger Funktion bei ihm auf, aber dort von vornherein auf ein Ab-
   straktum bezogen:
   »Den ersten hub aus unerhörten frachten« (I, S. 31).
72 Zitiert nach Thormaehlen, S. 206.
73 Zu Anton vgl. Boehringer, S. 170—174.
74 »Dichtungen«, Berlin 1935.
75 Vgl. dazu Thormaehlen, S. 207.
76 Morwitz erwähnt den Bezug zu Anton nicht, sondern gibt nur eine
   generelle, auf den Typus des Volksliedes bezogene Deutung, vgl. S. 475
   bis 476.
77 Zitiert nach Georges Übersetzung in: II, S. 238.
78 Vgl. »Dichtungen«, S. 55.
79 »Gedichte«, v. E. Morwitz, München—Düsseldorf 1964, S. 32; darin ein
   biographisches Vorwort und ein die Gedichte kommentierendes Nachwort von Morwitz.

80 Vgl. dazu den Bericht Thormaehlens: »Adalbert Cohrs ... stöhnte, er fluchte dem Krieg und sprach gelegentlich aus, daß es eine Grenze des Aushaltens gebe ... (Er) war entschlossen, lieber den Freitod zu wählen, als noch einmal in das sinnlos gewordene Gemetzel hineinzugehen. Er fürchtete für Bernhard ... Bernhard wollte ihn im Tod nicht allein lassen. Das erschreckte Adalbert Cohrs, der Bernhard am Leben erhalten wollte. So versuchte er, mit Bernhard aus dem Zwang des unsinnigen Geschehens hinauszukommen. Es gelang nicht, und sie schieden beide aus dem Leben.« (S. 159 u. 168).

81 Vgl. I, S. 458 f. u. 416 f.

82 Vgl. Morwitz, S. 483.

83 Morwitz hat berichtet: »Der Dichter hat den Verlust dieses Freundes niemals verschmerzt ... und empfand ihn noch nach dem Tod als nah und als Begleiter auf allen Wegen.« (S. 483)

84 Morwitz hat in seinem Kommentar darauf hingewiesen, daß das Gedicht vermutlich an Isi Coblenz gerichtet ist, vgl. S. 129.

85 Stefan George/Friedrich Gundolf. »Briefwechsel«, hrsg. v. R. Boehringer, München—Düsseldorf 1962, S. 116. Das Gedicht ist zeitlich das früheste unter den hier analysierten Beispielen: Es stammt aus dem Jahre 1902, vgl. dazu Gundolfs Begleitbrief an George, S. 116. Eine Sammlung von Gundolfs »Gedichten« erschien 1911 in Berlin, vgl. dazu Salins Bemerkung: »Ein dünnes Bändchen mit wenigen — schlecht ausgewählten — Gedichten ist geeignet, eher Gundolfs Dichtertum zu bestreiten als zu erhärten, könnte es scheinen.« (S. 67) Ebenso aufschlußreich ist Salins Hinweis: »Dabei war es immer merkwürdig, wie seltsam fern Gundolf dem Gehalt seiner Gedichte stand.« (S. 67).

86 Vgl. Boehringer: »Mein Bild von Stefan George«, S. 122.

87 Wo Gundolf sich diese Rezeption bewußt zum Ziel setzte, wie in seinem »George«-Buch, scheinen aus heutiger Sicht Zweifel angebracht zu sein, vgl. dazu Adornos polemische Charakteristik: »Von den Perfidien des verstorbenen Gundolf ist nicht die geringste die Herrichtung des Verfemten für den Nachttisch von Rechtsanwälten.« (»George und Hofmannsthal. Zum Briefwechsel: 1891—1906«, S. 203, in: »Prismen«, München 1963, S. 190—231) Zur Würdigung von Gundolf vgl. Victor A. Schmitz: »Gundolf. Eine Einführung in sein Werk«, München—Düsseldorf 1965. Dem Versuch beachtlicher Differenzierung stehen jedoch hier auf der andern Seite apologetische Sätze wie die folgenden gegenüber: »Nur wer überhaupt nicht unterscheiden will, mag sich an Gundolf ärgern.« (S. 87) Oder ein anderes Beispiel, das für die methodische Einordnung der Gundolfschen Arbeiten wichtig ist: Gundolfs Werke sind »nie ›Sekundärliteratur‹, sondern durch ihren Stil Kunstwerken vergleichbar ... Man vermißte z. B. den wissenschaftlichen Apparat. Doch sein Fehlen in Gundolfs Werken ist nicht Zeichen wissenschaftlicher Unzulänglichkeit, sondern ein Sieg des ästhetischen Prinzips über die philologische Methode.« (S. 14 u. S. 26—27.)

88 Vgl. dazu Boehringer, S. 126—127; Thormaehlen, S. 153—155.

89 Vgl. die sechste »Blätter«-Folge: VI/1—5, S. 70—78.

90 »Briefwechsel zwischen George und Hofmannsthal«, S. 209.

91 Die fehlende Interpunktion erschwert das rein grammatische Verständnis der zweiten Hälfte der ersten Strophe. Dargestellt wird die Wirkung des Lichtes auf das Subjekt. Demzufolge handelt es sich hier um eine Verdeutlichung der verschiedenen Aspekte dieser Wirkung. Das geschieht grammatisch auf dem Wege einer Satzreihe, in der jeweils ein Substantiv mit einem Prädikatadjektiv verbunden ist, unter Ausschaltung des eigentlichen Verbs, so daß konkret »vergessen die augen« und »fromm das eigene gesicht« zusammengehören.

92 »Blätter für die Kunst« IX/1—5, S. 109.
93 Zuerst anonym erschienen in den beiden letzten »Blätter«-Folgen, vgl. XI/XII, S. 229, inzwischen auch in dem Band enthalten: »Die so gegangen sind«, hrsg. v. R. Boehringer, München—Düsseldorf 1964, S. 41.
94 »Sang der Jahre«, S. 49.
95 »Gedichte«, S. 28. Das Gedicht ist offensichtlich ein Echo des Gedichtes »Der Freund der Fluren« (vgl. I, S. 191) aus dem »Teppich des Lebens«.
96 Zitiert nach Boehringer: »Mein Bild von Stefan George«, S. 174.
97 Das verdeutlicht z. B. die Sammlung ausgewählter Gedichte, die ganz zuletzt erschienen ist: »Rückkehr zum Anfang«, Frankfurt/Main 1956. Diese Sammlung enthält Gedichte aus den sechs vorher erschienenen Gedichtbänden; zur Bibliographie vgl. die Nachbemerkung zu diesem Band, S. 74. Holthusens Urteil weist hier in die richtige Richtung: »Was die dichterische Vitalität dieses Werkes betrifft, so läßt sie, trotz der Leidenschaftlichkeit und Ernsthaftigkeit seines geistigen Gehalts, viel zu wünschen übrig.« (»Max Kommerell und die deutsche Klassik«, S. 172).
98 Es ist abgedruckt bei Boehringer, S. 175—176.
99 Andrian gehörte eigentlich nur indirekt zum Kreis, vgl. dazu »Leopold Andrian und die Blätter für die Kunst«, hrsg. v. Walter H. Perl, Hamburg 1960.
100 Zitiert nach Boehringer, S. 159.
101 Die Titel der Sammlungen lauten: Michael Stettler: »Das goldene Vliess. Gedichte«, München—Düsseldorf 1965 und Remigius Mettauer: »Wermut und Balsam. Gedichte«, München—Düsseldorf 1965. Zu Mettauer vgl. Georges Urteil, das Boehringer mitteilt, S. 169.
102 Vgl. Boehringer, S. 150.
103 Vgl. dazu den Anhang des Bandes »Die so gegangen sind«, wo der Briefwechsel zwischen Schmitt und George abgedruckt ist, besonders Georges Brief vom Juni 1905, S. 62.
104 Seinem Brief an Bertram vom 19. 11. 1908 zufolge hat er selbst in seiner kritischen Rückschau auf die eigene dichterische Produktion dieses Gedicht gelten lassen, vgl. das Nachwort in: »Die so gegangen sind«, S. 86.
105 Die zwölfte Zeile des Gedichtes weist eine von George eingefügte Änderung auf. Die ursprüngliche Fassung lautet: »In deren frühem blick doch das nicht stund«, vgl. Nachwort, S. 88. Ein Gedicht, dem Rhythmus und Tonfall an Hofmannsthals »Ballade vom äußeren Leben« oder die »Terzinen über Vergänglichkeit I« von fern anklingt.
106 Sinnvoll wäre der Satz nur, wenn er lautete: Die, sei es ihren rennern, ihren rüden, nachgegangen sind, was ward aus ihnen?
107 »Rede über Lyrik und Gesellschaft«, S. 102, in: »Noten zur Literatur I«, Frankfurt/Main 1961, S. 73—104.
108 Zitiert nach der Übersetzung von Rudolf Pannwitz, in: R. P., »Albert Verwey und Stefan George«, Heidelberg 1965, S. 81.

VI. Nachwirkungen Stefan Georges im Expressionismus

1 Wilhelm Emrich. »Arno Holz und die moderne Kunst«, S. 166, in: W. E., »Protest und Verheißung«, Frankfurt/Main 1960, S. 155—168. und Briefe«, S. 164, hrsg. v. K. L. Schneider, Hamburg 1960.
2 »Das Begriffliche in der Dichtung«, S. 150, in: »Theorie der modernen Lyrik«, hrsg. v. W. Höllerer, Hamburg 1965, S. 148—153.
3 Vgl. Hugo Friedrich: »Die Struktur der modernen Lyrik«, Hamburg, Neuaufl. 1967, S. 10.
4 Georg Heym: »Dichtungen und Schriften«. Bd. 3: »Tagebücher, Träume

5 Zitiert nach E. R. Curtius: »Stefan George im Gespräch«, S. 153, in: E. R. C., »Kritische Essays zur europäischen Literatur«, Bern 1950, S. 138—157.
6 Berthold Vallentin: »Gespräche mit Stefan George«, Amsterdam 1967, S. 36—37.
7 Vgl. Edgar Salin: »Um Stefan George«, München—Düsseldorf 1954, S. 204—205.
8 Zitiert nach Vallentin, S. 92.
9 Zitiert wiederum nach der zweibändigen von Robert Boehringer betreuten Ausgabe der »Werke« (= I, II), München—Düsseldorf 1958, 2. Aufl. 1968, hier I, S. 531—532.
10 Zitiert nach Salin, S. 217.
11 Vgl. dazu W. H. Sokel: »Der literarische Expressionismus«, München o. J., S. 250.
12 Zitiert nach Salin, S. 216.
13 Zitiert nach Vallentin, S. 79.
14 In: »Flöte. Monatsschrift für neue Dichtung« 3/10 (Jan. 1921), S. 217 bis 223. Es handelt sich im wesentlichen um Ausführungen, die schon im Einleitungskapitel (»Zeitalter und Aufgabe«) seines Buches »George« (Berlin 1920, vgl. S. 14—23) enthalten sind.
15 Zitiert nach dem Wiederabdruck in: »Expressionismus. Der Kampf um eine literarische Bewegung«, hrsg. v. P. Raabe, München 1965, S. 163 bis 170, vgl. S. 163.
16 Zitiert hier nach Robert Boehringer: »Mein Bild von Stefan George«, München—Düsseldorf, Neuaufl. 1968, S. 244.
17 Zitiert nach »Kein ding sei wo das wort gebricht«, hrsg. v. M. Schlösser, Darmstadt 1961, S. 138.
18 Zitiert nach »Vor Deutschland wird gewarnt«, hrsg. v. H. Daiber, Gütersloh 1967, S. 122.
19 In: »Expressionismus. Der Kampf um eine literarische Bewegung«, S. 90 bis 108.
20 »Zur jüngsten Dichtung«, S. 69, in: »Expressionismus. Der Kampf um eine literarische Bewegung«, S. 68—79.
21 »Dichtungen«, 2 Bd (= D 1, D 2), hrsg. v. K. L. Schneider, Hamburg 1954, hier: D 2, S. 11.
22 Es handelt sich um die Auswahl, die Cyril Scott übersetzte: Stefan George, »Selection from his Work«, London 1910, vgl. dazu Stadlers Besprechung in: »Das literarische Echo« 12/24 (1909/10), S. 1790—1791.
23 Vgl. »Gundolfs Buch bedeutet in vielem Sinne ein Glied in der Reihe jener Werke, in denen George und sein Kreis, kritisch und produktiv, sich mit Leistungen und Tendenzen früherer und gegenwärtiger Zeiten und Individualitäten auseinandersetzen . . .« (D 2, S. 43).
24 »Das Leben und die Dichtung Ernst Stadlers«, S. 58, in: D 1, S. 9—101.
25 Vgl. dazu die Deutung in der Untersuchung des Verf.s »Der junge Stefan George. Kunsttheorie und Dichtung«, München 1968, S. 202 ff.
26 Vgl. dazu etwa den Vers:
»Der Abend in Rubinenfeuern sprühend« (D 2, S. 187)
mit dem Algabal-Vers:
»Wie scharlach granat und rubinen sprühten« (I, S. 45).
27 »Briefwechsel zwischen George und Hofmannsthal«, hrsg. v. R. Boehringer, München—Düsseldorf 1953, S. 239.
28 Vgl. D 1, S. 64.
29 Schneider, in: D 1, S. 66.
30 Darauf weist auch Schneider hin, vgl. D 1, S. 66.
31 Daß diese Gedichtform bereits damals als charakteristische Form Georges aufgefaßt wurde, verdeutlicht u. a. das Beispiel Gottfried Benns, der

diese Form am Einleitungsgedicht des »Jahrs der Seele« beschreibt: »Das Gedicht hat drei Strophen zu je vier Reihen, so sind die meisten gebaut ...« (»Rede auf Stefan George«, S. 1034, in: »Reden und Vorträge« (= GW 4), v. D. Wellershoff, Wiesbaden 1968, S. 1028—1041). Auch Klussmann (»Stefan George. Zum Selbstverständnis der Kunst und des Dichters in der Moderne«, Bonn 1961) hat hier von dem »Idealtyp des George-Gedichtes« (S. 36) gesprochen.

32 Heinrich Eduard Jacob: »Zur Geschichte der deutschen Lyrik seit 1910«, S. 201, in: »Expressionismus. Der Kampf um eine literarische Bewegung«, S. 194—211.

33 Vgl. dazu Werner Kohlschmidt: »Die Lyrik Ernst Stadlers« (in: »Der deutsche Expressionismus. Formen und Gestalten«, hrsg. v. H. Steffen, Göttingen 1965, S. 25—43): »Doch trennt ihn (Stadler) von Heym die zuerst ganz positive Stellung zu George ...« (S. 27).

34 Vgl. dazu Christoph Meckels Bericht »Allein im Schatten seiner Götter. Über George Heym« (in: »Der Monat« 20/232 [1968], S. 63—70), wo über die von Heym als Studienexemplar benützte Anthologie deutscher Gedichte ausgeführt wird: »Auf einer sehr strapazierten Seite, voll von Spuren vielfältiger Beschäftigung: Stefan George, rot angekreuzt ...« (S. 63).

35 »Dichtungen und Schriften«, 4 Bd (= D 1—4), hrsg. v. K. L. Schneider, Hamburg 1960, hier: D 3, S. 139.

36 Ich beziehe mich hier auf eine Mitteilung Kurt Hildebrandts.

37 »Mythologie und Gesellschaft im Expressionismus. Die Dichtung Georg Heyms«, Frankfurt/Main 1961, S. 313.

38 Mautz, S. 308.

39 Vgl. dazu Morwitz' Deutung im »Kommentar zu dem Werk Stefan Georges«, München—Düsseldorf 1960, S. 226—237.

40 Entstehungsgeschichtlich mag das Gedicht mit dem bei Schneider als »flüchtiger Entwurf« mitgeteiltem Gedicht »O Wälder Yucatans« (D 1, S. 249) verbunden sein, aber in der Bildstruktur des vorliegenden Gedichtes sind nirgendwo Hinweise auf Yucatan enthalten. Mautz' Betonung des südamerikanischen Hintergrundes bei diesem Gedicht (vgl. S. 306) überzeugt keineswegs, wie auch sein Hinweis: »Sykomoren gehören zur Vegetation Mittelamerikas ...« (S. 306) nicht berücksichtigt, daß George dieses Bild bereits gebraucht hat.

41 Es ist bemerkenswert, daß in dem »Yucatan«-Entwurf das Bild »die großen Blasen steigen« (D 1, S. 249) offensichtlich das folgende Bild aus dem George-Gedicht variiert: »Denn aus dem flusse blasen fieberdünste · « (I, S. 39).

42 Vgl. dazu Claus Victor Bock: »Wort-Konkordanz zur Dichtung Stefan Georges«, Amsterdam 1964, vgl. S. 397.

43 Darauf hat auch Werner Kohlschmidt bei Heym hingewiesen: »Der deutsche Frühexpressionismus im Werke Georg Heyms und Georg Trakls«, S. 12, in: »Orbis Litterarum« 9/1 (1954), S. 3—12.

44 »Das Bild der Landschaft bei Georg Heym und Georg Trakl«, S. 45, in: »Der deutsche Expressionismus. Formen und Gestalten«, hrsg. v. H. Steffen, Göttingen 1965, S. 44—62.

45 Grammatisch handelt es sich bei »des Glöckchens« um einen vorangestellten Genitiv, der aber dann von »goldner Ton« abhängig sein müßte. Der vorhandene doppelte Genitiv ergibt hier offensichtlich keinen Sinn, es sei denn, das Adjektiv »sanft« erhält bei Heym eine nominale Funktion: »das Sanft des Glöckchens«.

46 »Der bildhafte Ausdruck in den Dichtungen Georg Heyms, Georg Trakls und Ernst Stadlers«, Heidelberg 1961, S. 78.

47 Amsterdam 1936.
48 Wendler hat darüber hinaus den ideellen Einfluß Georges auf Sternheim betont: »Für Sternheim wurde ... der Angriff gegen den Zwang des naturwissenschaftlichen Denkens wichtig. Darin war er schon durch ... George bestärkt worden.« (»Carl Sternheim. Weltvorstellung und Kunstprinzip«, Frankfurt/Main 1965, S. 5).
49 Vgl. dazu W. Emrichs Kommentar in: Carl Sternheim, »Gesamtwerk 7. Frühwerk« (= GW 7), Neuwied 1967, S. 781.
50 Vgl. dazu Peter Lutz Lehmann: »Noch verfehlter ist es, aus der Tatsache, daß der Dichter die Parklandschaft häufig hervorhebt, zu schließen, er habe überhaupt kein Verhältnis zur echten Natur gehabt. Das Umgekehrte ist richtig: der Park selbst wird wieder als Natur erlebt.« (»Meditationen um Stefan George«, München—Düsseldorf 1965, S. 104.)
51 Vgl. dazu Emrichs Kommentar (in: »Carl Sternheim, Gesamtwerk 1. Dramen« [= GW 1]. Neuwied 1963): »Carl Sternheim feilte stilistisch an seinen Texten ... und zwar im Sinne einer Verknappung, Konzentrierung und damit zugleich Intensivierung des sprachlichen Ausdrucks. Die Sprache wird fortschreitend ›dichter‹, überflüssige Beiwörter, Artikel, redensartliche Flickwörter verschwinden immer mehr, um möglichst präzise und hart die jeweilige ›Essenz‹ sprachlich hervorzutreiben.« (S. 560—61).
52 Vgl. dazu Emrichs Ankündigung: »Die Gedichte, die Sternheim vorher und nachher schrieb, blieben unveröffentlicht. Einige Proben davon sollen unter den nachgelassenen Werken mitgeteilt werden.« (GW 7, S. 780).
53 »Kurt Wolff. Briefwechsel eines Verlegers 1911—1963«, hrsg. v. B. Zeller, Frankfurt/Main 1966, S. 220.
54 »Stefan Georges ›Stern des Bundes‹«, in: »Die Argonauten« 1/5 (1914), S. 219—226.
55 Vgl. »Oft will er seine Macht fühlen, ... und so ähnelt er dann dem Caligula, der sein Pferd zum Konsul ernennt und den Gehorsam der Untertanen beansprucht.« (S. 221).
56 Vgl. Morwitz: »Kommentar zu dem Werk Stefan Georges«. S. 339.
57 Morwitz, S. 339.
58 Leipzig 1918.
59 »Lyrik des expressionistischen Jahrzehnts«, München 1962, S. 73.
60 Friedrich Nietzsche: »Die Geburt der Tragödie«, Stuttgart 1919, S. 36.
61 Gottfried Benn: »Reden und Vorträge« (= GW 4), hrsg. v. D. Wellershoff, Wiesbaden 1968, S. 974.
62 Auf die Problematik der Heinrich-Mann-Rede, in der die angesetzte Ehrung des Sechzigjährigen zu einem Preis des Dreißigjährigen führt, wobei das gesamte sozialkritische Werk aus der mittleren Phase Manns unbeachtet bleibt, soll hier nicht eingegangen werden.
63 Edgar Lohner betont zu Recht »das nun schon geläufige Phänomen von der Sinnlosigkeit des Weltgeschehens« bei Benn (»Passion und Intellekt. Die Lyrik Gottfried Benns«, Neuwied 1961, S. 191).
64 Vgl. seine apodiktische Formulierung: »Das ist es alles nicht!« (S. 1038)
65 Vgl. dazu auch die Anmerkung des Hrsg.s in: »Autobiographische Schriften« (= GW 8), S. 2182.
66 Vgl. dazu die ausgewogene Darstellung in fünften Kapitel (»Kunst und Macht«) von Dieter Wellershoffs Buch »Gottfried Benn. Phänotyp der Stunde«, Berlin 1964, S. 109 ff.
67 »Das gezeichnete Ich. Briefe aus den Jahren 1900—1956«, München 1962, S. 118.

68 Benn zitiert nicht genau. Es handelt sich eigentlich um zwei Halbverse:
»... Apollo lehnt geheim
An Baldur ...« (I, S. 415)
69 Vgl. Benns ausführliche Zitate, S. 1038—39.
70 Vgl. dazu auch die Ausführungen von Böckmann in seinem Aufsatz »Gottfried Benn und die Sprache des Expressionismus« (in: »Der deutsche Expressionismus. Formen und Gestalten«, S. 63—87): »Sein Gedicht will nicht die natürliche in eine künstliche, geistgewußte Welt verwandeln, sondern den dem Menschen vorgegebenen und ihn beherrschenden Sprachbestand derart aktivieren, daß er als vorgefundene Ordnung aufgesprengt und zur Freiheit der Expression zurückgeführt wird.« (S. 70).
71 Vgl. dazu Wellershoffs Editionsanmerkung in: GW 8, S. 2111.
72 Vgl. dazu die Erläuterungen von Morwitz zu diesem Gedicht in seinem »Kommentar zu dem Werk Stefan Georges«, S. 480.
73 Vgl. dazu auch die Interpretation von Edgar Lohner in: »Passion und Intellekt. Die Lyrik Gottfried Benns«, S. 69—72.
74 »Kritische Essays zur europäischen Literatur«, Bern 1950, S. 153.
75 »George und Hofmannsthal. Zum Briefwechsel 1891—1906«, S. 226, in: Th. W. A., »Prismen«, München 1963, S. 190—231.
76 Vgl. S. 1034.
77 Vgl. dazu die Ausführungen des Verf.s im vierten Kapitel dieses Buches.
78 Rosen und Astern, vgl. S. 1034.
79 Als Beispiele seien erwähnt »Einsamer nie« (S. 140), »Tag, der den Sommer endet« (S. 176), »Abschied« (S. 233—34).
80 Zitiert nach Harald Steinhagen: »Herbst. Ein frühes Gedicht Gottfried Benns«, S. 8, in: Gottfried Benn, »Den Traum alleine tragen. Neue Texte, Briefe, Dokumente«, Wiesbaden 1966, S. 7—10.
81 Zur Datierung des Gedichtes, das am 28. April 1936 in der »Deutschen Allgemeinen Zeitung« erschien, vgl. die Ausführungen von Friedrich Wilhelm Wodtke: »Gottfried Benn«, Stuttgart 1962, S. 83.
82 Edgar Lohner: »Gottfried Benn: Abschied«, S. 451, in: »Die deutsche Lyrik. Form und Geschichte II«, hrsg. v. B. v. Wiese, Düsseldorf 1964, S. 450—461.
83 Der gleiche Sachverhalt wird von Harald Steinhagen in der Studie »Das Gedicht ›Anemone‹ und die traditionelle Naturlyrik« seines Buches »Die Statischen Gedichte von Gottfried Benn« (Stuttgart 1969, S. 99 bis 106) zu Recht hervorgehoben: »Naturlyrik ist für Benn offenbar nur dann möglich, wenn ... die traditionelle Form — im weitesten Sinn: — elegisch gestimmt wird, so daß nicht eine Natur und Ich übergreifende Ordnung, sondern der Verlust dieser Ordnung zum Ausdruck kommt.« (S. 106)
84 Vgl. den 4. Band der von Walther Huder betreuten sechsbändigen Gesamtausgabe (= I—VI), Berlin 1971, S. 539 ff.
85 IV, S. 566—567.
86 IV, S. 567—571.
87 Friedemanns Buch »Platon. Seine Gestalt«, von George hochgeschätzt und Basis der Platon-Rezeption im Kreis, erschien 1914, Salins Buch »Platon und die griechische Utopie« 1921 und Hildebrandts Buch »Platon. Der Kampf des Geistes um die Macht« 1933.
88 Vgl. dazu Franz Josef Brecht: »Platon und der George-Kreis«, Leipzig 1929.
89 »Erinnerungen an Stefan George und seinen Kreis«, Bonn 1965.
90 Vgl. dazu das grundlegende Buch von Ernst Bertram: »Nietzsche. Versuch einer Mythologie« (Berlin 1918), das wie die sogenannten »Geist-

Bücher« des Kreises im Georg Bondi Verlag erschien, obwohl Bertram nicht im engeren Sinne zum Kreis gehörte.

91 »Nachwort«, S. 770, in: G. K., »Stücke, Erzählungen, Aufsätze, Gedichte«, Köln 1966, S. 769—794.
92 »Das Drama Platons oder Der gerettete Alkibiades; der Platonische Dialog«, S. 544, in: IV, S. 544—545.
93 »Der Kopf ist stärker als das Blut oder Gespräch mit Hermann Kasack (Der Dichter als Techniker«), in: IV, S. 596—600.
94 Vgl. Herbert W. Reichert: »Nietzsche and Georg Kaiser«, in: »Studies in Philology« 61 (1964), S. 85—108.
95 Peter Pütz: »Friedrich Nietzsche«, Stuttgart 1967, S. 79.
96 Walther Huder: »Jede Spur ist siebenfach ein Siegel. Die späte Lyrik Georg Kaisers«, S. 132, in: »Akzente« 2/1962, S. 130—143.
97 Vgl. u. a. Robert Kauf: »›Schellenkönig‹: An Unpublished Early Play by Georg Kaiser«, in: »Journal of English and Germanic Philology« 55 (1956), S. 439—450.
98 Vgl. I, S. 22.
99 »Georg Kaiser. Die Perspektiven seines Werks«, Tübingen 1960.
100 »Nachwort«, in: III, S. 874.
101 Vgl. dazu etwa die vielfältigen Farbkontraste, die die einleitende Bühnenanmerkung bei den einzelnen Personen hervorhebt, oder etwa die kostbare Ausstattung des Raumes, I, S. 10.
102 Vgl. I, S. 47.
103 Vgl. besonders die Ausführungen von Ernst Schürer: »Georg Kaiser«, New York 1971, S. 35. Schürer hat die im Georg-Kaiser-Archiv vorhandenen Dokumente und Unterlagen ausgewertet, ohne freilich die Quellen für seine Feststellung im einzelnen anzugeben.
104 Vgl. IV, S. 637 ff.
105 Vgl. Schürer, S. 197.
106 Huder: »Jede Spur ist siebenfach ein Siegel«, S. 134.
107 Darauf macht zu Recht auch Schürer aufmerksam, vgl. S. 200. Diese späte George-Beschäftigung wird auch durch den folgenden Hinweis von Walther Huder, dem Nachlaßverwalter Georg Kaisers, unterstützt, der mir in einem Brief dankenswerterweise berichtet: »Daß er in den letzten Lebensmonaten erneut in diese Richtung einbog, mag mit seiner George-Lektüre zusammenhängen, die er nach dem 20. Juli 1944 betrieb, damals jedoch in der Absicht, das in Form einer Novelle anzuprangern, was er die ›schleichende Ideologie‹ der Georgianer nannte. In seiner geplanten Novelle ›Stauffenberg‹ vom April 1945 wollte er darstellen, daß diese Ideologie zum Scheitern des 20. Juli wesentlich beigetragen hat.«
108 »Jede Spur ist siebenfach ein Siegel«, S. 133 u. 132. Das am 13. 11. 1944 entstandene Gedicht »Der Meister« fällt also in die Phase der intensiven Beschäftigung Kaisers mit George. Dennoch hat Huder brieflich argumentiert, daß aus der Kenntnis des im Nachlaß vorhandenen Kontextes mit »Meister« Jesus gemeint sein könnte: »Er betrachtete sozusagen Jesus als ein Prägemuster im Sinne Thomas Manns.« Er zitiert in diesem Zusammenhang aus einem undatierten Brief Kaisers an Julius Marx, wo die kryptische Stein-Metapher des Gedichtes, hier auf Jesus bezogen, aufschlußreich variiert wird: ›Er hat sich als Stein des Anstoßes und zugleich als Eckstein ausgegeben. Ich versuche diesen Stein zu fassen. Noch rinnt er mir wie Sand durch die Finger.‹
109 Vgl. IV, S. 724.
110 Stefan George/Friedrich Gundolf: »Briefwechsel«, hrsg. v. R. Boehringer, München—Düsseldorf 1962, S. 277.

111 Die »Seeschlacht«, die Goering berühmt machte, erschien erst im darauf-
folgenden Jahr.
112 »Briefwechsel«, S. 283.
113 Vgl. dazu im einzelnen die ausführlichen Darlegungen von Brita Steinwendtner: »Reinhard Goerings Beziehungen zu Stefan George«,
S. 589, in: »Jahrbuch der deutschen Schillergesellschaft« 16 (1972),
S. 576—609.
114 Vgl. Steinwendtner, S. 602.
115 In: »Prosa, Dramen, Verse«, München 1961, S. 91—94.
116 Vgl. S. 91.
117 Zitiert nach Steinwendtner, S. 586.
118 Steinwendtner, S. 576—577.
119 Zitiert nach Steinwendtner, S. 582.
120 Vgl. dazu die 1928 im »Sturm« veröffentlichten Gedichte »Stockholm-
Flug«, »Tanzetanz« und »Stockholm«, in: »Prosa, Dramen, Verse«,
S. 570—581.
121 Vgl. »Ewiger Augenblick«, München—Düsseldorf 1965.
122 Zitiert hier nach »Prosa, Dramen, Verse«, S. 269—318.
123 Daß mit dem »einen« George gemeint ist, hat auch Georg Peter Landmann betont, vgl. »Stefan George und sein Kreis. Eine Bibliographie«,
Hamburg 1960, S. 110.
124 Vgl. S. 277.
125 Vgl. S. 291.
126 Vgl. S. 293.
127 In: »Prosa, Dramen, Verse«, S. 319—363.
128 Steinwendtner, S. 598.
129 Ebd. S. 599.
130 Vgl. dazu die detaillierten Angaben bei H.-J. Seekamp u. a.: »Stefan
George/Leben und Werk«, Amsterdam 1972, S. 385—386.
131 Zitiert nach Steinwendtner, S. 604.
132 Den meines Wissens schärfsten Angriff in diese Richtung hat der mar-
xistische Kritiker Franz Leschnitzer im russischen Exil geführt:
»George und die Folgen«, in: »Das Wort« 3/12 (1938), S. 113—130.
133 Unveröffentlichter Brief an Kurt Wolff vom 12. 8. 1920, Kurt-Wolff-
Archiv, Yale University USA.
134 Vgl. dazu auch Rudolf Ibel: »Daß Unruh das Bild Georges in den reinen Maßen der Gestalt Stefans seinem eigenen strebenden Menschentum auf der Ebene edelster Freundschaft gegenüberstellt, ist beredtes
Zeugnis seiner hohen Gesinnung. Ja, er stellt den Freund hin als den
Überlegenen, weil schon zu einer Weltgestaltung Gereiften.« (»Verkündigung im Drama Fritz von Unruhs«, S. 66, in: »Fritz von Unruh. Auseinandersetzungen mit seinem Werk«, hrsg. v. S. Gutkind,
Frankfurt 1927, S. 41—82. Vgl. dazu auch Rudolf Ibel: »Stefan
George und Fritz von Unruh«, Würzburg 1926.
135 Vgl. dazu das Unruh-Kapitel des Verf.s in dem Sammelband »Expressionismus«, hrsg. v. W. Rothe, Bern—München 1969, S. 200—214.
136 Vgl. »Durch dich habe ich die Welt in ihrem Zentralschwung begriffen!
Mensch! Mensch! Unter deinem Parkette schäumt die Kraft von Ker-
len dir zu, die ihren Stammbaum bis Kain datieren.« (»Stürme«, München 1922, S. 84).

VII. Symbolismus und Expressionismus. Der Modellfall Stefan George und Herwarth Walden.

1 Wolfdietrich Rasch: »Was ist Expressionismus?«, S. 226, in: »Zur deutschen Literatur seit der Jahrhundertwende«, Stuttgart 1967, S. 221 bis 227.

2 Die Rolle des symbolistischen Initiators Baudelaire in Frankreich käme in der deutschen Tradition am ehesten Conrad Ferdinand Meyer zu, möglicherweise auch Platen, vgl. dazu Heinrich Henel: »Epigonenlyrik: Rückert und Platen«, in: »Euphorion« 55/3 (1961), S. 260—278.

3 Vgl. dazu die Anthologie von Clemens Heselhaus: »Die Lyrik des Expressionismus. Voraussetzungen, Ergebnisse und Grenzen. Nachwirkungen« (Tübingen 1956), der Rilke mit einer Reihe seiner wichtigsten Gedichte neben Lasker-Schüler, Heym, Trakl, Stadler, Werfel und Benn als Expressionisten aufführt (S. 34 ff.).

4 Vgl. Rasch: »Was ist der Expressionismus?«, S. 224.

5 Vgl. dazu u. a. die Kapitel »›Einfluß‹ und ›Nachahmung‹« und »›Rezeption‹ und ›Wirkung‹« in Ulrich Weissteins »Einführung in die Vergleichende Literaturwissenschaft«, Stuttgart 1968, S. 88—118.

6 »Expressionismus. Forschungs-Probleme 1952—1960«, Stuttgart 1961.

7 »Einleitung«, S. 9, in: »Lyrik des expressionistischen Jahrzehnts. Von den Wegbereitern bis zum Dada«, München 1962.

8 »Das Wort und der Begriff ›Symbolismus‹ in der Literaturgeschichte«, S. 64, in: R. W., »Grenzziehungen. Beiträge zur Literaturkritik«, Stuttgart 1972, S. 64—83.

9 Ein Beispiel für die terminologische Willkür ist der Gebrauch des Begrifes in dem Kapitel »Symbolismus« der »Stilkunst um 1900« von Richard Hamann und Jost Hermand (München 1973, S. 289—304). Dort wird unter Symbolismus eine undefinierbare Mischung »aus mysteriös-mythischen, psychoanalytisch-symbolischen und spiritistisch-okkultistischen Elementen« (S. 289) verstanden und ausdrücklich von dem abgegrenzt, »was man in der französischen Literatur unter Symbolismus versteht« (S. 289).

10 »Einleitung«, S. 9.

11 Rasch: »Was ist Expressionismus?«, S. 225.

12 »Das Wort und der Begriff ›Symbolismus‹ in der Literaturgeschichte«, S. 74.

13 In: Hermann Bahr, »Zur Überwindung des Naturalismus«, hrsg. v. G. Wunberg, Stuttgart 1968, S. 111—115.

14 Vgl. dazu auch die »Einführung« (S. XXIV f.) von Erich Ruprecht in dem von ihm herausgegebenen Band »Literarische Manifeste der Jahrhundertwende 1890—1910«, Stuttgart 1970.

15 In: »Pan« 4/1 (1896), S. 33—40, zitiert hier nach »Literarische Manifeste der Jahrhundertwende«, S. 5—17.

16 Vgl. Hart, S. 15.

17 Zitiert nach dem Deckblatt des ersten Heftes. Die Zeitschrift wird im folgenden wiederum nach dem sechsbändigen fotomechanischen Nachdruck, den Robert Boehringer herausgegeben hat, zitiert, nach dem Muster: I/1 = Folge/Band, 1 = Seitenzahl.

18 »Briefwechsel zwischen George und Hofmannsthal«, Düsseldorf—München 1953, S. 45—46.

19 Die Merksprüche werden hier in der Regel der Einfachheit halber nach dem folgenden Sammelband zitiert: »Einleitungen und Merksprüche der Blätter für die Kunst«, hrsg. v. G. P. Landmann, Düsseldorf—München 1964.

20 Georges Gedichte werden im folgenden wiederum nach der zweibändigen Ausgabe der »Werke« (= I, II), Düsseldorf—München 1958, zitiert.
21 Zu Hofmannsthals Wirkung vgl. die Dokumentation: »Hofmannsthal im Urteil seiner Kritiker«, hrsg. v. G. Wunberg, Frankfurt/Main 1972.
22 Vgl. dazu die Studie von Beda Allemann: »Rilke und Mallarmé: Entwicklung einer Grundfrage der symbolistischen Poetik« (in: »Rilke in neuer Sicht«, hrsg. v. K. Hamburger, Stuttgart 1971, S. 63—82), der als seine Absicht bezeichnet, »den Anschluß herzustellen der für das Spätwerk Rilkes maßgebenden Poetik an das im europäischen Symbolismus als ganzem wirksame Selbstverständnis der Dichtung«. (S. 63).
23 »Rede auf Stefan George«, S. 1030, in: »Reden und Vorträge« (= GW 4), Wiesbaden 1968, S. 1028—1041.
24 Vgl. dazu die Materialien in der wirkungsgeschichtlichen Dokumentation »Benn — Wirkung wider Willen«, hrsg. v. P. U. Hohendahl, Frankfurt/Main 1971.
25 Vgl. dazu Hans Dieter Schäfer: »Zur Spätphase des hermetischen Gedichts«, in: »Die deutsche Literatur der Gegenwart«, hrsg. v. M. Durzak, Stuttgart, 2. Aufl. 1973, S. 148—169.
26 Ähnlich problematisch bleibt die zwischen Jugendstil und Expressionismus aufgestellte Gleichung, die Horst Fritz am Beispiel der Lyrik von Richard Dehmel zu verdeutlichen versucht: »Literarischer Jugendstil und Expressionismus. Zur Kunsttheorie, Dichtung und Wirkung Richard Dehmels«, Stuttgart 1969. Das bezeugt etwa die folgende an inhaltlichen Momenten orientierte Analogie: »Im Versuch eine Welt zu entwerfen, in der quasi-religiöse Züge sich mit dem pathetischen Entwurf eines gesteigerten Menschentums verbinden, setzen die frühen Expressionisten den utopischen Lebensentwurf des Jugendstils fort. Wir erkennen charakteristische Merkmale, die bereits die Dichtung Dehmels aufweist. Der Drang nach Steigerung und Verklärung, motivisch sichtbar im Streben zum Licht und zum Kosmischen, sowie die Verbrämung des Daseins durch eine subjektiv entworfene Diesseitsreligion und die Vorstellung eines festlich überhöhten Lebens: diese spezifisch jugendstilhaften Anschauungen können als geometrischer Ort gelten, auf den weite Teile des expressionistischen Dichtens bezogen sind.« (S. 237).
27 Bernhard Böschenstein: »Symbolismus«, S. 546, in: »Literatur II« (= Fischer Lexikon), hrsg. v. W.-H. Friedrich u. W. Killy, Frankfurt/Main 1965, S. 539—549. Vgl. dazu allerdings die einschränkende Feststellung Manfred Gsteigers: »George erscheint nicht als der deutsche Vermittler des französischen Symbolismus schlechthin, sondern als ein Schriftsteller und Übersetzer unter vielen.« (»Französische Symbolisten in der deutschen Literatur der Jahrhundertwende (1896—1914)«, Bern 1971, S. 6).
28 Vgl. die minutiöse Aufschlüsselung aller biographischen Details in der Dokumentation »Stefan George/Leben und Werk. Eine Zeittafel«, zusammengestellt von H.-J. Seekamp/R. C. Ockenden/M. Kelson, Amsterdam 1972, S. 10—12.
29 Vgl. Robert Boehringer: »Mein Bild von Stefan George«, München—Düsseldorf, Neuaufl. 1967, S. 209—216.
30 Vgl. dazu die Ausführungen des Verf.s in seinem Buch »Der junge Stefan George. Kunsttheorie und Dichtung«, München 1968, S. 58 ff.
31 Gsteiger, S. 73.
32 I/2, S. 45—50.
33 Es handelt sich um die Einleitung zu der Übersetzung: »Deux Poemes de Stefan George«, in: »L'Ermitage« 2/10 (1891), S. 585—589.
34 Böschenstein, S. 540.
35 Die Dokumentation dieser Diskussion liegt seit kurzem (allerdings ohne Lukács' wichtigen Aufsatz von 1934 »›Größe und Verfall‹ des Expres-

sionismus«) in dem Band vor: »Die Expressionismusdebatte. Materialien zu einer marxistischen Realismuskonzeption«, hrsg. v. H.-J. Schmitt, Frankfurt/Main 1973.

36 »Diskussion über den Expressionismus«, in: »Die Expressionismusdebatte«, S. 180—191.

37 »Es geht um den Realismus«, in: »Die Expressionismusdebatte«, S. 192 bis 230.

38 Zu Walden vgl. Lothar Schreyer: »Herwarth Waldens Werk«, in: »Der Sturm. Ein Erinnerungsbuch an Herwarth Walden und die Künstler aus dem Sturmkreis«, hrsg. v. N. Walden u. L. Schreyer, Baden-Baden 1954, S. 9—63; ebenso Nell Walden: »Herwarth Walden«, Berlin—Mainz 1963. Waldens führende Rolle im Expressionismus ist bisher kaum untersucht worden. Ihn lediglich als »offiziellen Vertreter der Futuristen in Deutschland« und Befehlsempfänger Marinettis einzustufen, wie Armin Arnold vorschlägt (»Die Literatur des Expressionismus. Sprachliche und thematische Quellen«, Stuttgart 1966, S. 30), dürfte unzulässig vereinfachen.

39 Zu Schreyer vgl. die Charakteristik Nell Waldens: ».. . der Herwarth Waldens bester Freund war . . .« (»Herwarth Walden«, S. 54).

40 Ruprecht: »Literarische Manifeste der Jahrhundertwende«, S. XXXII.

41 »Arno Holz ›Revolution der Lyrik‹«, in: »Literarische Manifeste der Jahrhundertwende«, S. 66—75.

42 Vgl. dazu Erwin Rotermund: »George-Parodien«, in: »Stefan George Kolloquium«, hrsg. v. E. Heftrich u. a. Köln 1971, S. 213—225.

43 Vgl. dazu die Ausführungen Helmut Scheuers im Kapitel »Dichterkreis als Verehrergemeinde« (S. 223 ff.) seiner Dissertation »Arno Holz im literarischen Leben des ausgehenden 19. Jahrhunderts«, München 1971.

44 Scheuer, S. 227.

45 In: »Dichtungen — Briefe — Dokumente«, Hamburg 1963, S. 183.

46 So bemerkt Hartwig Schultz in seiner Dissertation »Vom Rhythmus der modernen Lyrik« (München 1970) darauf aufmerksam: »Die Wortkunsttheoretiker des Sturm-Kreises übernahmen Elemente der Rhythmustheorie von Holz. Herwarth Walden zitiert 1913 im ›Sturm‹ einen Abschnitt aus der Vorrede zu ›Ignorabimus‹ . . .« (S. 127). Irreführend dürfte jedoch die These einer direkten Abhängigkeit sein: »Walden übernimmt die unscharfen Formulierungen von Holz . . . Walden hat die Forderungen von Holz nicht verstanden . . .« (S. 127).

47 Vgl. dazu Lothar Peter: »Literarische Intelligenz und Klassenkampf. ›Die Aktion‹ 1911—1932«, Köln 1972.

48 Nell Walden. »Aus meinen Erinnerungen an Herwarth Walden und die ›Sturmzeit‹«, in: »Der Sturm. Ein Erinnerungsbuch«, S. 61. Das deckt sich durchaus mit dem Bericht Döblins, der anfänglich Walden und seiner Zeitschrift, wo viele von Döblins frühen Arbeiten erschienen, eng verbunden war. Erst als mit der Veröffentlichung der »Drei Sprünge des Wang-lun« Döblins soziales und politisches Interesse unübersehbar wurde, zerbrach diese Beziehung. Döblin hat darüber in seiner Skizze »Epilog« (in: »Aufsätze zur Literatur«, Olten 1963, S. 383—399) berichtet: »In den ›Sturm‹ gab ich auch meine früheren Novellen . . ., die ich später in dem Band ›Die Ermordung einer Butterblume‹ sammelte. Die Herrschaften im ›Sturm‹ goutierten diese Sachen. Sie schienen ihnen ›expressionistisch‹ . . . Als ich aber das Visier hob und vom Leder zog im ›Wang-lun‹, da war es aus, — dabei fing ich erst an. Kein Wort äußerte Walden oder ein anderer aus dem Kreis der Orthodoxen über den Roman.« (S. 386).

49 »Vulgär-Expressionismus« in: »Die Expressionismusdebatte«, S. 75—90.

50 Vgl. dazu die Ausführungen Waldens in seinem Aufsatz »Expressionismus« (in: »Der Sturm« XVII [1926], S. 2—12): »Die neue Bewegung in der Kunst entstand fast gleichzeitig in allen Lagern, ohne daß die Künstler sich etwa miteinander verabredet hatten. Sie haben erst alle voneinander durch die Gründung des Sturm erfahren, der sie organisierte und der auf der großen Internationalen Ausstellung 1913 die Bilder der neuen Kunst zu einer ersten Gesamtschau vereinigte.« (S. 10).

51 Die Studie erschien bis 1922 in fünf Fortsetzungen; zitiert im folgenden stets (wie auch die anderen Äußerungen Waldens oder Schreyers aus dem »Sturm«) nach der jeweiligen Bandzahl der Zeitschrift.

52 In: I, S. 529—531.

53 In: »Der Sturm« VI (1915), S. 122—124.

54 »Vulgär-Expressionismus«, S. 78.

55 In: »Der Sturm« IX (1918/19), S. 66—67.

56 Vgl. I, S. 93.

57 In: »Der Sturm« XV (1924), S. 49—69.

58 Vgl. I, S. 314.

59 Darauf kann hier nicht im einzelnen eingegangen werden, vgl. dazu die Ausführungen von Schultz: »Vom Rhythmus der modernen Lyrik«, S. 127—129.

60 In: »Der Sturm« X (1919/20), S. 66—70.

61 Ernst Morwitz: »Kommentar zu dem Werk Stefan Georges«, München—Düsseldorf 1960, S. 22 f.

62 Zitiert werden hier die »Betrachtungen über Kunst« (in: IV/33, S. 85 bis 86), die mit Wolfskehls Namen gezeichnet sind. In der Regel wurden die Merksprüche, die von George und Wolfskehl stammen, anonym publiziert. Zur Autorschaft vgl. die Bemerkung von Georg Peter Landmann: »George und Wolfskehl haben später beide erklärt, sie könnten ihre anteile nicht mehr aus dem ganzen herauslösen ...« (»Einleitungen und Merksprüche der Blätter für die Kunst«, S. 5).

63 Vgl. die Ausführungen des Verf.s in »Der junge Stefan George«, S. 144 ff. und desgleichen Schultz: »Vom Rhythmus der modernen Lyrik«, S. 119 ff.

64 Vgl. dazu das dritte Kapitel dieses Buches.

65 Die Formulierung entstammt Poes Essay »The Philosophy of Composition«, zitiert hier nach »The Complete Works of Edgar Allan Poe. I. Poems. Essays on the Poet's Art«, hrsg. v. C. F. Richardson, New York 1902, S. 175.

66 In Waldens Vortrag »Einblick in die Kunst« (in: »Der Sturm« VI [1915], S. 122—124) wird Heines Lorelei-Gedicht ausführlich mit Stramms Gedicht »Traum« (vgl. August Stramm: »Das Gesamtwerk«, Wiesbaden 1963, S. 21) konfrontiert.

67 Vgl. dazu die grundlegenden Ausführungen von Robert Boehringer: »Über Hersagen von Gedichten«, in: »Jahrbuch für die Geistige Bewegung« II, Berlin 1911, S. 77—88.

68 Vgl. dazu im dritten Kapitel dieses Buches S. 42.

69 Diese Äußerung stammt erneut aus den mit Wolfskehls Namen gezeichneten »Betrachtungen über Kunst«.

70 In: »Der Sturm« XIV (1923), S. 83—93.

71 Vgl. »Vulgär-Expressionismus«, S. 75 f.

72 Vgl. »Über allen Gipfeln«, S. 58 f.

Namenregister

Adorno 10, 105, 133, 181, 194, 199
Alkibiades 200
Allan 186
Allemann 186, 203
Andrian 104, 195
Anton 68, 91—95, 97, 102, 103, 104, 193
Arbogast 183, 187, 188
Arent 157
Arnold 204
Bahr 155, 202
Baudelaire 9, 11, 27, 30, 31, 32, 33, 34,
    37, 42, 43, 45, 46, 48, 54, 65, 73, 93,
    147, 157, 164, 184, 185, 202
Becher 170, 176
Belyi 48
Bender 186
Benjamin 10, 181
Benn 9, 11, 14, 37, 43, 46, 47, 48, 51,
    54, 65, 111, 112, 126, 127, 128—138,
    153, 155, 162, 163, 176, 196, 198, 199,
    202, 203
Bertram 66, 195, 199, 200
Bierbaum 157
Blass 109, 112, 123, 126—128
Bloch 166
Blok 148
Bock 181, 189, 191, 192, 197
Boecklin 12, 168
Böckmann 199
Boehringer, E. 68
Boehringer, R. 33, 68, 69, 70, 74, 85,
    89—91, 100, 102, 103, 104, 148, 181,
    182, 183, 184, 186, 187, 189, 190, 191,
    192, 193, 194, 195, 196, 200, 202, 203,
    205
Böschenstein 31, 181, 184, 187, 203
Bondi 158, 200
Bowra 189
Brecht, B. 45, 46, 72, 73, 144, 187, 191
Brecht, F. J. 199
Breysig 184, 190
Brod 109
Calderon 73
Caligula 198
Carlson 184
Celan 8, 9, 11, 65, 163
Chiari 184, 186
Claudel 109
Coblenz 123, 194
Cohrs 95, 96, 194
Coleridge 185
Conrady 182
Curtius 133, 182, 196
Daiber 196
Dante 12, 71, 72
Dauthendey 170
David 69, 75, 83, 112, 181, 182, 183,
    187, 189

Dehmel 157, 167, 203
Derleth 68, 80, 190, 192
Döblin 204
Dörmann 157
Duthie 183
Edschmid 112
Eichendorff 171, 182
Eliot 37, 43, 47, 48, 163, 184
Emrich 182, 187, 195, 198
Enzensberger 186
Erlich 188
v. Faber du Faur 184
Falke 10, 157
Feidelson 187
Feuerbach 108
Flaischlen 157
Friedemann 138, 161, 199
Friedrich II. 12
Friedrich, H. 43, 46, 187, 188, 195
Friedrich, W.-H. 187, 203
Fritz 203
Gadamer 181
Geibel 10, 52, 171
Gérardy 30
Gide 164, 184
Glur 183
Goebbels 151
Goering 112, 146—153, 201
Goethe 12, 25—27, 60—61, 71, 72, 107,
    144, 147, 170, 171, 182
Gomringer 181
Gothein 190
Grimm 183, 188
Grisebach 157
Gsteiger 203
Günther 188
Gundolf 66, 67, 68, 71, 73, 75, 80, 85,
    98—101, 102, 103, 104, 110, 111, 113,
    147, 161, 186, 189, 190, 192, 194, 196,
    200
Gutkind 201
Haeckel 187
Hamann 202
Hamburger, K. 203
Hamburger, M. 187, 188
Hamerling 157
Hardenberg = Novalis
Hart 156, 157, 202
Hartleben 157
Hasenclever 170, 176
Hauptmann 110, 139
Hauth 124
Heckmann 8
Heftrich 86, 179, 181, 204
Heine 73, 107, 170, 171, 205
Heiseler 68
Heißenbüttel 8, 9, 48, 111, 181
Helbing 192